主　编　胡晓云

副主编　李　闯　魏春丽

执笔者　胡晓云　李　闯　周叶润　施金敏　李姝燕　石正义
　　　　吴蕙含　吴　茜　朱建臻　魏春丽　贺梦晗　茅嘉豪

课题组成员

李　闯　刘　平　孙志永　沈光宏　宫凤影　赵　坤
汪　湖　李承华　蒋凭轩　魏春丽　王东升　许　天
陈清爽　万　琰　施金敏　李姝燕　石正义　吴蕙含
吴　茜　朱建臻　茅嘉豪　周叶润　贺梦晗　蒋文龙
杨巧佳　方赞文　朱海洋

农业农村部中国绿色食品发展中心资助项目

项目名称：中国地理标志农产品的品牌化研究

国家自然科学基金资助项目

项目批准号71673243

项目名称：基于区域化、网络化视角的农业品牌价值体系建构与管理策略研究

AGI

BRAND

价值升维

中国农产品地理标志的品牌化个案研究

主　编◎胡晓云　副主编◎李　闯　魏春丽

ZHEJIANG UNIVERSITY PRESS
浙江大学出版社

序言　借助品牌建设　升维地标价值

我国农产品地理标志(AGI),从诞生那天起,就有了特殊的背书意义。根据相关法规与部门规章,能够成为农产品地理标志的产品,都必须有特定的地理区域自然生态环境特征、历史人文因素特征作为其独特性的背书。这两大背书因素,直接表达了农产品地理标志产品的所有特征:品种、品质、工艺、历史、文化、故事、人物等,都打上了一个地域的生态与人文印记。换句话说,我国农产品地理标志产品,就是一个区域的特种资源凝聚而成的物态表现。它们伴随着人类,从远古的农耕时代走来,现在依然维持着人类生存与发展的历史文脉、发展走向。

本书所涉的农产品地理标志,指的是经由中华人民共和国农业农村部审核登记的,标示农产品来源于特定地域,产品品质和相关特征主要取决于自然生态环境和历史人文因素,并以地域名称冠名的特有农产品标志。[①]

农产品地理标志登记制度,于1993年在我国的《中华人民共和国农业法》中实现了概念法定化,至今,依然保留了"国家保护农产品地理标志等知识产权"等相关内容。[②]

2007年,为系统规范农产品地理标志的登记使用,保证地理标志农产品的品质和特色,提升农产品市场竞争力,原农业部发布《农产品地理标志管理

---

① 中华人民共和国农业部,农业部令第11号,《农产品地理标志管理办法》,2007年12月25日发布,2008年2月1日实施。

② 参见全国人大常委会主席令第74号,《中华人民共和国农业法》,2012年12月28日发布,2013年1月1日实施,其中第二十三条:"国家支持依法建立健全优质农产品认证和标志制度。国家鼓励和扶持发展优质农产品生产。县级以上地方人民政府应当结合本地情况,按照国家有关规定采取措施,发展优质农产品生产。符合国家规定标准的优质农产品可以依照法律或者行政法规的规定申请使用有关的标志。符合规定产地及生产规范要求的农产品可以依照有关法律或者行政法规的规定申请使用农产品地理标志。"第四十九条:"国家保护植物新品种、农产品地理标志等知识产权,鼓励和引导农业科研、教育单位加强农业科学技术的基础研究和应用研究,传播和普及农业科学技术知识,加速科技成果转化与产业化,促进农业科学技术进步。"

办法》,对农产品地理标志登记的要求、程序等进行了规定。"[①]

2008 年 7 月,首批 28 个获农产品地理标志产品获颁。2008 年 8 月 8 日,《中华人民共和国农业部公告》第 1071 号发布,对农产品地理标志的登记程序、使用规范进行了规定[②]。

图 0-1 中华人民共和国农业部农产品地理标志保护专用标志

从 2008 至 2020 年,我国农产品地理标志登记制度日臻完善,众多符合登记制度的农产品获得了农产品地理标志登记。截至 2021 年 1 月,农业农村部登记在册的农产品地理标志(AGI)已有 3125 个。

作为我国农耕在地缘、品种、品质及其人文因素方面的独特物态呈现系统,农产品地理标志产品不仅为我国农业的产业发展提供了核心价值,也为农耕文化的表达与传承作出了重要贡献。

在我国振兴乡村、复兴中华文明的进程中,甚至在沿着"一带一路"走向世界的进程中,我国农产品地理标志的国际化,成为新冠肺炎疫情肆虐全球时期,一抹耀眼而温暖的色彩[③]。

但是,我国农产品地理标志在农业品牌化、农业现代化发展进程中,要进一步发展自己、满足社会需求,持续成为我国农业的核心价值,成为各地区"地标致富奔小康"的重要产业与金名片,这需要各方努力,共同发力。

---

① 中华人民共和国农业部,农业部令第 11 号,《农产品地理标志管理办法》,2007 年 12 月 25 日发布,2008 年 2 月 1 日实施。

② 《中华人民共和国农业部公告》,第 1071 号,《农产品地理标志登记程序》《农产品地理标志使用规范》,2008 年 8 月 8 日发布并实施。

③ 中华人民共和国外交部,《中欧地理标志协定的签署实现了中国政府保护知识产权的决心》,2019 年 11 月 6 日。

2019 年,农业农村部会同财政部启动实施地理标志农产品保护工程。两年来,各地共落实专项资金 13 亿多元,支持了 443 个农产品地理标志的发展,打造了一批以农产品地理标志为引领,一二三产融合,生产、生活、生态协调的乡村特色产业发展样板。①

与此同时,社会各界也在做相关的探索,以期农产品地理标志能够在品牌消费、品牌竞争、品牌经济的 3B 时代,完成品牌化过程,在国内外市场,具有平等的品牌竞争话语权,获得国内外消费者发自内心的认同与忠诚,产生更高的品牌溢价空间、更强的品牌竞争力量。

《价值升维——中国农产品地理标志的品牌化个案研究》选编了在 2008—2020 年间,通过我国农产品地理标志登记、品牌化进程,获得一定的品牌效能的案例,进行了较为详尽的过程分析。希望该书能够对我国各区域拥有农产品地理标志的单位,提供农产品地理标志品牌化的探索经验、思考答案、未来建议。

本书共选编了 24 个我国农产品地理标志的品牌化发展案例。它们分别是黑龙江省庆安县的庆安大米、新疆维吾尔自治区尼勒克县的唐布拉黑蜂蜂蜜、宁夏回族自治区盐池县的盐池滩羊肉、吉林省的吉林长白山黑木耳、内蒙古锡林郭勒盟的锡林郭勒羊、陕西省西安市灞桥区的灞桥樱桃、陕西省西安市鄠邑区的户县葡萄、陕西省西安市周至县的周至猕猴桃、陕西省西安市临潼区的临潼石榴、陕西省渭南市大荔县的大荔冬枣、山西省运城市万荣县的万荣苹果、河南省三门峡市灵宝县的灵宝苹果、山东省烟台市的烟台苹果、湖北省十堰市的武当道茶、湖北省宜昌市的宜昌宜红、湖南省永州市江华瑶族自治县的江华苦茶、浙江省宁波市象山县的象山红柑橘、浙江省绍兴市新昌县的大佛龙井、四川省乐山市井研县的井研柑橘、浙江省金华市武义县的武阳春雨、浙江省丽水市庆元县的庆元香菇、重庆市奉节县的奉节脐橙、重庆市梁平区的梁平柚、贵州省毕节市威宁彝族回族苗族自治县的威宁苹果等。

上述案例,通过农产品地理标志保护登记,通过或长或短的品牌化过程,有的实现了品牌扶贫的目标,让当地的牧民、果农、蜂农、茶人等有了翻天覆地的收入变化;有的在新的竞争格局中,重塑品牌,持续了产业领导者地位;有的提升了品牌价值,提高了品牌传播力,实现了品牌高溢价;有的不仅创造了区域的品牌经济,更传播了区域形象与区域文化,其农产品地理标志保护与品牌

① 马爱国,地理标志农产品保护工程启动仪式暨全国农产品地理标志培训班上的讲话,2019 年 6 月 26 日,参见"农业品牌研究院"微信公众号。

化的表现,具有一定的典型意义与示范价值。

为了材料获取的方便性,更为了表现案例的历史感、详尽性、真实性及效果反应数据,本书选编的案例均来自于浙江大学 CARD 中国农业品牌研究中心、浙江永续农业品牌研究院与芒种品牌管理机构在 2010—2020 年间,与各区域的农产品地理标志主管单位合作,共同探索农产品地理标志产品品牌化的实际课题。

需要说明的是,由于品牌战略是竞争战略,有一定的商业竞争机密内容。为保护各个农产品地理标志的品牌化竞争优势,本书中的案例选编与分析,均采用已公开的资料,各个农产品地理标志在品牌规划未来五年的具体内容,并未呈现。希望读者在未来的日子,能够持续关注上述农产品地理标志的品牌化活动,以期获得它们的品牌化进程全貌,得到更具体的启发。

我国地大物博,拥有丰富的、具有地域特征的特种资源。这些资源,无论是风土还是文脉、工艺、生活方式以及消费声誉,都为中国农产品地理标志这一集群的知识产权形成提供了浩瀚的星空。在浩瀚的星空里,选择丰富的特种资源登记成为农产品地理标志,成为一种知识产权,这是第一步;通过对农产品地理标志这一知识产权的品种保护、品质管控、品牌运营,使之成为一个兴旺产业,成为一个表征区域特征、区域形象、区域文化、区域竞争的品牌,并赢得农产品地理标志本身及其区域的全方位的价值升维,这是第二步,也是更长远的一步。

农产品地理标志,作为一种知识产权,它不仅表征着产品特质,更体现了一个区域的文脉、文化、生活方式、经济特征,是一个区域的品牌形象的表达,也是一个区域经济、文化的具象符号。借助品牌建设,达到农产品地理标志的价值升维,进一步创造区域的品牌价值、品牌经济,这是我们共同的理想与目标。

目　　录

第一章　庆安大米：有一种米香，叫庆安香

地标概况

稻米，作为大部分中国人的主食，其种植历史可追溯到距今 7000 多年的新石器时代。那时，在长江流域下游地区生活并创造了河姆渡文化的中国先民，就已经掌握了水稻种植技术。这也是目前世界上已知的最早栽培水稻的记录。而今，中国作为稻产量和种植面积均排世界第一的国家，稻米产业更是不断壮大、发展。其中，东北地区以其优越的种植条件，成为我国稻米高质量商品化产区。黑龙江省绥化市庆安县，就是其中的一个代表。种植于庆安县的"庆安大米"，是"中国十大好吃米饭"之一。

庆安县，地处黑龙江省中部，位于美丽的小兴安岭与富饶的松嫩平原交汇处，被誉为"中国绿色食品之乡"，享有国家级生态示范区、国家现代农业示范区、全国粮食生产先进县、首批国家现代农业产业园、中国优质稻米示范基地等多项国字号荣誉。"粒粒似珍珠，颗颗好滋味"的庆安大米就出产于此。2019 年 9 月 4 日，中华人民共和国农业农村部正式批准对"庆安大米"实施农产品地理标志登记保护（AGI2019-03-2663）。"庆安大米"地理标志地域保护范围为东经 127°13′～127°52′，北纬 46°33′～47°12′，覆盖绥化市庆安县所辖久胜镇、平安镇、致富乡、同乐乡、丰收乡、新胜乡、发展乡、大罗镇、建民乡、巨宝山乡、民乐镇、庆安镇、勤劳镇、欢胜乡共计 14 个乡（镇）93 个行政村。

2020 年，"庆安大米"入选由中华人民共和国农业农村部推出的"农产品地理标志保护工程"。

一、战略抉择

庆安县种植水稻已有近百年的历史，是黑龙江省最早种植水稻的县之一。早在清同治元年（1862）就由巴彦苏苏开垦行局负责在庆安这片原始的土地上进行垦荒。到清光绪二十年（1894），因当时山东、河北、河南等省份连遭旱灾，逃荒跑关东的大批难民相继汇集于庆安，在呼兰河、格木克河地段进行垦荒种

稻,庆安县水稻开垦面积不断扩大。民国十九年(1930),弓日均、韩光宇、韩宽伍等朝鲜族移民来到庆安,他们在庆安安帮河附近成立了稻田公司,招录了大批穷苦农民垦荒种稻,水稻面积逐渐发展到了10多万亩,水稻栽培技术也得到了进一步提高。新中国成立后,庆安水稻种植发展迅速。1983年,日本水稻专家元正士先生来到庆安传授旱育稀植栽培法,进一步促进了庆安水稻的发展,水稻种植面积发展到了100多万亩,平均亩产达到600千克以上,而且培育出了自己的优良品种。

20世纪90年代,庆安立足本县大米的优异品质,开始面向全国做市场。原县委书记廉继颇背着电饭锅到北京卖庆安大米,迈出了品牌打造的第一步。1994年,国家绿色食品发展中心给庆安"庆泉"牌大米颁发了绿色食品证书,庆安县也成为全国最早发展绿色食品的县份之一。国家绿色食品水稻基地标准就源自庆安。2001年开始,庆安县连续举办五届绿色食品节,助推了庆安绿色食品产业快速发展。2004年初,庆安县对大米进行了域名注册,用"庆安大米"这个域名商标来规范庆安大米品牌,组建米业协会,当时38家大米生产会员企业获准使用域名商标,统一使用防伪包装,"庆安大米"品牌初步成型。2009年,《中国农产品区域公用品牌价值评估报告》显示,"庆安大米"以33.69亿元的品牌价值,位列全国大米品牌第二位。2014年,"庆安大米"通过了原国家质检总局批准,获得地理标志产品保护。袁隆平院士曾手捧庆安大米赞叹"庆安大米亮晶晶",并欣然题词:"庆安——中国优质大米之乡""庆安绿色有机水稻,关爱人民身体健康"。

通过近20多年品牌建设的努力,"庆安大米"的成长有目共睹。在2015年中国农产品区域公用品牌价值评估中,"庆安大米"品牌价值达43.33亿元,较2009年提升了近10亿元。尽管如此,当将"庆安大米"置身于中国如此庞大的大米消费市场中去审视时,其仍面临着巨大挑战。

首先,在产需形势上,根据国家统计局发布数据,多年来全国稻谷生产量稳步增长,2014年我国稻谷生产总量达20642.7万吨,已连续4年在2亿吨之上。在稻谷消费量上,虽由于人口增加带来的刚性需求不减,加之居民饮食结构改善,以大米为主要口粮的人数增多,2014年全国大米食用消费17300万吨,但是由于养殖业及宏观经济环境不振,导致大米的饲用及工业用数量明显减少,我国稻谷消费增速放缓,再加之2014年我国大米国际贸易继续呈净进口态势,因此总体上我国稻谷市场呈供大于求的态势。

其次,供大于求进一步加剧了市场竞争的激烈程度。综观全国市场竞争态势,东北大米在消费者心目中原有的良好认知优势正逐渐弱化。一方面,南方大米近几年来品质不断提升，并以其价格优势，吞噬了东北大米部分市场份额；另一方面，进口大米如泰国香米、日本大米等愈来愈重视中国市场，以其优异品质迅速占领北京、上海、广州等一线城市高端市场。在全国市场遭遇双重夹击的同时，横向观察东北大米内部形势，其竞争形势也日益严峻，五常大米、吉林大米、盘锦大米、响水大米等区域品牌频频发力，互不相让，竞相争夺东北大米的市场份额。

最后，激烈的市场竞争进一步倒逼了大米品牌的兴起与发展。中国行业企业信息发布中心发布的调查结果显示，2014年，全国主要消费品的市场销售中，居于前列的品牌平均市场占有率近70%，可见，中国消费市场逐渐进入了品牌消费时代。农业品牌化已经日渐成为我国现代农业发展的一大趋势，特别是在市场激烈竞争态势的倒逼下，各地政府逐步意识到了区域品牌对于产业发展的价值，纷纷针对自身农业产业现状，开展了品牌战略顶层设计。例如，2015年在黑龙江省人民政府的推动和保护下，品牌化工作起步较早的"五常大米"品牌影响力进一步扩大，甚至在一定程度上成为东北大米的代名词；"吉林大米"也来势汹汹，于2015年，在吉林省人民政府的引领下，组建大米产业联盟，召开新品牌与新产品发布会，对外发布"吉林大米"统一品牌标识，以此来整合吉林省大米产业资源，增强其对外品牌竞争力。此外，以金龙鱼、福临门、北大荒为代表的知名大米企业品牌，凭借企业自身在资金、渠道、营销上的优势，在品牌打造中亦大放异彩。

而彼时的"庆安大米"，虽然经过20多年的发展已初有成效，但是由于缺乏品牌核心价值的挖掘与品牌价值支撑体系的建构，没有统一品牌包装，得不到品牌战略顶层设计的指导，仍然处于品牌建设的初级阶段。与此同时，"庆安大米"也遇上了发展瓶颈，由于庆安大米产区共有四个差异明显的积温带，再加上庆安稻农在种植品种选择上往往依收购商需求而定，因此庆安大米生产的品种愈来愈杂乱，过多的产品种类导致"庆安大米"品牌缺乏聚焦的差异价值，市场认知模糊，不利于品牌的长远发展。

正是在此"内忧外患"的竞争格局之下，2015年，庆安县人民政府决定对"庆安大米"进行品牌重塑，并邀请专业团队开展"庆安大米"区域公用品牌战略规划的编制。

二、一缕"庆安香"

庆安县位于世界三大黑土带之一的中国东北寒地黑土核心区域。这里土壤腐质层肥厚，土壤有机质含量是黄土和红土的5～10倍，黑土层可达60～

100厘米,十分利于稻米耕种;这里三山环绕,庆安大米主产区位于三山之谷间的呼兰河冲积平原,由于南、东、北三面的高山挡住了寒风,使得面向谷地的山坡吸收了大量的阳光和热量,随后又把光和热辐射给谷地,因此造就了呼兰河冲积平原独特的小气候,其平均温度要比山区高5～8℃,利于稻谷生长;这里九河汇流、七河开源,庆安县河网密布,县域内有呼兰河、欧根河、格木克河、伊吉密河、安帮河等9条河流,除呼兰河、伊吉密河外,其他河流均发源于庆安县,丰富的水资源使得庆安大米享受着小兴安岭老林山泉的灌溉与呼兰河源头活水的孕育;这里属寒温带大陆性季风气候,冬季气温低,病虫害少,再加之一年一耕,休耕期长达235天,进而使得这片黑土地能得到充足休养,为每年一季庆安稻米的生长提供了更多养分。

正是在这片寒地黑土的孕育之下,庆安生产出了看起来粒形完美、籽粒饱满、如珠似玉、晶莹剔透,吃起来筋道滑腻、醇香绵长、油润可口、口感极佳的"庆安大米"。"庆安大米"营养丰富,含蛋白质、糖类、钙、磷、铁、维生素B1、B2等多种微量元素,符合国家一级粳米的品质指标。

品牌价值的提炼一般基于品牌自身、竞争者以及消费者这三个维度,"庆安大米"通过洞察这三个维度发现:首先从自身来看,"庆安大米"拥有土壤、水源、气候三大先天优势以及管理、技术两大后天保障,这是造就"庆安大米"独特品质的基础。其次从竞争者来看,彼时"吉林大米"的品牌诉求为"好吃营养更安全",由于诉求重点分散且缺乏差异化,尚未形成较强的市场认知;而作为东北大米领军品牌的"五常大米"聚焦于"稻花香"这一差异化特征,既表现了其产品的清香特质,又抓取了中国古典文学中的意向表征,被众多消费者认知并喜爱。最后从消费者来看,消费者在消费大米时的首要考虑因素为口感,但口感因消费者个体差异而呈现出多元化特征,可有一点却十分集中,即消费者普遍关注"香",米香不香、米饭香不香是消费者选购大米的一个关键性因素。

综合上述分析,"庆安大米"决定以"香"作为提炼品牌核心价值的切入点。恰巧,"庆安"这一地名本身所具有的美好寓意,成为"庆安大米"品牌核心价值的天然载体。"庆"有"欢庆、喜庆、吉庆"之意,"安"有"安心、安全、安宁"之意,无论是粮食生产所需要的丰庆有余,还是食品品质所需要的安全放心,均在"庆安"二字中集中体现。因此,"庆安大米"将品牌核心价值聚焦于:

庆安香

"庆安香"是基于消费认知、竞争诉求与庆安现状所创造出的全新概念,其是一种让人欢喜的吉庆之香，是让人放心的安全之香，也是独属庆安的大米之香。"庆安香"超越了产品本身层面的竞争，建立起与消费者更深层次的情感联系，更有效，更细致，更贴近消费者。"庆安香"也与如今市场上诸多大米的品牌诉求进行差异区隔，尤其是相较"五常大米"的"稻花香"形成了强有力的差异化竞争潜力。此外，"庆安香"也是对庆安全县大米产业的一次整合。过去，庆安因为大米品种诸多、产品杂乱，而无法形成统一集中的品牌力量，浪费了很多品牌资源。如今，以"庆安香"为统领，强化庆安大米的区域品牌概念，弱化杂乱的品种与产品名称，形成全县大米品牌建设的合力，为全县所有大米产品与企业提供了一个可供背书的大平台。

由此，基于"庆安香"这一品牌核心价值，"庆安大米"进一步确定了品牌口号：

有一种米香，叫庆安香

品牌口号聚焦于"庆安香"这一核心价值，生动传递出差异化的品牌概念，进一步丰富品牌内涵，使消费者购买时形成画面感，产生美好的消费联想。

此外，为了深入丰富"庆安香"这一品牌核心价值的内涵，"庆安大米"基于自身所具备的在水源、土壤、气候、管理、技术等方面的优势条件，构建出了品牌价值支撑体系——

兴安岭下泉水养：小兴安岭老林山泉灌溉，九河汇流，七河开源，呼兰河源头活水孕育。

寒地黑土核心区：世界三大黑土之一，东北寒地黑土核心区域，腐质层肥厚，精华滋养。

一年一耕更营养：生态北国，一年一耕，休耕期长达235天，充足休养更多营养。

绿色基地严把关：中国绿色食品之乡，国家绿色食品A级水稻生产基地，严把关更安全。

精挑细选嚼着香：精选东北好米，先进技术保留谷物精华，回味微甜，大米原香。

三、"庆安香"的现代化呈现

（一）品牌标志

广袤的东北平原，由于地势平坦开阔，是我国农业机械化程度较高的地区。位于东北的庆安大米稻田,也因此呈现条块分明、连接开朗的景象。"庆安大米"带给大众的直观印象,便是那整齐无垠的广袤农田,农田里的稻香伴随阵阵秋风拂鼻沁心,这是"庆安大米"品牌标志创意的印象基础。

中国汉字,因其笔画均能在方寸天地内施展,又被称为方块字。每一个学写汉字的人,均是从米字格或田字格开始,这是中国汉字的古老象征,是每一个中国人孩提时候的淳真记忆,也是"庆安大米"品牌标志创意的天然链接与符号象征。

将以上印象基础与符号象征进行整合,"庆安大米"确定了其品牌标志(见图1-1)。

图1-1 "庆安大米"品牌标志

"庆安大米"品牌标志以品牌名称为基础进行演绎,将"庆安大米"四个汉字融入米字格内,以米字格的淳朴风格体现庆安大米的淳正品质,同时,也是对庆安辽阔稻田禾海的直观表现,使消费者产生画面感。品牌标志在色彩搭配上以大红色为主,增强"庆安"的喜庆吉祥之意。

(二)品牌辅助图形

"庆安大米"品牌辅助图形(见图1-2)描绘了一幅庆安大米丰收的喜庆景象,画面饱满热烈,极具视觉冲击力;绘画形式以当地版画为基础进行演绎,既融入了庆安的文化特色,又体现了"庆安大米"的淳朴品质;在色彩搭配上以品牌主形象的红色为基础,同时推出了多色版,以适应不同传播场合的需求。

(三)品牌价值支撑图形

"庆安大米"价值支撑图形(见图1-3)以品牌标志为基础进行演绎,以方块图形将"庆安大米"的五大价值具象化,可用于丰富品牌传播形象,强化消费认知。

(四)品牌符号应用设计

基于以上品牌标志、品牌辅助图形、品牌价值支撑图形的设计,"庆安大米"进一步衍生出了全新的品牌产品包装、品牌宣传物料等符号应用体系(见

图 1-2　"庆安大米"品牌辅助图形

兴安岭下　寒地黑土　一年一耕　绿色基地　精挑细选
活水养　核心区　更营养　严把关　嚼着香

图 1-3　"庆安大米"品牌价值支撑图形

图 1-4、图 1-5、图 1-6），以求构建统一的品牌视觉识别系统。

　　值得一提的是，"庆安大米"通过消费者洞察，针对不同的消费群体以及消费场景，推出了四款特色主题产品，并设计了相应的产品包装。一是目标消费

图 1-4　"庆安大米"品牌包装

7

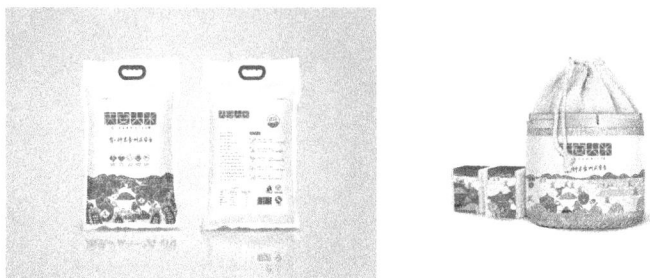

图 1-5 "庆安大米"品牌包装

图 1-6 "庆安大米"品牌宣传海报

者针对单身人群的"一人食"(见图 1-7),诉求"一个人也要好好吃饭";二是目标消费群体针对年轻夫妻的"小两口"(见图 1-7),诉求"细细咀嚼,且行且珍惜";三是目标消费群体针对家长的"宝宝乐",诉求"米饭香,宝宝乐"(见图 1-8);四是目标消费群体针对家庭的"全家福"(见图 1-8),诉求"一口饭,全家福"。这样的产品细分配上相应的主题包装设计,更能加深消费者对于"庆安大米"的品牌认知度与好感度,从而增强其购买欲望。

四、品牌建设成效

2016 年 9 月 22 日,在第四届黑龙江国际绿色有机食品产业博览会暨哈

图 1-7　"庆安大米"主题包装——"一人食""小两口"

图 1-8　"庆安大米"主题包装——"宝宝乐""全家福"

尔滨世界农业博览会上,"庆安大米"全新品牌形象正式发布,成为博览会上最具吸引力与关注度的展区。2015—2020 年,庆安县以供给侧结构性改革为主线,以"庆安大米"品牌为核心,通过"三性"与"五品"的建设,推动"庆安大米"区域公用品牌不断发展。

(一)"三性五品"赋能品牌发展

"三性"即美食性、功能性和文化性。在美食性上,"有一种米香叫'庆安香'"已成为"庆安大米"最具辨识度的标志之一。庆安大米香气淳朴、自然芬芳,做出的米饭洁白光润、品味香醇、筋道滑腻、口感极佳,深受广大消费者的青睐,享誉国内外。在 2016 年"首届中国大米品牌大会"上,"庆安大米"被评为"中国十大好吃米饭",并且"庆安大米"还是京西宾馆、中国航天员中心唯一指定用米。在功能性上,根植寒地黑土的庆安大米,每年有三分之二的时间处于休耕期,地力肥沃。加上山泉水灌溉,本身就富含多种有益于身体健康的矿物质。在此基础上,围绕"粮头食尾""农头工尾"的引导,"庆安大米"成功开发出了可助眠降压的 GABA 米、保留全营养的胚芽米、增强免疫力的富硒米等功能型大米品种,并且正在推进米糠纤维营养饼干项目,全力研发医特、婴特食品,不断提升"庆安大米"内在品质,延伸"庆安大米"产业链,提升品牌溢价能力。在文化性上,"庆安大米"经过近百年的发展,至今已经完成了从传统农耕向现代农业的跨越,通过围绕庆安百年稻作文化开发"大米宴",建成稻作文化博物馆、稻作文化观光体验园、稻乡公路等文旅设施,举办"庆安绿色有机水稻文化节"等农事节庆,推动了"旅游＋稻作文化"的深度融合,促进了农文旅融合发展。图 1-9 为"庆安大米"稻田。

图 1-9 "庆安大米"稻田

而这"三性"的发展正是得益于"五品"(品种、品质、品味、品相、品牌)的不断夯实。在品种选用上,庆安依托寒地水稻改良院士工作站和北方绿洲稻作博士研究所,培育出了龙庆稻系列良种 8 个,目前已认证 6 个,在全省推广面积已达 500 万亩。同时,根据气候特点和生长条件,庆安县引进龙粳系列、龙稻 18 等优质品种,使全县优质稻米品种应用面积达到 90% 以上,为生产优质大米提供良种保障。

在品质提升上,"庆安大米"的绿色有机水稻生产,从基础设施、栽培模式到质量监管,都形成了一套比较完善的标准体系。首先,在基础设施上,庆安县共有 6 个灌区、8 个渠首,灌排渠系总长 690 公里;水稻综合机械化率达到 96.32%;水稻智能浸种催芽车间 25 处,单次催芽能力 2750 吨,多次催芽浸种催芽能力可达 5000 吨以上,可覆盖全县水稻面积 80% 以上;全县标准化育苗大棚总数 4 万多栋，大棚育苗率达到 100％；全县水稻科技示范园区 20 个，水稻"互联网＋农业"示范基地 17 个，省级"互联网＋农业"样板基地 5 个。其次，在栽培模式上，通过多年的实践，庆安县总结出了"秋翻旱耙、增施农肥、优质品种、高台大棚、机械播种、智能催芽、方田机插、控灌细管"的水稻旱育稀植栽培模式，采用绿色有机的标准化栽种模式，将新技术、新手段广泛运用到水稻生产全程。最后，在质量监管上，庆安县先后制定了《A 级绿色水稻栽培技术规程》《有机水稻栽培规程》，并且与中国航天员中心研究制定了《庆安大米航天级食品标准》。"庆安大米"还通过建设稻米品质检验及分析测试中心，建立稻米质量安全速测检验室，完善了稻米质量安全标准，健全了稻米质量安全监管体系，对产地环境、投入品使用、生产过程、生产质量实行全程监控。

在品相改良上，庆安水稻因生长期长、光照充足、昼夜温差大天然灌浆充分，籽粒饱满。在此基础上，"庆安大米"还在加工环节实行低温仓储，精准控制砻米温度以减少剖光，使庆安大米外观晶莹、粒形齐整，做出的米饭洁白光润，晶莹剔透，清香浓郁，粒粒似珍珠。

在品味改进上，经过百年种植技术与现代农业科技融合，"庆安大米"不但富含蛋白质、糖类、维生素、钙、铁、锌、硒等多种营养元素，直链淀粉、蛋白质含量适宜，属于国家一级粳米的品质指标含量，而且其入口香甜，回味悠长，内软外韧，黏性适中，凉后不回生。

在品牌打造上，自 2016 年"庆安大米"区域公用品牌发布以来，庆安县秉着务实的态度与稳扎稳打的作风，除了上述提到的在产品质量上的深耕外，还通过品牌的整合营销传播与产品销售渠道的拓展等一系列科学高效的品牌运营，极大促进了"庆安大米"区域公用品牌的壮大。

（二）聚焦整合营销传播

"整合营销传播"是指以特定的目标群体为传播对象，综合协调、统筹运用各种传播方式，以最佳的传播方式组合来传递本质上一致的信息。"庆安大米"自品牌战略规划完成以来，通过农事节庆的举办、品牌形象片的拍摄、"五谷杂粮下江南"推介活动的借势传播、各类展会的频频亮相、公益事件的投入等整合营销传播手段，极大提升了"庆安大米"的品牌知名度、品牌认知度以及品牌好感度。

1. 举办农事节庆

农事节庆，原本是庆祝丰收的传统仪式。而作为仪式，它所呈现的特殊区域文化表达、特殊物产所带来的消费象征和文脉传承，能为一个区域的农产品品牌增加无形价值。因此，农事节庆已经成为打造农产品品牌的重要而有效的策略之一。"绥化庆安绿色有机水稻文化节"自 2016 年首次举办以来,至今已连续举办了四届。通过这四届绿色有机水稻文化节的举办,"庆安大米"区域公用品牌名声远扬,销售量、销售额和成交价均节节飙升。据统计,2016 年第一届现场预售新米 1.2 万吨,交易金额 7320 万元,成交均价 6.40 元/公斤;2017 年第二届线上线下销售总额 4.8 亿元,销售大米 4.689 万吨,成交均价 16 元/公斤;2018 年第三届交易金额就达 9.77 亿元,交易量 12.6 万吨,比 2017 年翻了两番。

2. 拍摄品牌形象片

当下是一个影像传播时代,视频营销已经成为品牌传播中不可或缺的重要环节,而影像也可以通过具象化的画面,来进一步生动地阐释品牌内涵。为此,"庆安大米"特地邀请专业团队拍摄了区域公用品牌形象片《庆安米韵》(见图 1-10、图 1-11)。《庆安米韵》首先运用航拍、延时、特写等拍摄技法,生动展现了庆安县优异的自然生态环境以及农人们的质朴与匠心,形象地阐释了"庆安大米"的品牌价值支撑体系;其次通过运用大特写、超高速镜头、棚内拍摄等方式,来展现稻谷、大米、煮饭、盛饭、完整的碗装熟饭等画面元素,从而将"庆安大米"的优异产品品质进行细致的刻画与呈现;最后,通过一人食、小两口、宝宝乐、全家福这四个消费场景的温馨呈现,让消费者产生代入感,进一步链接起"庆安大米"与消费者的关系,进而实现"庆安香"这一品牌核心价值从物理属性到精神层面的升华。值得一提的是,除了《庆安米韵》这一个品牌形象片外,"庆安大米"还在此基础上另外剪辑了两个分别服务于品牌价值支撑体系和主推产品主题的小短片,在顺应短视频传播潮流的同时,也可以有针对性

图 1-10 《庆安米韵》截图

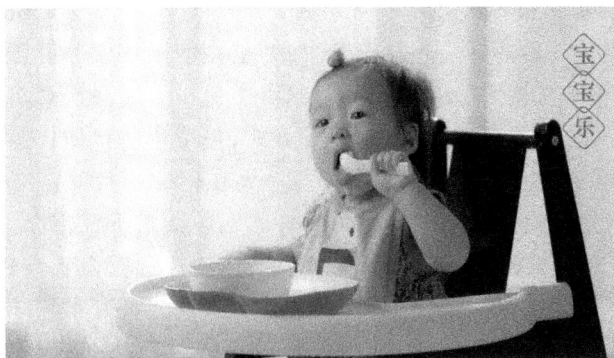

图 1-11　《庆安米韵》截图

地投放和使用,从而提升品牌传播的效果。

3. 频频亮相展会

对农产品而言,各种类型的国际、国家、省级农博会、农展会、交易会等都是非常有效的品牌传播平台。"庆安大米"自 2016 年完成品牌重塑以来,至今已经参加了众多展会(见表 1-1),并且很好地将品牌符号体系应用到各类展柜展示之中,极大地提升了"庆安大米"的品牌知名度。

可以看到,"庆安大米"参展地大多位于品牌消费意识较强的国内省会城市以及一、二线城市,这对于"庆安大米"进军高端大米消费市场,提升品牌溢价能力具有重大推动作用。

表 1-1　2018—2020 年"庆安大米"参与展会的不完全统计

时间	地点	活动
2018-6-28	广州	第 18 届中国(广州)国际食品展暨进口食品展览会
2018-7-7	湛江	2018 湛江·东盟农产品交易博览会
2018-12-6	上海	第 18 届全国生态农产品(上海)采购交易会
2018-12-15	武汉	第 27 届中国食品博览会暨中国(武汉)国际食品交易会
2019-10-10	哈尔滨	第 7 届黑龙江绿色食品产业博览会
2019-12-20	南昌	第 12 届中国绿色食品博览会
2020-1-10	厦门	第 12 届厦门名优特农产品展销会
2020-10-18	哈尔滨	第 3 届中国·黑龙江国际大米节
2020-11-16	眉山	第 12 届中国泡菜食品国际博览会暨第三届世界川菜大会

4. 借势"五谷杂粮下江南"

除了各类传统传播形式外,"庆安大米"也在积极探索品牌传播活动的创新。"五谷杂粮下江南"活动是 2017 年起由绥化市人民政府牵头主办的大型农产品推介活动,旨在通过展示、推介等方式,把绥化的优质产品带给全国群众,让绥化五谷杂粮的好品质、好口碑留在大江南北。目前,"五谷杂粮下江南"活动已连续举办四届。2018 年初以来,"五谷杂粮下江南"营销团队共在 105 个城市开展精准营销活动,建设旗舰店、体验店、特许店、连锁店、直营店 185 家,中转仓 27 家,入驻域外商超 1500 多家,入驻批发市场 52 家,入驻电商平台 10 个,签订供销合同(协议)308 份,签约额 65.76 亿元、现场零售 7.63 亿元,销售农产品 70 万吨。在 2018 中国区域农业品牌发展论坛上,"五谷杂粮下江南"活动被评为"中国区域农业品牌十大营销案例"。

"庆安大米"正好通过借势这一大型推介活动,深入到上海、杭州、深圳、南京、武汉等地,通过开展大米推介会、品鉴会、洽谈会、展览会等形式,集中宣传推介"庆安大米"。这极大提升了"庆安大米"的品牌曝光度,尤其是顺利进军了大米消费量庞大的南方市场,提高了"庆安大米"在南方市场的品牌知名度,为今后"庆安大米"的进一步发展培育了大量潜在消费者群体。

5. 投身社会公益

新冠肺炎疫情发生以来,黑龙江充分发挥"中华大粮仓"、维护国家粮食安全"压舱石"优势,多次向疫区抗疫一线捐赠绿色优质农产品和各类物资。"庆安大米"在此次疫情期间就向湖北孝感市捐赠了 120 吨大米,为奋战在抗疫一线的医护人员带去了一缕"庆安香",同时也很好地提升了"庆安大米"的品牌好感度。

(三)拓宽产品销售渠道

销售渠道是实现品牌价值变现的重要保障。在保障好产品品质、提升品牌知名度的同时,"庆安大米"也在积极地拓展销售渠道。

1. 携手电商巨头

近年来,庆安县抓住"互联网＋"发展机遇,将电子商务作为转型升级、促进农业农村发展的重要抓手,"庆安大米"也借此机会,搭上了电商顺风车。

2019 年,苏宁拼购在庆安县举行了以"拼购造福,万村振兴"为主题的 2019 年苏宁拼购村授牌仪式暨社交电商助农富农研讨会。借助苏宁拼购这一电商平台,"庆安大米"旗下子品牌企业黑龙江聚晟米业有限公司开设了苏宁拼购线上旗舰店,并且在 2019 年 1101 超级拼购日当天销售额达到 216

万元。

2020 年 9 月 13 日，京东旗下社交电商平台京喜与绥化市庆安县人民政府签署战略合作协议，双方共建"京喜·庆安大米合作产地直发示范基地"（见图 1-12），助力"庆安大米"产品销售渠道拓展。黑龙江聚晟米业有限公司就是通过京喜拓展线上渠道的代表之一，2020 年京喜年货节期间首次合作，后来受疫情影响，传统线下销售模式发展受阻，于是便借助京喜将销售重心转移至线上渠道的开拓。"6·18"期间，该公司通过京喜直播等多种活动，获得 10 余万订单，6 月销售额环比上月增长 140%。

图 1-12　"庆安大米"联手"京喜"

在品牌化和数字化结合的双轮驱动下，"庆安大米"区域公用品牌得到了飞速发展。电商数字化平台为"庆安大米"提供了品牌推广资源、商家扶持、专题营销、社交玩法等全方位支持，搭建起了"庆安大米"与新兴市场消费群体之间的桥梁。

2. 搭建"庆安大米网"

在借助电商巨头拓展销售渠道的同时，"庆安大米"也在积极探索建立属于自己的销售平台。2019 年 8 月 9 日，由庆安县政府联合黑龙江省农淘惠电子商务有限公司所成立的大型供应链电子商务平台——"庆安大米网"（见图 1-13）正式上线运营。"庆安大米网"将线上销售与线下业务紧密结合，依托快递门店、个体超市、连锁超市等渠道，建设庆安大米官方线下店，顾客在网上确认订单后,可以通过总部发货、同城线下店配送、到店取货三种模式购买产品。

截至 2019 年底,"庆安大米网"帮助庆安县大米加工企业累计批发销售额达 980 万元,线上零售成交销售量总数达 6.2 万单。

图 1-13 "庆安大米网"

3. 开设庆安大米直营店

借助绥化"五谷杂粮下江南"活动,"庆安大米"已经先后在上海、杭州、南京、深圳、南昌等一、二线城市开设了庆安大米直营店。一、二线城市消费者往往具有较好的品牌消费意识,"庆安大米"选择在此铺设直营店可以精准对接目标高端消费者,并且以其自身优质产品品质去不断扩大"庆安大米"在高端消费者人群中的口碑效应,这对于提高品牌产品溢价、拓展高端潜在消费群体是十分有效的路径。

由中国品牌建设促进会发布的"2019 中国品牌价值评价信息"显示,2019年,"庆安大米"品牌价值已经达到 116.87 亿元,较 2015 年提升了 73.54 亿元,增长了近 169.72%。2020 年以来,"庆安大米"又荣获了诸多荣誉:在"2020 黑龙江省品牌价值评价信息发布暨龙江品牌盛典颁奖晚会"上,"庆安大米"荣获"2020 黑龙江省品牌价值地理标志(区域)品牌最具增长力奖";在"2020 国际大米品牌大会"上,"庆安大米"荣获"2020 十大大米区域公用品牌";在"2020 中国区域农业品牌发展论坛暨中国区域农业品牌年度盛典"上,"庆安大米"以 72.98 的品牌影响力指数,荣获 2020 中国区域农业品牌影响力排行榜——区域农业产业品牌·粮油产业类别第七名。可见,"庆安大米"区域公用品牌正以势如破竹之势蓬勃发展。

"有一种米香叫庆安香",期待"庆安大米"这一缕"庆安香"能在未来飘香中国,飘香世界!

第二章　唐布拉黑蜂蜂蜜："塞外蜜库"的神奇秘蜜

地标概况

尼勒克位于中国新疆西北部,属伊犁哈萨克自治州管辖,处伊犁河上游,是一个以牧为主、农牧结合的山区县。唐布拉黑蜂蜂蜜产于天山深处的唐布拉大草原。唐布拉草原地处古丝绸之路北道,有着悠久的历史和草原文化。这里森林茂密,草场辽阔,气候凉爽,花卉繁多,野生植物种类极为丰富,山花面积达 40 万公顷,其中具有珍贵价值的花多达 76 种,是养蜂的天然圣地,素有"塞外蜜库"之称。

唐布拉黑蜂蜂蜜,口感香甜,营养丰富。2012 年,"唐布拉黑蜂蜂蜜"被登记为中华人民共和国农业部的农产品地理标志(AGI00996)。地域保护范围包括唐布拉黑蜂保护区内的蜂繁殖场和乌拉斯台乡共 2 个乡(场)10 个村,地理坐标为东经 83°13′~84°36′,北纬 43°80′~43°65′。2020 年,"唐布拉黑蜂蜂蜜"入选由中华人民共和国农业农村部推出的"农产品地理标志保护工程"。

2018 年,尼勒克县邀请专业团队为"唐布拉黑蜂蜂蜜"编制品牌战略规划。2019 年,尼勒克县黑蜂产品在国际蜂联第 46 届国际养蜂大会上荣获结晶蜜品质全球金奖。

一、品牌过往:邂逅甜蜜尼勒克

天山脚下,喀什河畔,古老而神秘的尼勒克县即位于此,"唐布拉黑蜂蜂蜜"便产于天山深处的唐布拉大草原,这里草场辽阔,繁花盛开,气候凉爽,是养蜂的天然胜地,素有"塞外蜜库"之称。尼勒克黑蜂是世界四大名蜂之一,飞行高度大,采蜜半径大,所产蜂蜜具有含糖量高、矿物质多、有机酸等营养成分丰富的特点。每年百花盛开之际,勤劳的尼勒克黑蜂便会采集野生中草药山花蜜源,酿制成具有较高滋补价值的蜂蜜。"唐布拉黑蜂蜂蜜"呈浅琥珀色,质地黏稠,无杂质,无气泡,具有特殊的中药材香气,味道浓厚香醇,口感绵润,手感细腻如绸。这是尼勒克人款待贵客的佳品。然而,"尼勒克黑蜂蜂蜜"虽然拥有好品质,但是在产业规划、规模、品牌建设以及销售价格上却不尽如人意,仍存在着很大的提高空间。

（一）养殖标准待一致

尼勒克县黑蜂养殖机械化技术水平较低,组织生产化程度较低。部分养蜂户不再从事养蜂,新的养蜂户没有经过正规养蜂专业培训,蜂农只能凭借传统的养蜂经验进行生产,病虫防治、蜂农的养殖技术得不到更新,部分企业生产不规范,属家庭作坊式生产,生产规模小,蜂业养殖不能按照标准化进行养殖,产量减少,影响质量也影响销量,加上销售渠道单一,导致品牌溢价能力不高,这一切制约着"唐布拉黑蜂蜂蜜"带动当地人民脱贫致富。

（二）品牌认知待加强

我国幅员辽阔,蜜源种类丰富多样,是全球最大的蜜蜂养殖国家,蜂蜜产量也居世界之首。而纵观我国蜂蜜区域公用品牌,北至东北的黑蜂椴树蜜,南到麻涌、从化的荔枝蜜,有历史、有名号、有故事的蜂蜜品牌数不胜数。"唐布拉黑蜂蜂蜜"发展起步较晚,品牌认知仍有较大的提升空间。根据消费者调查数据显示,"唐布拉黑蜂蜂蜜"在新疆市场具有较高知名度与美誉度,但在全国市场的知名度仍然较低。"唐布拉黑蜂蜂蜜"如何从同类产品中脱颖而出,在消费者心中树立独特的定位,仍需进行有针对性的品牌战略规划。

（三）品牌建设待完善

"唐布拉黑蜂蜂蜜"品牌建设虽然有一定成效,但因从事生产者文化水平较低,品牌意识薄弱,品牌知名度与影响力远远不够。"唐布拉黑蜂蜂蜜"拥有好品质,但却没有得到更好的品牌传播,因此仍需在多个环节进一步完善,亟需统一的品牌形象,以便消费者准确识别、辨认品牌,也亟需提炼品牌的核心价值,以提升品牌的溢价空间。

因此,如何让"唐布拉黑蜂蜂蜜"走出伊犁,走出新疆,以蜂产业带动伊犁的发展,助力脱贫,成为尼勒克政府和当地蜂农、蜂企的共同心愿,也是其品牌发展亟待解决的问题。

二、品牌重塑：给甜蜜一个"新"定义

"唐布拉黑蜂蜂蜜"蜜源环境优越,营养成分丰富,蜂种独特,具有优秀的资源禀赋。因此通过深入挖掘尼勒克县区域特色价值,推动"唐布拉黑蜂蜂蜜"这一地理标志农产品向区域公用品牌的转型,用品牌化的方式获得双重信用背书,进一步顺应品牌消费时代,获得消费者忠诚消费,对带动当地的经济发展,助力脱贫,具有重要意义。

（一）资源梳理：发现"五好"价值

1. 产地好：来自唐布拉草原，纯净无污染

边陲伊犁，天山脚下，自然条件优越，洁白的雪山，广袤的森林，无边的草原，为黑蜂的繁衍提供了良好的栖息地，形成潜力巨大的黑蜂蜜源优势。尼勒克县位于伊犁，在天山西段，处伊犁河上游，四面环山，四山夹一谷，东高西低，北高南低，由东北向西南倾斜。尼勒克就像一片柳叶，叶子的主脉是喀什河（见图 2-1），由东向西从中穿流而过，叶子的脉络是其他 100 多条大大小小的河流，滋润着尼勒克这片美丽而又神奇的土地。而在尼勒克县境内的山中，分布着 95 个形态各异的高山自然湖。这些湖泊起着涵养水源、维持大自然生态平衡的作用。依山傍水，尼勒克境内的喀什河、峡谷、草原、湖泊共同形成了美丽的唐布拉景区，又被称为"百里长卷，千里画廊"。"唐布拉黑蜂蜂蜜"就产于天山深处唐布拉大草原。唐布拉大草原海拔高，空气清新，河水清澈，植被丰茂，土壤肥沃，素有"天然蜜库"之称。得天独厚的区位条件是造就高品质好蜜的基础。

图 2-1　冬天的喀什河

2. 气候好：光能资源丰富，气候适宜，昼夜温差大

"唐布拉黑蜂蜂蜜"保护范围地处西北内陆，属北温带大陆性气候，山区气候特征明显，日照时间长，年均日照 2795～3000 小时，光能资源丰富，昼夜日差较大，年平均气温 8.6℃，7 月平均气温 22.9℃，最高气温 37.4℃，年降水量 500～600 毫米，无霜期 90 天，气候凉爽，年平均相对湿度 60%～65%，有逆温

层存在,气候温暖,土壤肥沃,水草丰厚。从3月中旬至8月底,百花繁盛,可供3万多群蜜蜂采集繁殖。

3. 蜂种好:欧洲黑蜂、高加索蜂等黑色蜂种后代,抗逆性强

尼勒克黑蜂是世界四大名蜂之一,具有体型大、体质好、体能强、抗病能力强等特点,擅长采集零星蜂蜜。相较于其他任何品种的蜜蜂,黑蜂飞行高度大,采蜜半径大,可采集到海拔1800～2500米天山深处无污染的鲜花分泌液,且所产蜂蜜具有含糖量高,矿物质、有机酸、蛋白质、维生素和酶等营养成分丰富的特点。"唐布拉黑蜂蜂蜜"便是黑蜂采自平均海拔高度1800多米的唐布拉大草原。黑蜂另一个特点是抗热抗寒适应性强,在8℃的气温中还能到野外采蜜,在-30℃以下的寒冬里也能安全越冬。尼勒克黑蜂能够安全度夏和越冬,在春季辅助蜜源来临之时,快速繁殖。

2006年,以尼勒克黑蜂为代表的"新疆黑蜂"(见图2-2)被列入国家级畜禽遗传资源保种名录;2015年,"国家级新疆黑蜂畜禽资源保种场"花落尼勒克。目前,尼勒克县是新疆唯一的黑蜂自然保护区核心地区。

图2-2　新疆黑蜂

4. 蜜源好:76多种珍贵野生药草蜜源,野生酿造

"唐布拉黑蜂蜂蜜"主要以山区野生花草为蜜源,野生蜜粉源具有蜜源充足、花期较长、蜜质优良、天然无污染等优点。唐布拉辽阔的草原、茂密的森林、幽深的溪谷、繁盛的花草,为黑蜂提供了绝佳的采蜜乐园。唐布拉草原蜜源植物十分丰富,主要有直齿荆芥、牛至、百里香、蜜花香薷、大蓟、牛蒡、党参、野薄荷、贝母等,其中具有独特的中药保健价值的花草就达76种(见表2-1、

表2-2、表2-3、表2-4）。"唐布拉黑蜂蜂蜜"采集天山深处百种珍稀野山花分泌液,内含极为丰富的葡萄糖和果糖、蛋白质、有机酸、氨基酸、矿物质、维生素和酶等营养成分,气味清香怡人,口感绵甜柔润,且生产的蜂蜜、蜂王浆、花粉无任何污染,是药用价值极高的滋补品,具有特殊的保健价值及显著的调理功效。

表 2-1　尼勒克县 4 月开花植物

科名	中文名	药用部位	功效
百合科	新疆贝母	鳞茎	味苦甘性微寒,清热润肺,化痰止咳,消肿散结
蔷薇科	欧洲稠李	果实	味甘、涩,性温,补脾止泻
	天山绣线莲	叶	性淡平,消肿解毒,去腐生肌
忍冬科	小叶忍冬	花蕾	味甘性寒,清热解毒,养血止咳
堇菜科	硬毛堇菜	全草	清热解毒,利湿消肿
鸢尾科	白番红花	球茎	味辛温性有毒,强筋骨,止痛
车前科	条叶车前	全草	祛热明目,祛痰利水

表 2-2　尼勒克县 5 月开花植物

科名	中文名	药用部位	功效
蔷薇科	异花茴子	枝叶、果实	味苦涩性平,凉血止血
	红果山楂	果实	味酸甘,性微温,消积食,散瘀血,驱绦虫
	二裂委陵菜	全草	味甘性凉,凉血止血
铁角蕨科	欧亚铁角蕨	全草	味淡性平,清热渗湿,止血散瘀
鸢尾科	弯叶鸢尾	种子	味甘性平,清热利湿,止血解毒
	马蔺	花	味咸酸微苦性凉,清热解毒,止血利尿
报春花科	寒地报春	花	味苦性寒,清热燥湿,泻肝胆火,止血
虎耳草科	石生茶藨	果实	味甘性温,滋补强壮
唇形科	深裂叶黄芩	根	味苦性寒,泄实火,除湿热,止血安胎
	夏枯草	花序	味苦辛性寒,清肝热,散瘀结,降血压
	欧夏至草	全草	味微苦性平,止咳祛痰,利胆
豆科	苦豆子	全草、种子	味苦性寒有毒,清热燥湿,止痛杀虫
	甘草	根、根茎	味甘性平,和中缓急,润肺解毒,调和诸药

续表

科名	中文名	药用部位	功效
水龙骨科	欧亚水龙骨	全草	味甘性平,具有清热解毒,平胆明目,祛风通络
香蒲科	小香蒲	花粉	行血消瘀,收敛止血
柽柳科	长序水柏枝	嫩枝	疏风解表,清热解毒,透疹止咳
紫草科	糙草	全草	味辛性寒,解表散寒,止咳
旋花科	线叶旋花	全草	味微咸性温有毒,祛风止痒,止痛
兰科	宽叶红门兰	全草	味甘性平,强心补肾,生津止渴,健脾胃
败酱科	中败酱	根	味辛性温,行气解郁,活血止血,止带
玄参科	短腺小米草	全草	味苦性凉,清热除烦,利尿

表 2-3 尼勒克县 6 月开花植物

科名	中文名	药用部位	功效
菊科	天山蒲公英	全草	味苦甘性寒,清热解毒,利尿消肿,散结
	款冬	花蕾	味辛甘性温,润肺下气,化痰止咳
	亚洲蓍	全草	味辛苦微温有毒,活血祛风,止痛解毒
	小鸦葱	根	味甘微苦性寒,清热解毒,通乳利湿
	大叶橐吾	根	味苦辛性温,温肺润肺,化痰止咳,下气平喘
牻牛儿苗科	直立老鹳草	全草	味苦辛性平,祛风活血,清热解毒
黑三棱科	黑三棱	块茎	味苦辛性平,破血行气,消积止痛
十字花科	播娘蒿	种子	味辛苦性寒,祛痰定喘,泄肺行水
毛茛科	暗紫耧斗菜	全草	味苦性凉有小毒,清热凉血,调经活血,止痛止痢
	白喉乌头	块根	味辛性热有毒,搜风胜湿,散寒止痛,开痰消肿
	水胡芦苗	全草	味甘淡性寒,祛风除湿,利水消肿
	大叶毛茛	全草	味辛微苦性温有毒,利湿消肿,止痛退翳,截疟杀虫
	西伯利亚铁线莲	根茎	味苦性微寒,具有清心火,泄湿热,通血脉
罂粟科	烟堇	全草	清血
	白屈菜	全草	味苦辛性微温有毒,镇痛止咳,利尿解毒
	橙黄罂粟	全草	味苦涩性微寒有毒,止咳定喘,镇痛止泻
石竹科	准噶尔繁缕	茎叶	味甘微咸性平,活血祛瘀,下乳催生

续表

科名	中文名	药用部位	功效
蓼科	拳参	根茎	味苦性凉,清热镇惊,理湿消肿
	萹蓄	全草	味苦性寒,清热利尿,解毒杀虫
伞形科	短茎古当归	根	味辛苦性温,祛风胜湿,散寒止痛
	穿叶柴胡	根	味苦性凉,和解表里,疏肝升阳
水龙骨科	天山瓦韦	全草	味淡性寒,利尿止血
大戟科	准噶尔大戟	根	味苦性寒有毒,逐水通便,消肿散结
花荵科	花荵	根茎	味辛咸性微寒,镇咳祛痰,止血安神
远志科	新疆远志	全草	味苦辛性温,祛痰利窍,益智安神
堇菜科	阿尔泰堇菜	全草	味苦性寒,清热解毒,利湿消肿
杉叶藻科	杉叶藻	全草	味苦微甘性凉,清热凉血,生津养液
龙胆科	新疆假龙胆	根	味苦辛性平,祛风除湿,和血舒筋,清热利尿
景天科	条叶红景天	根及根茎	味甘涩性寒,扶正固本,理气养血,清肺止咳,滋补元气

表 2-4 尼勒克县 7 月开花植物

科名	中文名	药用部位	功效
蓼科	水蓼	全草	味辛性平,化湿行滞,祛风消肿
	天山大黄	根茎	味苦性寒,泄实热,通大便,破积行瘀,消痈肿
蔷薇科	亚洲龙芽草	全草	味苦辛涩性平,收敛止血,健胃
玄参科	全叶兔耳草	全草	味甘性平,强心利尿
景天科	四裂红景天	根	味甘涩微苦性温,补肾明目,养心安神,调经活血
毛茛科	乳突拟娄斗菜	叶	味苦涩性寒,活血散瘀,止痛止血
菊科	山地橐吾	根	味苦辛性温,温肺润肺,化痰止咳,下气平喘
牻牛儿苗科	圆叶老鹳草	全草	味苦辛性平,祛风活血,清热解毒
虎耳草科	双叶梅花草	全草	味苦性凉,清热凉血,消肿解毒
香蒲科	水烛香蒲	全草	润燥凉血,去脾胃伏火
罂粟科	新疆海罂粟	全草	味苦涩性微寒有毒,止咳定喘,镇痛止泻
茜草科	猪殃殃	全草	味苦辛性凉,清热解毒,利尿消肿
锦葵科	白花蜀葵	花	味甘性寒,和血润燥,通利二便

续表

科名	中文名	药用部位	功效
豆科	玫红山黧豆	种子	味甘性平,活血祛瘀
石竹科	瞿麦	全草	味苦性寒,清热利水,破血通经,消痈肿
百合科	新疆玉竹	根茎	味甘性平,养阴润肺,生津益胃
桔梗科	喜马拉雅沙参	根	味甘性微寒,养阴清肺,祛痰止咳,生津
唇形科	芳香新塔花	全草	味微甘辛性凉,强心利尿,清热消炎
伞形科	林当归	根	味辛苦性温,祛风胜湿,发汗解表
十字花科	长圆果菘蓝	根	味苦性寒,清热解毒,消炎利胆,凉血
龙胆科	膜边獐牙菜	全草	味苦性寒,清湿热,健胃
柳叶菜科	柳兰	全草	味苦性平,下乳润肠
杨柳科	枸子叶柳	根皮	味苦性寒,祛风利湿,消肿止痛
鹿蹄草科	圆叶鹿蹄草	全草	味甘苦性温,补虚益肾,祛风除湿,活血调经
荨麻科	焮麻	全草	味辛苦性温有小毒,祛风湿,解痉和血
鸢尾科	喜盐鸢尾	块根	味甘性平,清热解毒

5. 工艺好:养蜂历史悠久,保留蜂蜜原始自然风味

尼勒克县养蜂历史悠久,20世纪初,俄罗斯蜂农来到伊犁,从北亚细亚带来了蜂种,蜂种跟当地的蜜蜂杂交,形成了新疆黑蜂。"唐布拉黑蜂蜂蜜"(见图2-3)养蜂场地设在有机农业生产区内,或者是至少三年内未使用过禁用物质的自然(野生)区域内,蜂场半径5公里范围内不存在有毒蜜粉源植物,靠近清洁水源,养蜂场地背风向阳,地势高燥,不积水,小气候适宜,安全僻静。养蜂场采用朗式十框风箱或中蜂十框蜂箱,合乎蜜蜂生活习惯。箱体以选择坚实、质轻、不易变形的白松、杉木为主。以自然成熟蜂巢蜜为原料,经过"割盖、分离、过滤"三步骤割出来的高成熟度原蜜,营养价值保存完整。蜂农们对这大自然的馈赠精心呵护,精心酿造甜蜜生活。

(二)品牌名称:强调区位价值

在推动"唐布拉黑蜂蜂蜜"地理标志农产品向区域公用品牌转型的过程中,尼勒克县利用已有的资源禀赋,以最低成本、最高效益的方式进行品牌化发展为宗旨,决定走单一品类区域公用品牌类型的品牌化战略。即基于地理标志产品的单一品类、单产业的区域公用品牌突破模式,着重在一个区域选择一个优势显著的单一产品品类基础上的单一产业进行品牌化突破,其强调将一个区域中特色显著、具有一定产业规模的单一产业的特色品牌化,并以该品

图 2-3 "唐布拉黑蜂蜂蜜"

牌化的单一产业延伸、价值延伸,支撑起一个区域的经济发展,甚至成为一个区域的形象表征。由此可见,"唐布拉黑蜂蜂蜜"在未来品牌建设中将致力于成为尼勒克县经济发展中的重要支柱,以及尼勒克县区域形象对外传播的一个重要载体。但是,"唐布拉黑蜂蜂蜜"地标名称中的"唐布拉"是尼勒克县境内喀什河峡谷草原景观的统称,而区域品牌强调的是人们或消费者与一个区域整体、区域产业、区域产品等之间的相互关系。因此,为了在今后的品牌化转型以及品牌建设中能更好地与尼勒克县协同发展,为尼勒克县区域发展赋能,遂决定以"尼勒克黑蜂蜂蜜"作为"唐布拉黑蜂蜂蜜"地理标志农产品转型成区域公用品牌的品牌名称。

(三)品牌定位:演绎天山本草蜜

"尼勒克黑蜂蜂蜜"建设品牌的各种资源禀赋优越,如产地好、纯净无污染、蜂种独特等,但是这些资源禀赋还不足以成为尼勒克品牌最核心的价值,无法和其他老牌的蜂蜜品牌形成差异化,进而无法和消费者产生链接,也无法为消费者带来独特的品牌利益点。

随着蜂蜜产业消费升级,保健功能愈加受到消费者的重视,消费者期望蜂蜜达到更好的养生效果,因此以党参蜜、枸杞蜜等中草药为蜜源的蜂蜜更受消费者青睐,而"尼勒克黑蜂蜂蜜"的蜜源正是符合消费需求的中草药蜜源。唐布拉草原上的蜜源植物种类极为丰富,包括党参、甘草、贝母、益母草、野薄荷、百里香等,约 60 多个科,260 多种中草药植物,其中数量较多、分布较广、利用价值较高的中草药蜜源植物多达 76 种。因此，取诸多种中草药精华酿制而成的“尼勒克黑蜂蜂蜜”，相对于单一花蜜来说，营养更为全面，养生效果更佳。因此，综合需求与产品特色，链接区域地标，“尼勒克黑蜂蜂蜜”将品牌定位确立为“天山本草蜜”。

天山和本草都是众所周知的中国符号，天山带有神秘色彩，带给消费者纯净神秘的直观感受；本草是中草药的别称，突出了“尼勒克黑蜂蜂蜜”是由中草药蜜源酿成的蜂蜜这一核心价值。天山本草蜜即以天山下的中草药为蜜源酿制的蜂蜜，易于引发消费者对蜂蜜具有神奇效果的联想。该品牌定位，抢占了全国蜂蜜行业中“本草蜜”品类的高地，彰显中草药蜜源的特殊性，又能传达天山蜜源产区的优势品质，直击消费者心理，形成差异化竞争力，能帮助品牌有效地攻占消费者心智。

（四）价值支撑：数字化的价值印记

基于品牌定位，从产品属性出发，“尼勒克黑蜂蜂蜜”确立了品牌的价值支撑体系。从蜜源环境来看，“尼勒克黑蜂蜂蜜”的蜜源来自海拔 1800～2500 米的天山深处（见图 2-4），纯净无污染，而普通蜂蜜的蜜源一般处于低海拔或随着花期移动，不保证环境原生态；从蜜源植物种类来看，“尼勒克黑蜂蜂蜜”源自至少 76 种中草药蜜源植物，普通蜂蜜是营养不均的单一花蜜或蜜源植物不确定的杂花蜜；从营养成分来看，“尼勒克黑蜂蜂蜜”富含 54 种矿物质，比普通蜂蜜的 20 多种矿物质含量高出一倍，“尼勒克黑蜂蜂蜜”中还含有丰富的酶类

图 2-4　天山脚下的尼勒克

化合物,"尼勒克黑蜂蜂蜜"酶值高于国家对蜂蜜检验标准的 10 倍左右;从蜂蜜成分来看,普通蜂蜜中水分含 20％即可被称为成熟蜜,"尼勒克黑蜂蜂蜜"中水分约占 17％,是高品质成熟蜜;从蜂蜜蜂种来看,"尼勒克黑蜂蜂蜜"产自唯一国家级新疆黑蜂自然保护区,蜂种纯正,保证品质。基于以上内容,"尼勒克黑蜂蜂蜜"建构起品牌价值支撑如下——

蜜源环境(1800＋):海拔 1800 米以上天山深处无污染的野山花;

蜜源植物(76):源自至少 76 种中草药蜜源植物;

营养成分(54):富含 54 种矿物质与抗氧化多酚类物质;

蜂蜜成分(17):高品质成熟蜜,水分约占 17％;

蜂蜜酶值(10):蜂蜜酶含量高于国家检验标准 10 倍;

蜂蜜蜂种(1):唯一国家级新疆黑蜂自然保护区。

以上价值基础奠定"尼勒克黑蜂蜂蜜"的品质优势,彰显出其与普通蜂蜜间的巨大差异。在传奇的天山深处,以神秘的中草药植物为蜜源,尼勒克黑蜂奇迹般地创造出绝佳品质的上好蜂蜜。

三、品牌战略体系:创造甜蜜新形象

(一)识别体系

1. 品牌价值识别体系

基于上述由六组数字组成的价值支撑是产品的差异化与神奇之处。天然的"尼勒克黑蜂蜂蜜",为人们健康、快乐、多彩的生活提供优于普通蜂蜜的神奇元素。因此,"尼勒克黑蜂蜂蜜"将品牌口号确定为"尼勒克的神奇秘蜜"。

"尼勒克的神奇秘蜜"简单易懂,朗朗上口,天山本草蜜即尼勒克的神奇秘蜜,与品牌定位相呼应,同时又能够营造出产品的神秘感,激发消费者对产品产生兴趣,尼勒克在哪里? 蜂蜜的秘密到底是什么? 此种蜂蜜有什么神奇之处? 神奇秘蜜必然是稀缺的、优质的,更易让消费者联想到"尼勒克黑蜂蜂蜜"具有的养生功能,加强品牌的好感度。

2. 品牌形象识别体系

(1)品牌主形象

天然的中草药蜜源是"尼勒克黑蜂蜂蜜"最突出的产品优势,也是品牌差异化价值点。因此,草原百花齐放的场景和新疆代表性植物格桑花自然就成了品牌标志的主要创意元素。在山花之下是尼勒克黑蜂和蜂农的双手。蜂农的双手呵护着黑蜂,意指独特的蜜源、纯正的蜂种、虔诚的匠心共同铸就一滴

"尼勒克黑蜂蜂蜜"。垂下的蜜滴向消费者传递产品优异特性：能够做到挂勺不滴，是含水量低的成熟蜂蜜。整体形象似绚烂的烟火，寓意"尼勒克黑蜂蜂蜜"能够带给消费者健康的身体，让生活更加多姿多彩。最下方是双语品牌名称，字体和上面黑蜂的颜色相同，构成呼应。品牌主形象以现代化艺术形式展现，色彩协调，布局美观，具有较高的差异化和识别度。（见图2-5）

图2-5　"尼勒克黑蜂蜂蜜"品牌标志

（2）品牌辅助形象

品牌辅助形象是配合品牌主形象，广泛应用于产品包装、宣传物料、品牌推广及衍生品的视觉形象，以丰富品牌形象，加深消费者对品牌的印象及好感度。"尼勒克黑蜂蜂蜜"的品牌辅助形象主要包括传播辅助图形、价值支撑图形、品牌口号图形等。

①传播辅助图形

"尼勒克黑蜂蜂蜜"品牌传播辅助图形以穿有少数民族服饰的少女、蜂农来展现淳朴的尼勒克人酿制蜂蜜的场景，既展现了当地快乐、甜蜜的生活氛围，又体现了当地多民族的特性。图形融入有"百里画廊"之美誉的唐布拉大草原地表、繁盛茂密的次生林、终年雪山顶的天山等尼勒克县域元素，突出"尼勒克黑蜂蜂蜜"的地标特征，营造出一个神秘秘境，同时画面十分具有美感，让人赏心悦目，让人心向往之，加深消费认知。（见图2-6）

②价值支撑图形

"尼勒克黑蜂蜂蜜"品牌将其价值支撑体系以具象化数字的形式呈现，传达给消费者简明直观的信息。图标轮廓为六边形，六个价值支撑点各占一个版块，六个数字都居于各自版块的中央，直观醒目，突出品牌价值。（见图2-7）

③品牌口号图形

"尼勒克黑蜂蜂蜜"品牌口号图形字体从新疆维吾尔族的字体进行转变而成，勾勒出独一无二的字体设计，符合消费者对新疆的认知，展现尼勒克神奇

图 2-6 "尼勒克黑蜂蜂蜜"品牌传播辅助图形

图 2-7 "尼勒克黑蜂蜂蜜"品牌价值支撑图形

蜂蜜的独特风情(见图 2-8)。

图 2-8 "尼勒克黑蜂蜂蜜"品牌口号图形

(3)品牌衍生形象

基于品牌主形象及辅助形象延伸创意的衍生形象,可进一步丰富品牌形象符号系统,有利于立体整合传播品牌价值,加深品牌在消费者心智中的识别度。(见图 2-9)

图 2-9 "尼勒克黑蜂蜂蜜"品牌道旗广告示例

(4)传播系统形象

①线下广告

品牌形象传播非常重要。因此,"尼勒克黑蜂蜂蜜"针对传播领域和消费者人群,研究团队根据不同的媒介与场景,推出多款广告宣传海报的应用图像,用于灯箱、地铁、车身等媒介载体(见图 2-10)。这类线下的广告能够提高品牌的曝光度,传递一致的品牌理念,渗透到消费者的生活中,实现尼勒克品牌与消费者的对话。

这些应用图像主要由品牌标志、品牌口号图形和辅助传播图像三种元素构成,白底金字的品牌口号图形,简洁而又不失生动,金色字体既能抓住人们的眼球,又彰显着产品特色;品牌辅助形象色彩丰富,描绘的场景生动活泼,带给人灿烂、美好的感觉,让人心向往之,产生消费欲望。应用图像整体色彩搭配协调,版面清晰大气,抓人眼球。

②终端设计

此外,"尼勒克黑蜂蜂蜜"还更新了店面形象设计,对销售终端统一进行传播系统形象设计,让原来缺乏特点的门店焕然一新。图 2-11、图 2-12、图 2-13即为"尼勒克黑蜂蜂蜜"的门店设计效果图,色彩调性和尼勒克品牌符号系统保持一致,以金黄、深绿为主题色设计门牌,品牌口号图形和辅助图形合理的组合出现在店内的各个角落,店内沿墙设置产品陈列柜,"尼勒克黑蜂蜂蜜"整齐摆放在货架上,简洁干净而又舒适的店内装潢与"尼勒克黑蜂蜂蜜"的品质相匹配。

图 2-10　线下广告（灯箱广告、路边广告牌、车载广告、地铁广告）

③周边产品

品牌打造自身独特符号体系的目的在于实现品牌差异化,建立消费者对品牌的认知乃至认同,为了实现这一目标,品牌必须要打造一套简单易识别且统一的符号系统,将产品的信息不断强化,提炼出关键特征,提高辨识度,让消费者一眼能够认出你。除了前文提到的品牌标志、品牌口号、品牌辅助图像和包装等,周边产品是一种很好的建立和消费者联系的载体,消费者使用品牌的周边产品,也在无形中接受和传播着品牌信息、品牌理念。(见图 2-14)

帽子、帆布袋、雨伞、文化衫、徽章、杯子等周边产品,价格相对便宜,生活中使用频率高。品牌可以采取促销策略,对进店的消费者免费赠送一种或者某几种周边产品,可以用周边产品传递产品信息,增加消费者日常生活中与品

图 2-11 专卖店货架

图 2-12 专卖店柜台

图 2-13 专卖店形象

图 2-14 "尼勒克黑蜂蜂蜜"周边产品（帽子、帆布袋、徽章、杯子）

牌的接触。更为重要的是，周边产品设计美观大气，是较为日常的生活用品，人们容易接受，甚至有可能成为消费者的必备品，让周边产品成为消费者和"尼勒克黑蜂蜂蜜"之间的情感链接和心理锚点。

通过上述符号体系的组合应用，可以多渠道接触消费者，构建统一的品牌形象，传递一种声音，使消费者接触到的信息单一、明晰，从而更好地实现"尼勒克黑蜂蜂蜜"这一地理标志农产品的品牌化。

（二）产品体系

1. **产品类别**

蜂产品按其来源和形成的不同可分为蜂蜜产品（普通蜂蜜、蜂巢蜜）、花粉产品、蜂胶、蜂王浆。为深化品牌定位，突出产品特性，"尼勒克黑蜂蜂蜜"分为天山本草蜜、天山本草巢蜜、天山本草花粉、天山本草蜂胶、天山本草蜂王浆。

2. **产品系列**

（1）常规产品

"尼勒克黑蜂蜂蜜"常规产品根据产品类别分别做包装设计，在设计细节上注重整体风格的一致，包装的基本特色以极具当地特色的辅助图形为主，辅以价值支撑符号，将品牌标志、品牌价值支撑图形、品牌口号等以最佳形式呈现，彰显品牌核心价值，力求品牌符号系统的统一表达。（见图 2-15）

图 2-15　"尼勒克黑蜂蜂蜜"常规包装示例

(2)消费人群产品

蜂蜜具有较多功能,适用于多类人群服用。"尼勒克黑蜂蜂蜜"的功能主要体现在以下方面:一是养颜护肤,延缓衰老;二是增强记忆力,改善脑功能;三是调理肠胃、营养心肌;四是安抚神经、改善睡眠。根据这四大功能,"尼勒克黑蜂蜂蜜"将消费者划分为四个人群:爱美的女性、需要增强记忆的青少年、消化不良的中年人,睡眠减少的老年人,并根据四个消费人群设置不同的产品。(见图 2-16、图 2-17)

图 2-16　"尼勒克黑蜂蜂蜜"随身装、女士"尼勒克黑蜂蜂蜜"

图 2-17　"尼勒克黑蜂蜂蜜"罐装包装、瓶装包装、软管装包装

(3)旅游主题产品

"尼勒克黑蜂蜂蜜"推出旅游个性化主题,丰富产品系列以满足不同类型

消费者的需求,同时也通过产品传播尼勒克的文化,加强消费者对品牌文化的认知。(见图 2-18)

图 2-18　旅游主题包装示例

四、品牌落地:共同酿造甜蜜

在品牌传播策略上,"尼勒克黑蜂蜂蜜"紧紧围绕"天山本草蜜"品牌定位进行传播,率先抢占"天山本草蜜"核心概念,与竞品实现区隔。同时,在全网平台进行差异化传播,以事件传播、跨界传播、精准受众传播等为途径,在全国范围内引发话题,迅速打开市场,迅速提升品牌知名度,使"尼勒克黑蜂蜂蜜"成功占领消费者心智。

(一)夯实甜蜜基石

鉴于当前蜂蜜市场上常有劣质勾兑蜂蜜以次充好的现象,尼勒克县在品牌战略规划完成之后,并未马上进行发布,而是决定先打好品牌基石,做好产品,与中国质量万里行产品溯源平台新疆运营中心合作,完成尼勒克县质量安全追溯系统开发,并投入使用。通过质量安全溯源系统,尼勒克县将 20 多家企业在内的 205 款产品都纳入其中,入网产品目前已在 27 个省 122 个市流通,扫码总量超过 20 万次。此外,针对应用溯源系统的培训目前已集中开展了 3 次,培训人数共计 150 人次;针对入网企业点对点服务 50 余次;超过 30 家媒体宣传报道尼勒克县建立追溯体系。

(二)甜蜜上线行为

对"尼勒克黑蜂蜂蜜"的消费市场进行分析后发现,其市场主要位于东南沿海城市。因此,尼勒克借助国家电商扶贫政策,抓住电商发展机遇,开始了全民上线行动。

1. 丰收节庆年年上

2018—2019 年,尼勒克均参加了阿里巴巴丰收购物节。2018 年的购物节在杭州直播,尼勒克县商务经信委党委龙书记出任"推荐官",并邀请当红主播

图 2-19 杭州购物节直播图

李佳琦、林小雅来为尼勒克县黑蜂蜂蜜站台(见图 2-19),以全新的品牌形象推介"尼勒克黑蜂蜂蜜"。直播当天准备的近 1 万瓶蜂蜜被秒空,完成了一次品牌的成功造势。

"9.17 淘宝丰收节公益直播活动"之后,淘宝头部主播烈儿宝贝"大国好物,初新疆来"新疆直播专场活动接续开启,围绕新疆农特产品进行网销。本次活动线上观看人数突破 370 万人次,直播带货环节,"尼勒克黑蜂蜂蜜"也有不俗成绩,作为当晚排名第二的爆款产品,累计销售 2.5 万单,销售额较前一年增长了近 4 倍。

如今,"电商+直播带货"已经成为一种促进农产品销售的新模式,农民、企业家、政府官员纷纷走进直播间,和主播一起推荐当地特色农产品,助力精准扶贫。通过互联网,以"尼勒克黑蜂蜂蜜"为代表的新疆特色农产品正在走出新疆,走向全国。

2. 电商节庆上不停

尼勒克县也积极参与各类"电商节"。针对京东"6·18"店庆、淘宝"双十一"进行活动策划,先后实施"京东开馆秒杀""年味尼勒克 2019 电商年货节""尼勒克县 2019 年电商农特产品交流会""线上甜蜜'尼勒克黑蜂蜂蜜'旅游节"等,帮助企业产品进行线上销售,推广尼勒克甜蜜品牌,打造甜蜜尼勒克地方特产名片。

3. 上线技能全民学

除了各种晚会直播外,尼勒克县对政府的工作人员、网商(微商)从业者、农牧民群众等开展多层次电商培训,建设运营县乡村三级服务体系,通过服务体系累计直接、间接帮助就业人数达238人,其中帮助贫困户169人增收。尼勒克县曾是国家扶贫开发重点县,经国家第三方评估,已于2018年9月26日实现脱贫摘帽。授人以鱼不如授人以渔。尼勒克县通过与新疆西域传奇网商研究院合作,提高了当地相关人员的电商技能,对于当地脱贫事业具有积极作用。

(三)线下甜蜜之旅

1. 打造"蜂蜜小镇"

当前,尼勒克县利用"特色乡镇"的有利发展机遇,深入挖掘黑蜂文化,依托蜂产业人文资源和"天然蜜库"地缘优势,着力做强"蜂"产业、传承"蜂"文化、打响"蜂"名片,正在打造一个具有地域特色、产业特色的"蜂蜜小镇"。此外尼勒克县还通过蜜蜂文化旅游节、纪录片等形式加强对尼勒克的宣传,打造集生态旅游、休闲度假、娱乐观光为一体的甜蜜蜂蜜小镇。目前,尼勒克凭借其得天独厚的生态和旅游资源,已经成为"伊犁国际旅游谷体验区"、康养旅游休闲度假区,正在发展"甜蜜尼勒克·宜居康养城"的这一特色旅游品牌,这将为"蜂蜜小镇"带来巨大的旅游人口红利。

2. 中国·新疆"甜蜜尼勒克"蜜蜂文化旅游节

2019年7月29日,以"康养胜地、蜂情无限"为主题的尼勒克县第七届中国·新疆"甜蜜尼勒克"蜜蜂文化旅游节盛大开幕,奥运冠军王军霞倾情助力,来自全国各地的各族人民和群众齐聚尼勒克,共享文化、体育、旅游的甜蜜盛宴。文化节分为激情蜂光、醉美蜂景、多彩蜂情、活力蜂会四个板块,共十八项主要活动内容,全面展现尼勒克独特的地方特色。其中,"百人画百里·百米画百景"写生活动,"甜蜜印记"玉石、奇石、根雕艺术展,"蜂景独好"书法美术摄影展,蜂产品网红峰会,"我和蜜蜂有个约会之甜蜜爱情"暨"金婚银婚"庆典等一系列活动,吸引了一大批游客,创造了他们在尼勒克的甜美回忆,加深了尼勒克县蜂文化浓厚的印象。这里产出的"尼勒克黑蜂蜂蜜"也和这片土地一样,甜意满满。

3. "尼勒克黑蜂蜂蜜"区域公用品牌发布会

2019年8月10至12日,新疆伊犁哈萨克自治州"尼勒克黑蜂蜂蜜"区域公用品牌发布会暨产品展销会(见图2-20)在乌鲁木齐市新疆大巴扎步行街举行,共有11家尼勒克县特色农产品企业参展。此次发布会上,品牌产品一销而空。网易、新浪、凤凰网在内的多家媒体参与报道本次活动,传播辐射达150万人次以上。尼勒克县还启动农产品纪录片项目,围绕"甜蜜尼勒克"这一

图 2-20 "尼勒克黑蜂蜂蜜"区域公用品牌发布会现场

主题对尼勒克县农产品产业领域进行影像制作和传播,已拍摄完成尼勒克溯源之旅纪录片《康养味道》,并先后在湖南卫视《这就是纪录片》、中央电视台第十套《探索·发现》栏目首播,围绕蜂蜜产品多角度展示尼勒克美景美食。

2019 年,尼勒克县养蜂 2.1 万群,养蜂户有 300 余户,生产原蜜 800 多万吨,黑蜂产业翻开了规模化、规范化、绿色发展的新篇章。在发布会上,尼勒克县委常委、副县长李晓明表示,发布会对"尼勒克黑蜂蜂蜜"宣传推广有很大的推动作用,能够助力黑蜂蜂蜜走出新疆,走向全国,对农户特别是贫困户增收有很大的帮助。

五、品牌发展:当前问题与发展建议

目前,许多农产品地理标志产品,都存在着产品资源禀赋优越,产品品质卓越,但品牌知名度、影响力和品牌溢价空间不足的问题。造成这一问题的原因,往往是无法抓取其核心价值,缺乏品牌顶层设计或缺少配套的营销传播方案,而当地企业往往不知道如何将产品和市场、消费者之间建立起长久的关系与忠诚度。因此,需要借助专业的第三方力量和智慧,实现品牌顶层设计。但品牌建设是一个长期持续的过程,必须要当地相关政府、协会、产业组织、企业、蜂农等协同努力,才能让品牌不断成长,创造辉煌。

(一)多方拓宽渠道

1. 文旅结合,深耕旅游渠道

消费升级的时代,消费者不仅满足于物质层面上的消费,也更加注重精神上的享受。为提升消费者的消费体验,可以借助尼勒克的旅游资源,在伊犁主要景点设立品牌体验店、巢蜜品尝区、秘蜜美容 SPA 区、秘蜜学院(制作唇膏等蜂蜜延伸产品)等,为游客打造吃、玩、游等消费体验,提高蜂蜜产品附加值,创造更多消费者与产品、品牌的互动机会,提升品牌影响力。

2. 开拓整合新渠道,线上线下结合

互联网时代,消费者更容易从线上获得相关品牌信息,进行品牌接触,而当前尼勒克县线上渠道仍尚欠缺营销力和聚合力,媒体矩阵建设有待提高。因此,未来"尼勒克黑蜂蜂蜜"品牌应构建包括品牌官网、微博、微信公众号等在内的媒体矩阵,搭建品牌自媒体传播和营销平台。同时,多元化拓展尼勒克黑蜂蜜品牌渠道,使产品多触点抵达消费群体,如通过开拓航空饮料供应渠道、进驻 24 小时便利店、跨界合作蜂蜜饮料等,提高品牌影响力,扩展品牌产业链。

(二)建立核心市场,逐层突围

当前包括"尼勒克黑蜂蜂蜜"在内的很多农产品区域公用品牌运营方运营管理、营销传播的能力不足,所以将区域公用品牌一步到位打造成区域内乃至全国知名的品牌是不现实的。因此对于"尼勒克黑蜂蜂蜜"来说,首先要明确自己的优势劣势,抓住自己的核心市场和核心消费人群进行精准传播,遵循核心市场—样板市场—外围市场的拓展之路,以点带面,最后连接成网,达到区域公用品牌的战略目标。这意味着要整合区域内的优势资源,投放到核心终端网络与核心消费人群身上,培养消费者中的意见领袖,通过核心消费群体带动产品的消费。

(三)加强品牌保护与维护

1. 严格把好质量关

基于当前国内市场的蜂蜜乱象,加强对"尼勒克黑蜂蜂蜜"产品质量的把关,通过严格规范品牌授权使用机制、建立"尼勒克黑蜂蜂蜜"质量溯源体系、定期巡视市场、抽检产品等加强对"质量关"的把控,维护品牌声誉。同时,还可以通过加强消费者教育来引导消费,即在品牌宣传和产品介绍中进行说明,鼓励消费者购买"尼勒克黑蜂蜂蜜"品牌产品。

2. 建立专业化品牌运营团队

当前,"尼勒克黑蜂蜂蜜"以"尼勒克的神奇秘蜜"为宣传口号,并使用统一的形象系统进行传播,但是在具体落地的过程中,还存在着一些问题。首先是品牌的宣传力度及品牌影响力不高,有待提升;二是蜂农和区域公用品牌运营商普遍缺乏品牌意识,在品牌形象的树立和维护等方面做得还不够。究其原因,是运营方专业人才匮乏。因此,引进新鲜血液,增强运营方品牌意识与能力是未来"尼勒克黑蜂蜂蜜"需要努力的方向。

通过品牌重塑,"尼勒克黑蜂蜂蜜"正在实现在消费市场的新生,也正在给尼勒克人民带来一次甜蜜的"新生"!

第三章 盐池滩羊肉:从"贫困"羊 到"脱贫"羊

地标概况

盐池滩羊(见图 3-1)是宁夏回族自治区盐池县最具代表性的农产品地理标志,其肉质细嫩,无膻腥味,脂肪分布均匀,含脂率低,营养丰富,是羊肉中的精品。盐池县地处陕甘宁蒙四省七县交界,历来是中国盛产优质羊肉的黄金地带。适宜的气候,广阔的草场,天然弱碱性饮用水……得天独厚的自然地理环境,再加上盐池人千百年来积累下的牧羊传统,孕育了盐池滩羊独特的品质。

2008 年 8 月 31 日,"盐池滩羊肉"由盐池县滩羊肉产品质量监督检验站申请,并经中华人民共和国农业部审核,登记为农产品地理标志(AGI2008-07-00061),保护范围为:盐池县,位于宁夏回族自治区东部,属鄂尔多斯台地向黄土高原的过渡地带,地处东经 106°33′～107°47′,北纬 37°04′～38°10′之间,平均海拔约 1600 米,生产区域遍及全县 8 个乡镇 8000 多平方公里。

2016 年,盐池县邀请专业团队编制"盐池滩羊肉"品牌战略规划。2019 年,"盐池滩羊肉"被授予"国家级农产品地理标志示范样板"称号。2019 年,"盐池滩羊肉"入选由中华人民共和国农业农村部推出的"农产品地理标志保护工程"。

图 3-1 盐池滩羊

一、从地标到品牌的发轫

盐池滩羊能成为农产品地理标志，离不开两大因素，其一是得天独厚的自然地理条件，其二是传承悠久的历史人文因素。

盐池县因处鄂尔多斯台地向黄土高原过渡地段，中北部为缓坡丘陵区，地势平缓起伏，沙丘连绵，南部为黄土高原区，沟壑纵横，梁洼相间，全县可利用草原面积广阔，占地面积超过80％。天然草场上生长着各种优质牧草，有甘草、苦豆子、十里香、薄荷、茵陈、柴胡、黄芪、沙参、蒺藜、知母、百浆草、车前子等110多种中药材，是滩羊的日常食材。草原土壤大部分为普通灰钙土和淡灰钙土，土壤中钙、磷的含量较丰富，矿物质元素含量达40种之多。气候上，盐池县属典型大陆性季风气候，日照充足，干旱少雨，但浅层水的分布较广，水位高、水质好，能满足滩羊的饮用需要，且水中矿物质元素含量丰富，呈天然弱碱性，利于滩羊成长。盐池县特殊的土壤、水质条件和丰富的草原牧草极符合滩羊的生态养殖特性，使其成为全国罕见的适合滩羊生长的生态区域。

从人文历史条件看，滩羊在盐池县有着悠久的养殖历史，当地人民不仅"事畜牧""尚畜牧"，而且"善畜牧"。滩羊品种的形成距今已有二百多年的历史，据乾隆二十年（1755）出的《银川小志》史料记载："宁夏各地俱产羊皮羊肉，盐州（今盐池）特佳。"同时还说，裘皮花穗美观漂亮，有禾采之貌。光绪三十四年出的《甘肃新通志》说："裘，宁夏特佳。"当时滩羊俗称"白羊"，所产裘皮称"滩皮"，因"滩皮"驰名中外，后逐渐将"白羊"称为滩羊。滩羊是宁夏"五宝"之一，滩羊也是被列入全国15个地方保护品种的优质羊种之一。

天然环境生长，传统农艺育养，造就不凡的盐池滩羊。作为盐池县重点发展的地理标志农产品，盐池滩羊在品牌化的引领下，如今可谓意气风发，但回顾近5年来的发展，我们却依稀记得这个品牌在当年正式起步时所遭遇的艰难处境。

2016年，国内的羊肉市场形势非常严峻。一方面，国内羊肉消费量已经连续多年年均增长率低于3％，市场增长十分缓慢；另一方面，羊肉批发价格已经连续下跌20多个月，最低已经跌出20元/斤。与此同时，进口羊肉进入国内市场的势头依然强劲。凭借国际贸易成本的降低以及在消费市场中建立起来的"安全优异"品牌美誉度，国际进口羊肉对国内羊肉市场形成了巨大冲击。本地羊肉迫切需要建立自己的品牌。

回过头看，盐池滩羊当时的品牌基础却是不容乐观，全县的羊肉品牌仍处于迷茫探索阶段。除了上述提到的外部环境，盐池滩羊自身亦存在不少困境：

一是整体规模小,标准化程度低;二是销售以客商上门收购为主,产品附加值低,定价话语权较弱;三是本地养殖户之间相互压价,内耗严重;四是管理混乱,存在假冒伪劣且维权困难等问题。内忧外患之下,盐池滩羊虽有优异品质,却也难逃市场低谷。

彼时的盐池县还未摆脱贫困县的帽子,占到全县农业产值一半以上的盐池滩羊面临如此形势,令全县脱贫攻坚任务变得更为困难。困境之下,盐池县农牧局找到专业团队,希望以品牌为抓手,整合盐池滩羊产业资源,实现羊肉优质优价、牧民脱贫致富。由此,盐池滩羊地理标志品牌化之路才真正发轫。

二、从地标到品牌的重塑

地理标志农产品品牌化有不同的路径可循,胡晓云曾撰文提出了四条主要路径:一是抓住区域性特征,创建或重塑富有地域特色的单一品类区域公用品牌;二是抓住先天的独特性,创造具有独特差异化、专属性强的个性品牌;三是针对其文脉依赖性,打造文化特色显著的文脉品牌;四是利用地理标志产品的命名地缘性与政府背书性,建立区域联合品牌。这四条路径各有侧重,却又密切关联,相辅相成。在有限的资源条件下,选择一条最适宜的路径,聚焦力量,着力打造,是地理标志农产品品牌化的有效方式。

从盐池滩羊的资源禀赋、产业特色来看,抓住先天的独特性,突出区域性特征,创造具有独特差异化、专属性强的个性品牌,打造富有地域特色的单品类区域公用品牌,是其较为适宜的品牌化路径。

2016年10月初,《盐池滩羊品牌战略规划》在杭州正式发布实施。作为地理标志农产品品牌化的重要实践,盐池滩羊肉品牌战略规划有一套独特且清晰的顶层设计逻辑,其第一步便是梳理盐池滩羊所处地理环境和文脉禀赋,提炼品牌价值体系,确立其品牌定位与核心价值;然后重塑盐池滩羊的品牌符号,树立夺人眼球的全新形象。

(一)资源梳理

世界贸易组织《与贸易有关的知识产权协议》将地理标志定义为:"地理标志是指证明某一产品来源于某一成员国或某一地区或该地区内的某一地点的标志。该产品的某些特定品质、声誉或其他特点在本质上可归因于该地理来源。"顾名思义,地理标志农产品的品牌化必然以"地理"为出发点。

盐池县地处宁夏回族自治区东部,扼陕甘宁蒙四省交界之地。这里自古以来就是有名的肉羊产区——宁夏涝河桥羊、宁夏同心滩羊、陕西横山羊、内蒙古鄂尔多斯细毛羊、甘肃庆阳黑山羊等等,多个羊肉地理标志聚集于此,相互竞争、追逐。这是中华大地上一片适宜肉羊生长的黄金地带。盐池滩羊何以在这么多优质、悠久的羊肉品种中脱颖而出，打响区域公用品牌？就其自身来看，首先还是建立在盐池区别于周边地区的地理特征而形成的环境、品种、文脉等诸多禀赋之上。

盐池县是中国北方半干旱农牧交错区牧区县之一，素以"西北门户、关中要冲"和"灵夏肘腋、环庆襟喉"而著称，历史上农耕文化与游牧文化在此交融。县城北、东、西南分布着大小 20 余个天然盐湖，因此得名"盐池"。天然盐湖和盐碱地形成了天然弱碱性水源，哺育着盐池滩羊，也淡化了羊肉的膻味。

从地理坐标上看，东经 107°深居内陆，日照充足，干旱少雨，昼夜温差大，相对病虫害少，适于滩羊生长；北纬 37°更是处在黄金纬度带上，这条充满神奇的纬度带诞生了诸多古文明，分布着大量历史名城，也孕育了无数优质农产品，其中就包括盐池滩羊。

从地形地貌上看，盐池县境由东南至西北皆为广阔的干草原和荒漠草原，地广人稀，地多人少，羊群能自由地在草原上奔跑，在风吹日照下健康生长。

从品种演变上看，盐池滩羊起源于我国三大地方绵羊品种之一的蒙古羊，是在盐池地区独特的地理位置、气候环境下，经过漫长的水土滋养和当地牧民的精心培育而形成的。20 世纪七八十年代，宁夏贺兰山东麓、盐池以及相邻的同心县部分地区、灵武市个别地区滩羊饲养量在 120 万只左右。后由于种种因素，贺兰山东麓已无滩羊，与盐池相邻的灵武、同心对滩羊进行了杂交改良，只有盐池县被宁夏回族自治区政府列为滩羊保种区，建有国家级滩羊种羊生产场。

盐池滩羊肉色泽鲜红，脂肪乳白，脂肪分布均匀，含脂率低；肌纤维清晰致密，有韧性和弹性，外表有风干膜，切面湿润不沾手，肉质细嫩，无膻腥味，营养丰富，是羊肉中的精品。其独特的风味品质倍受消费者喜爱。经权威机构检测，盐池滩羊肉中的鲜味物质——中链脂肪酸和风味氨基酸比其他品种羊肉高 35%～80%，微量元素硒的含量达到 0.1614 毫克/公斤，具有极强的保健功能，营养成分结构也明显优于其他肉类食品。

从外形上看，滩羊毛色洁白，光泽悦目，花穗美观，有禾采之貌。但这种特征又具有很明显的窄生态适应性，其最适宜区域便是以盐池为代表的具有特殊光、热、水条件的干旱半干旱及荒漠化草原区，一旦离开盐池地区，这种性状特征便会逐渐消失。此外，滩羊属于单胎繁殖，一年只产一胎，一胎仅一只羊羔，这在一定程度上制约了盐池滩羊产业规模的扩大。窄生态适应性加上单胎繁殖，以传统的养殖经验来看都是不利因素，而从品牌创建的角度来看，恰恰成为了最突出的价值优势所在——稀有、独特。

(二)价值重塑

"物以稀为贵",不论是在传统认知还是在市场逻辑中,"稀"和"贵"总有密切的联系,"限量版""饥饿营销"等形式成为了现代品牌打造的常见手段。而盐池滩羊不需要人为控制,天然具备"限量"特点。

显然,盐池滩羊的"稀有难得"远远不仅限于产量,还有更多"难得"之处:

气候难得——冬长夏短,春迟秋早,日照充足,干旱少雨,昼夜、冬夏温差大,适宜滩羊健康生长;

碱水难得——20余个天然盐湖环绕,水源充足,天然弱碱水,净化羊肉口感;

饲草难得——广阔草原,175种优质牧草,115种中药材,任羊群自由奔跑、进食,羊只体型健壮,羊肉营养价值高;

羊种难得——外形优美、独特,毛股天然卷曲,肉质不膻不腻,盐池独有;

育养难得——一年一胎,一胎一只,精心呵护养育;

产量难得——全县滩羊存栏、出栏量有限,总产量仅为内蒙羊肉产量百分之一,供不应求。

以上六点"难得"构成了"盐池滩羊肉"品牌的价值基础。基于价值基础,盐池滩羊确立核心价值,提出品牌口号:"盐池滩羊,难得一尝。"

品牌口号对一个品牌的塑造起着至关重要的作用,它代表着这个品牌的定位、精神、特征、诉求等多重意义,在品牌传播过程中既是价值内涵的载体,又是传播表达的核心内容。一句内涵丰富,朗朗上口,又能体现差异性的口号,能够为品牌的成功奠定基调。

品牌口号"盐池滩羊,难得一尝",简练、直白、押韵,便于消费者记忆、传播;同时也蕴含着"盐池滩羊肉"的突出差异性,即"难得一尝"。其"难得",一方面表现"盐池滩羊肉"放心优异、鲜美可口的品质在当下的羊肉市场中较为稀缺,而这种稀缺性正是因其独特的气候、碱水、饲草、羊种、育养、产量等条件形成;另一方面也意味着,"盐池滩羊肉"是稀缺的,不可能同时供应给大量消费者,品尝到正宗的"盐池滩羊肉"将如同品尝神户牛肉一般,成为诸多美食家的追求。

(三)符号重塑

价值挖掘突出了"盐池滩羊肉"与众不同的品牌核心价值。为了更好地实现"盐池滩羊肉"与其他羊肉的差异化竞争,还需拥有一套全新的品牌符号体系,包括一系列品牌主形象、品牌辅助形象、品牌符号应用等。

1. 品牌主形象

盐池县农牧局于 2005 年成功注册"盐池滩羊肉"证明商标,此后在品牌宣传推介及产品形象设计中均采用统一商标(见图 3-2),该商标在盐池众多养殖户、合作社、企业中已被广泛接受、使用,并为众多消费者所认知,形成了一定的品牌影响力及较为完善的商标授权使用机制。因此,专业团队决定仍以此商标为"盐池滩羊肉"的品牌主形象。

图 3-2　"盐池滩羊肉"品牌主形象

2. 品牌辅助形象

"盐池滩羊肉"注册商标虽然在各宣传媒介、产品包装上应用较多,但仅以此商标无法形成"盐池滩羊肉"的差异化形象。诸多企业的产品包装与其他羊肉产区产品包装差别也不大,难以形成差异化的消费认知。因此,需要在品牌主形象之外,创造一个个性鲜明、特色突出的辅助形象予以配合,对接当代消费者的审美需求和视觉追求,丰满系列包装、宣传物料以及相关衍生品的视觉形象,形成差异化品牌形象。"盐池滩羊肉"品牌系列辅助形象包括传播辅助图形、品牌口号图形、价值支撑图形等。

"盐池滩羊肉"传播辅助图形以一只典型的滩羊外形为基础,以"盐池滩羊肉"五个汉字构成躯干,通过笔触的巧妙演绎勾勒出一只活灵活现的盐池滩羊形象,是品牌的超级符号;图形清晰表现了盐池滩羊腿短、尾大、毛卷的品种特征;整体形象流畅、简洁,书法笔触亦表现了盐池地区的粗犷质朴文化底蕴;同时,在图形中加盖红色印章,以宁夏为背书,助力形成消费认知。(见图 3-3)

品牌口号图形与传播辅助图形风格保持一致,以书法笔触描绘"盐池滩羊,难得一尝"品牌口号,并在"羊"字的细节上进行优化处理,直观表现羊肉产品属性。(见图 3-4)

图 3-3　盐池滩羊与传播辅助图形

图 3-4　"盐池滩羊肉"品牌口号图形

价值支撑图形仍延续上述风格,以卷曲羊毛为画框,通过直观画面,将气候难得、碱水难得、饲草难得、品种难得、育养难得、产量难得六大价值基础具象化。在产品包装、宣传物料等符号应用上,价值支撑图形将与品牌主形象、传播辅助图形、品牌口号图形一同呈现,以统一的品牌符号体系强化消费认知。(见图 3-5)

3．品牌符号应用

基于品牌主形象和辅助形象,"盐池滩羊肉"推出相关的传播海报、产品包装、文创衍生产品,以建立多维、立体的品牌形象生态。

三、从地标到品牌的传播

(一)品牌传播

构建品牌价值体系和品牌符号体系只能算是完成了品牌战略规划的第一步,更重要的是将品牌价值和品牌符号顺利地传递给消费者,即接下来要做的

产量难得　　气候难得　　饲草难得

碱水难得　　育养难得　　品种难得

图 3-5　"盐池滩羊肉"价值支撑图形

是品牌传播。依据羊肉的产品属性，以及盐池滩羊的品质、产量、产区特色，"盐池滩羊肉"品牌订制了一套特别的传播策略。（见图 3-6、图 3-7）

图 3-6 "盐池滩羊肉"品鉴会海报

羊肉消费在我国肉类消费中占比较低（见表 3-1），2016 年消费数据显示，羊肉消费量仅占全国肉类消费量的 4.6%，为猪肉消费量的 6%。同时，羊肉消费具有明显的区域性、季节性特征。可见，羊肉在我国的肉类消费市场中属

图 3-7 "盐池滩羊肉"统一包装形象示例

于非大众、非必需消费品。

表 3-1 全国居民人均主要食品消费量 单位：千克

指标	2013 年	2014 年	2015 年	2016 年	2017 年	2018 年
肉类	25.6	25.6	26.2	26.1	26.7	29.5
猪肉	19.8	20.0	20.1	19.6	20.1	22.8
牛肉	1.5	1.5	1.6	1.8	1.9	2.0
羊肉	0.9	1.0	1.2	1.5	1.3	1.3

数据来源：国家统计局编《中国统计年鉴 2019》

即使如此，仍有两类人会特意选购羊肉：一类为严选食材的使用者，多数为高级酒店大厨，必须对酒店采用的食材负责，精选好羊肉；另一类为热衷美食的食用者，即老饕食客，或俗称的"吃货"，出于对可口美食的追求，不畏空间与时间的隔断，只为吃到好羊肉。

因此，"大厨"和"吃货"两大群体成为"盐池滩羊肉"的核心消费者。

基于以上两大群体，"盐池滩羊肉"确定品牌传播的关键工具为社群营销。社群营销是指凭借相应的传播载体、产品、服务，影响并满足因相同或相似的兴趣爱好、价值观等形成的特殊社群,由此实现品牌或产品与社群内消费者的精准互动与深度影响。在互联网时代下,社群已经从线下的实体社群逐渐转至线上的虚拟社群。微信、微博等互联网社交平台的高速发展,为社群营销提供了广阔舞台。社群营销能够以较小的成本实现品牌的高效传播,并因社群的精准性而实现针对特定消费者的精准化传播。

"盐池滩羊肉"的品牌传播路径,即面向"大厨""吃货"两大核心群体开展社群营销,围绕社群营销的三大关键词虚拟社区、意见领袖、人脉圈子实现品牌的精准化传播。

首先是高调发声。2016 年,盐池滩羊通过层层筛选,入选 G20 杭州峰会的国宴食材,登上了各个国家领导的餐桌。借助这个契机,峰会甫一结束,盐池县委、县政府便在杭州召开了盐池滩羊品牌战略发布会以及产品推介会。发布会集结了众多餐饮大咖、名师大厨、美食博主,在餐饮美食界掀起了一场滩羊风暴。(见图 3-8)

图 3-8 "盐池滩羊肉"品牌战略发布会

其次是频繁亮相。继 G20 杭州峰会入选国宴食材后,盐池滩羊又相继走上了金砖国家领导人厦门会晤、上合组织青岛峰会、大连"达沃斯论坛"等重大会议国宴餐桌。盐池县委、县政府也顺势在厦门、青岛、北京、上海等多个城市召开品牌推介会,借助各大峰会的影响力,在各个城市扩散良好口碑,拓展餐饮渠道。

例如,2020 年 11 月,"盐池滩羊"和杭州知味观味庄达成合作。杭州知味观味庄的厨师团队以"盐池滩羊肉"为食材,推出了一款应时节的新菜品——"养生羊脖炖汤",为杭州市民带去了来自"盐池滩羊"的难得美味。(见图 3-9)

图 3-9　知味观味庄"盐池滩羊"新品菜

　　然后是聚焦传播。不论是品牌发布还是城市推介,盐池滩羊始终聚焦于餐饮界、美食界,这与其品牌战略规划中制定的传播策略完全一致。一方面,贫困县的财政能力有限,钱要花在刀刃上;另一方面,羊肉并不是一个大众产品,只占我国居民肉类消费量的 5% 左右,抓住核心消费人群是关键。在这一策略的指引下,盐池县委、县政府与中国烹饪协会等多个相关机构开展合作,已经连续举办多届"盐池滩羊美食文化节"(见图 3-10)。

　　"盐池滩羊肉"还特地邀请了专业团队为自己拍摄了一部区域公用品牌形象宣传片,以求在这个视频社交时代进一步扩大品牌影响力。以对食材有着严苛要求的厨师寻觅"难得"的食材作为开篇,从厨师的笔尖出发,为了熬制一道佳肴,感受,品尝,记录,最终踏上寻觅"难得"食材之路。随后,镜头开始拉近盐池这片大地,以壮阔豪迈的大景作为开篇,讲述了盐池这片土地的自然地理。以盐池滩羊价值体系为支撑,讲述了气候"难得",碱水"难得",品种"难得",育养"难得",产量"难得"。最后,形象片聚焦于"盐池滩羊肉"的烹饪、消费场景,通过"盐池滩羊肉"烹饪特写镜头去刺激观众的味蕾,进一步强化"盐池滩羊,难得一尝"这一品牌核心价值。(见图 3-11)

　　值得一提的是,由中共盐池县委宣传部、盐池县文学艺术界联合会、盐池县农业农村局联合编印的《中国·盐池滩羊文化大观》(见图 3-12)于 2020 年

图 3-10　盐池滩羊美食文化节滩羊选美大赛

图 3-11　"盐池滩羊肉"品牌形象宣传片截图

9 月 22 日正式发布。这本书内容涉及盐池滩羊迁延历史、文化习俗、庆典祭祀、民间掌故、文学绘画等内容，既从历史地理及气候变化视角考察盐池滩羊品种进化历程，又通过人文社会因素考察滩羊在历史发展进程中的战略意义；

既突显盐池滩羊于民风习俗形成中的特殊元素价值,又立足于大时空背景,通过民间人物速写、百姓生活图景展示,以及对特色饮食的多元呈现,充分展示了盐池滩羊文化的深厚底蕴,填补了中国盐池滩羊文化图书的空白。这本书可以帮助人们从更加系统全面的角度去了解盐池滩羊,对于"盐池滩羊肉"这一区域公用品牌的建设亦具有里程碑式的意义。

图 3-12 《中国·盐池滩羊文化大观》

最后是深耕渠道。传播的直接目的是促进销售,对于年产仅有 4 万吨的盐池滩羊而言,它的销售不是为了把羊肉卖出去,而是卖出好价格。因此,"盐池滩羊肉"在品牌打造中锁定高端渠道、高端人群。目前,盐池滩羊主要在几个重点城市的五星级酒店以及高端餐厅销售。2019 年,盐池滩羊与"盒马鲜生"合作,进驻其位于上海的 20 余家主要门店,深受上海消费者喜爱。此外,盐池滩羊还通过私人订制、线上认养、公开拍卖、直播带货等创新手段,丰富销售渠道。(见图 3-13)

(二)品牌运营

经过多年持续不断的传播,"盐池滩羊肉"在市场上已建立了显著的品牌声势,逐渐从地标农产品向品牌农产品转变。与此同时,盐池滩羊在品牌战略的驱动下,进一步倒逼产业革新,系统建立品牌运营管理机制,强化产业基础,稳步提升品牌。

图 3-13　私人订制客户可通过网络视频实时观察自己认养的羊只

一是强化组织管理。盐池县人民政府专门成立了国有独资的盐池滩羊产业发展集团有限公司作为"盐池滩羊"的品牌运营主体。公司下设 4 个全资子公司,开展滩羊收购进口和出口的统一工作,逐步实现盐池滩羊在购销价格、市场开拓、品牌宣传、营销策略、生产标准和饲草料使用上的"六统一"。同时,滩羊集团公司牵头,组织盐池县滩羊产业链上的 46 家经营单位成立滩羊产业联合体,在聚集资源、协作联营、优势互补、示范带动等方面发挥积极作用,整合带动滩羊产业链企业,与全县 5920 户牧民签订保价订单收购合同,累计订单收购 115 万只。另外,盐池县还成立了 103 家县乡村协会(县级 1 家,乡镇 8 家,村级 94 家),发挥协会在行业管理、服务、协调等方面的作用,维护行业整体利益,帮助稳步提升滩羊肉价格。

二是规范产业发展。盐池县人民政府已经连续 12 年印发《盐池滩羊产业发展实施方案》。一方面着力研究制定行业规范、实施标准化生产,推广滩羊产业关键和高效生产技术,引导养殖户精细化饲养,鼓励加工企业开发新、优、精滩羊产品;另一方面增加产业扶持,完善产业服务,对标准养殖棚圈、标准化规模养殖场、滩羊种公/母羊、饲料等环节进行扶持,开发盐池滩羊基因鉴定技术,建立滩羊生产加工销售全程追溯系统,深入推进基层畜牧兽医社会化服务体系改革,提高动物疫病综合防控能力。另外,盐池县政府还推行补助政策,减少滩羊销售的中间环节,与多家物流公司达成协议,多方面降低滩羊销售的流通成本。

三是推进产融产保。盐池县人民政府与企业共同融资成立中民融盐担保公司,实行精准放贷,破解规模养殖户周转资金困难的问题。在落实国家农业保险政策的基础上,引入保险竞争机制,创新设立滩羊肉价格保险等险种,为滩羊产业健康发展保驾护航。

四是严格品牌保护。为加强品牌保护,盐池县不断完善"盐池滩羊"商标使用管理办法,严格许可使用管理;对授权专卖店进行"定期＋不定期"检查,并评星定级,奖优汰劣,规范市场运营;建设滩羊专用屠宰场,从源头实施监管,逐步杜绝假冒现象,维护品牌声誉。

"盐池滩羊肉"在政府强有力的推动下,在专业团队的智慧支持下,以及在全县滩羊企业、农户的合力共建下,通过前期科学的品牌战略规划,后期扎实的品牌运营管理,最终实现品牌的蝶变。

四、成果及展望

(一)品牌化成果

近几年来,"盐池滩羊"一步一个脚印向前迈进,除了连续登上一系列国际峰会的国宴餐桌、进驻各大高级餐厅外,在品牌影响力上也不断突破:其品牌影响力位居 2018 年中国区域农业畜牧类榜首,入选 2019 年第一批全国名特优新农产品名录,荣获"最受消费者喜爱的中国农产品区域公用品牌""中国百强农产品区域公用品牌""全国商标富农十大典型案例""国家级农产品地理标志示范样板"等多项荣誉,品牌价值达 68 亿元,对群众增收的贡献率达到80％以上。

2019 年,全县羊只饲养量 318.4 万只,其中存栏 128.8 万只,出栏 189.6万只,羊肉产量 2.72 万吨,以滩羊为主的畜牧业产值达 11.2 亿元,占农业总产值的比重达 64.4％。滩羊养殖主体呈现"企业＋规模养殖园区(场)＋养殖户"的模式特点,规模化养殖比例近 60％。滩羊产业对农民的增收作用更加凸显,2019 年农民人均可支配收入 11860 元,其中一半以上来自于滩羊产业。

随着信息化及新型物流模式的发展,"盐池滩羊肉"在自治区外的市场不断拓展,区外销售比例达到 35％以上。"盐池滩羊肉"产品销售形式也逐步多样化,以实体店为主,基本形成了"企业直销店＋品牌专卖店＋零售店＋超市专柜＋网络电商"的销售模式。"盐池滩羊肉"已进入全国 28 个省(区、直辖市)50 多个大中城市。目前,农户销售价格 64～68 元/公斤,加工外销平均价格 92 元/公斤,相较品牌重塑前的 2016 年初增长了近 60％。"盐池滩羊肉"正以极具影响力和竞争力的姿态向全国高端市场迈进。

在品牌的带领下,盐池县的脱贫攻坚工作也取得了巨大成效。2017 年底,盐池县共脱贫 10792 户 32078 人,贫困发生率由 2014 年的 23.7％下降到2017 年的 0.66％,农民人均可支配收入由 6975 元增加到 9548 元,年均增长

12.3%,增幅连续几年高于全国、宁夏平均水平。2018 年 9 月,盐池县成为宁夏回族自治区 9 个国家级贫困县区中首个脱贫的县区。盐池滩羊从原来的"贫困"羊成为了一只"扶贫"羊。

除了带动地方经济,滩羊品牌化建设也为盐池滩羊文化增添了新的时代内容。盐池养羊历史悠久,羊文化深深印刻在盐池人民的日常生活中。盐池民间迄今仍保留着送羊、领牲等习俗。剪羊毛、捻羊毛、骟羊等民间手艺仍在流传。心灵手巧的盐池人还将滩羊传统元素融入到装饰、剪纸、绘画、雕刻中,不断延续、丰富着滩羊文化。"盐池滩羊肉"新的品牌核心价值、品牌形象都成为滩羊文化的有机组成部分。如今在盐池县城、乡村随处可见滩羊品牌的身影,诉说着盐池人民靠羊而生、因羊而富的发展历程,也表达了盐池人民对滩羊由衷的热爱(见图 3-14、图 3-15)。"盐池滩羊肉"作为一个产业品牌,成了一座城市的符号。

图 3-14　在盐池县随处可见的"盐池滩羊肉"品牌符号

图 3-15　盐池滩羊艺术作品

(二)未来使命

"盐池滩羊肉"品牌的成功为中国地理标志农产品的品牌化树立了一个较为优秀的典范,但也并非完美。其品牌发展本身是一个探索前进的过程,其中会出现不少的问题和困境，需要不断地改进、创新。同时，我们也应当看到，作为目前国内较有代表性的肉类区域公用品牌，其与国际上的那些知名肉类品牌仍存在不小的差距，如日本的三大和牛品牌、荷兰的猪肉品牌、新西兰羔羊肉品牌等。此外，近年来国内羊肉品牌化竞争日趋激烈，内蒙古、陕西等羊肉主产区的各级市、县纷纷启动羊肉区域公用品牌打造，羊肉品牌竞争"硝烟四起"，不进则退。

为缩小差距、扩大优势，盐池滩羊品牌应进一步提升的方面还有很多。例如，根据羊肉部位、口感、营养成分等要素，建立一套严格、标准的羊肉分级体系，精选上好羊肉，进行等级划分，重新定义高端羊肉品鉴仪式。再比如，进一步挖掘滩羊历史文化，结合真正的现代艺术，建设新型的滩羊文化体系，打造有内涵、吸引人的 IP 形象，让盐池滩羊"出圈"（既指滩羊出栏卖出去，更指盐池滩羊走出行业圈，让更多人认识更时尚、更具趣味性、更年轻化的盐池滩羊形象），成为羊肉市场上独树一帜的文化符号。

此外，在惠及普通农户、调动牧民积极性、带领全县百姓增收致富方面，祝愿盐池滩羊这只"脱贫羊"能探索出更好的方式，成为带领区域公用品牌、企业、个人全面协同发展的"小康羊""致富羊"。期待盐池滩羊未来创造更多的品牌奇迹！

第四章　吉林长白山黑木耳:基于场景感的品牌塑造

地标概况

说起长白山,人们的第一印象往往是那蔚为壮观的长白山天池以及那"国之精典、人之根本"的长白山人参。殊不知,在长白山林区中,还躲藏着一群黑精灵——吉林长白山黑木耳。

长白山林区密林环绕、植被茂盛,湖泊、河流众多,矿泉资源也十分丰富,从而形成了一片优异的森林生态系统,正是这独特的原生态自然环境孕育出拥有"耳面乌黑、肉厚细腻、韧而不硬、软而不烂、滑中带爽、胶质丰富"优良品质的吉林长白山黑木耳。

2018 年,吉林省邀请专业团队编制"吉林长白山黑木耳"的品牌战略规划,并拍摄品牌形象片,打造独特的品牌形象。2018 年 9 月 5 日,中华人民共和国农业农村部正式批准对"吉林长白山黑木耳"实施农产品地理标志登记保护(AGI02460)。"吉林长白山黑木耳"地理标志地理保护范围为北纬 40°52′~44°30′,东经 124°50′~131°18′,南起集安市、北至舒兰市、西起东丰县、东至珲春市。涉及白山市、通化市、吉林市、延边州和辽源市的 25 个县(市、区)的 97 个乡镇。

2019 年,"吉林长白山黑木耳"入选由中华人民共和国农业农村部推出的"农产品地理标志保护工程"。

一、打响地标品牌化第一枪

黑木耳个头虽小,但市场却不小。近 10 多年来,全国黑木耳产量不断攀升,中国乡镇企业协会食用菌产业分会等机构的数据显示,2007 年,全国黑木耳产量仅 111.3 万吨,到 2018 年,全国黑木耳产量达到了 691.9 万吨,较 2007 年增长了近 521.65%。几年时间,黑木耳实现了从小众产品到大众餐桌上熟面孔的逆袭,而这"逆袭"的背后,是黑木耳产业的蓬勃发展。一方面,科学技术的不断提升,使得种植黑木耳的技术壁垒不断被攻破,地理气候差异所造成的种植弊端逐渐被克服,各地皆可种植,且可种好黑木耳;另一方面,随着健康饮食观念日益深入社会各阶层的消费人群,食用菌的营养和功效逐渐为大众所熟知,黑木耳作为食用菌产业的重要产品,其消费需求也逐渐提升;此外,由于种植成本较低,且见效快、收益高,黑木耳也成为众多贫困地区实现脱贫增收的重要产业,在政策的倾斜激励之下,耳农的种植积极性空前高涨。

产业兴旺发达,市场需求旺盛,产量不断增长,形成了黑木耳激烈的市场竞争环境。据统计,吉林省作为全国黑木耳种植的第二大省,2017年的黑木耳产量达88.45万吨,占全国产量的13.85%;而其邻省黑龙江作为黑木耳种植第一大省,黑木耳的同期产量达333.54万吨,占全国产量的52.21%;此外,河南、山东、湖北、浙江、四川、陕西等省份的黑木耳产量也均超过了10万吨(见图4-1)。2016年至2018年,吉林省举办了两届优质黑木耳评选活动,通过随机抽检,84家参选产品重金属含量都处于国家规定标准之下,部分黑木耳质量远高于国家产品质量标准。吉林省黑木耳虽然有着优异品质,但是却面临着黑龙江省极高的产量以及众多其他省份对黑木耳市场蚕食的巨大竞争压力,好木耳却卖不上好价钱,一直是吉林省黑木耳的"心头病"。另一方面,黑木耳传统的购买方式常以流通市场散称为特点,消费者的品牌感知不太敏感,也造就了黑木耳企业品牌和区域公用品牌打造的滞后与迟钝。未来,随着黑木耳的市场供给量日益增长,区域与区域之间、企业与企业之间的竞争会越来越严峻。

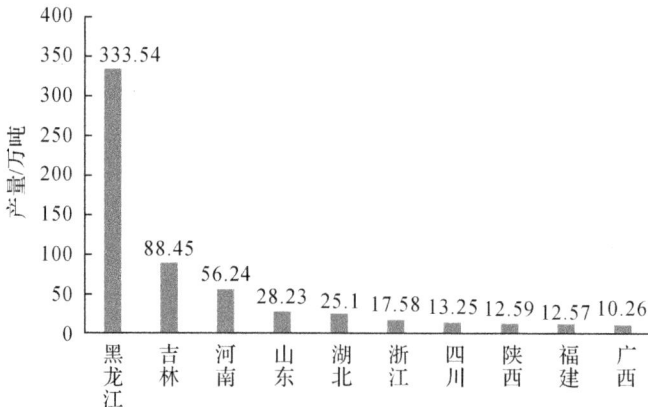

图 4-1 2017 年全国黑木耳产量前十省份

　　值得一提的是,在 2015 年 7 月,习近平总书记视察吉林时曾提出过:"粮食也要打出品牌",并嘱托吉林省要"念好山海经""唱好林草戏""打好豆米牌"。尤其是随着我国农产品消费逐渐进入品牌竞争、品牌消费、品牌经济的"3B"时代,品牌已经成为当下农业供给侧结构性改革的有效战略抓手,成为农产品提高市场号召力的利器,成为农业现代化的核心标志。近几年来,吉林省委、省政府认真贯彻落实习总书记的重要指示精神,先后打造了"吉林大米""长白山人参"等一系列"吉字号"的农产品区域公用品牌,极大推动了吉林省农产品的品牌化进程。因此,面对竞争日趋激烈的黑木耳市场,走品牌化道路是吉林黑木耳产业未来发展的重要战略选择。

　　早在 21 世纪初,吉林省就已经有了发展培育当地黑木耳品牌的意识,例如 2001 年汪清县策划举办了第一届中国黑木耳节;2003 年吉林省蛟河市"黄松甸"牌黑木耳被评为省名牌产品;2009 年,蛟河市被中国食用菌协会授予"中国黑木耳之乡"称号;2010 年,国家质量监督检验检疫总局批准蛟河市的"黄松甸黑木耳"为中华人民共和国地理标志保护产品;2016 年,中华人民共和国农业农村部批准对吉林省延边朝鲜族自治州的"汪清黑木耳"实施农产品地理标志登记保护等等。这一系列事件都反映了吉林省在打造自身黑木耳品牌上的有益尝试,但从品牌建设的视角看,这还远远不够,品牌的塑造是一个庞大的系统性工程。截至 2018 年,吉林省的黑木耳产业还是存在着品牌建设能力弱,同一地区内的企业与合作社各自为战,多个品牌相互竞争、内耗严重的问题。

　　地理标志认证与保护工程既是对自然资源、人文资源和地理遗产的保护,也是品牌建设的重要基础。近年来,吉林省委、省政府十分重视商标战略工作,多次对全省地理标志及农产品商标发展与保护工作作出重要的批示和指导。吉林省意识到农产品地理标志是农业产业化、品牌化的重要基础,因此,吉林省园艺特产协会一直致力于"吉林长白山黑木耳"全国农产品地理标志的申报工作,并于 2018 年 9 月 5 日正式获得了中华人民共和国农业农村部的批准。彼时,纵观吉林省内,虽然已经有"汪清黑木耳"和"黄松甸黑木耳"获得了地理标志农产品登记保护,但是这两个地标农产品仍处于彼此竞争的状态,互相内耗,无法形成合力应对全国竞争日趋激烈的市场,极大削弱了吉林省黑木耳在全国市场中的竞争力,而"吉林长白山黑木耳"这一地理标志农产品的成功申请,正好可以统筹、整合吉林全省的黑木耳产业资源,形成凝聚力,进而更好地助力吉林省黑木耳产业的健康有序发展。

　　横向比较全国各地获得农产品地理标志登记保护的黑木耳可以发现,不论是黑龙江的伊春黑木耳、东宁黑木耳、尚志黑木耳,还是河南的卢氏黑木耳,山东的大村黑木耳,湖北的房县黑木耳等等,均未对地理标志进行深入的品牌化建设,全国黑木耳产业尚未进入品牌化的时代。由此可见,"吉林长白山黑木耳"若能在此时进行农产品地理标志品牌化的打造,抢占全国黑木耳地标品牌化的先机,定能在今后的黑木耳市场上拥有强大的竞争力与话语权。

正是在上述背景之下,2018年,吉林省邀请专业团队展开了对于"吉林长白山黑木耳"这一地理标志农产品的品牌建设工程。

二、场景感的挖掘与营造

单从"吉林长白山黑木耳"这一名称中,我们就可以感知到"长白山"是该地理标志农产品的差异化价值所在。长白山位于吉林省东南部,系国家级自然保护区,是一个庞大的森林生态系统。这里植被十分茂盛,森林覆盖率高达87.9%,空气质量优良,温带落叶阔叶林面积分布较广,这恰好为腐生性、好氧性的黑木耳提供了大量的优质木料与氧气;在水文方面,广为人知的长白山天池(见图4-2)系中国最大的火山湖,湖水中矿物质营养丰富,并且是鸭绿江、松花江、图们江三大水系的发源地,拥有三江源头的美誉。此外,长白山区域内矿泉水资源十分丰富,属微碱性天然矿泉水,水质天然、纯净、无污染,含有较多有益矿物质元素,被国际权威组织认定为世界三大优质矿泉水产地之一,优质的水源为当地黑木耳的优异品质提供了重要保障;最后在气候方面,长白山地区属大陆性季风气候,在黑木耳的春秋生长季中,昼夜温差大,昼间光照充足,温度适宜黑木耳生长,夜间温度相对较低,利于黑木耳自身养分的积累,而冬季温度低,可以防止很多病虫害的发生,这为"吉林长白山黑木耳"的优异品质奠定了坚实的基础。

图 4-2　长白山天池

正是由于长白山这一地理区位所拥有的独特自然生态环境,才赋予了"吉林长白山黑木耳"独特的产品品质。"吉林长白山黑木耳"的干品品质呈"小、厚、黑、硬、脆、纯"的特点,具有耳型较小、耳片较厚、颜色深黑、硬度较高、声音清脆、耳质纯净的产品特征;泡发后呈"厚、黑、弹、滑、脆"的特性,具有叶片厚、颜色黑、耳质富有弹性、口感顺滑、脆爽的品质特征。"吉林长白山黑木耳"耳片厚度达 1.2 毫米以上,各项理化指标也均处于全国黑木耳品质的前列。

从消费者日常消费的角度来看,即便这片小小的黑木耳拥有如此优异的品质,但这些品质毕竟是深藏于背后的,作为普通的日常烹饪食材,若不进行品牌价值的传达,"吉林长白山黑木耳"对于众多消费者而言与其他产地那外形大同小异的黑木耳并无实质性区别。因此,如何通过品牌核心价值的挖掘、品牌价值体系的构建来链接"吉林长白山黑木耳"与消费者之间的关系,成为品牌价值表达的关键。

"长白山"作为广为国人熟知的名山,人们往往对于其有着向往之情与美好想象,这无疑是吉林长白山黑木耳品牌创意最合适的切入点。因此,"吉林长白山黑木耳"所要做的就是将人们对长白山的向往之情与美好想象融入品牌,营造一种消费场景感。

"场景感"是指在某个特定的场合或者某种情景给人所带来的感受。元曲作家马致远所创作的那首传唱千古的小令《天净沙·秋思》便充分印证了场景感所具有的魅力。通过场景感的传递、人类想象力的延伸,可以塑造新的消费体验,直击消费者心弦,给消费者带来强烈的情感价值。

长白山恰是极具场景感和画面感的代表性元素,因此,营造品牌场景感成为"吉林长白山黑木耳"品牌提升的可行路径——将"长白山"与消费者心像进行关联,将消费者对长白山绝佳生长环境的美好联想,移情至"吉林长白山黑木耳"的品牌印象;再将消费者的美好印象,升华为对"吉林长白山黑木耳"的品牌好感度;最后用品牌好感度,打动消费者购买,换来"吉林长白山黑木耳"更好的市场反馈。

那么如何构建品牌的场景感?《天净沙·秋思》已经给出了值得借鉴的方式,其关键就在于对核心场景概念的提炼与准确组合。由此,"吉林长白山黑木耳"基于对自身价值资源的梳理,提炼出了四个关键词。

第一个词,为"吉地"。一为吉林省之意,吉林省区域因清初建吉林乌拉城而得名,现简称"吉"。"吉地"代表的是"吉林长白山黑木耳"的地理区域属性与深厚的历史底蕴。二为吉祥宝地之意,"吉"字在汉语中是代表好、有利的、幸福的意思,也有善、贤、美的意思,从而赋予品牌美好的寓意,也为消费者带来美好的场景联想。

第二个词,为"林泉"。"林"与"泉",代表的是影响黑木耳品质的两个最显著因素:空气质量和水源质量,而在这两方面,"吉林长白山黑木耳"皆为领先。空气质量方面,长白山黑木耳种植带位于长白山北坡,林木资源丰富,除了带给黑木耳产业提供了大量的优质木材原料之外,极高的森林覆盖率与茂密的森林还阻挡了沙尘的侵袭,净化产区的空气,带来纯净、高饱和的氧气。在水源质量方面,长白山区域内水系众多,山泉水、地下水储量丰富且水质纯净,其与欧洲的阿尔卑斯山和俄罗斯的高加索山,并称为世界三大黄金水源地。"林泉",代表的正是"吉林长白山黑木耳"与其他黑木耳产区相比的差异化价值所在。

第三与第四个词,分别为"白山"与"黑耳"。"白山"为长白山在历史上的别称,具备极高认知度。通过使用"长白山"这一地理区位的背书,进一步强化产区优势。"黑耳"为黑木耳的简称,在突出其产品属性的同时,也与"白山"相呼应,形成强烈的视觉冲击感,强化品牌所传递的场景感。

将四个关键词相组合,就呈现出了"吉林长白山黑木耳"的品牌口号:吉地林泉,白山黑耳。(见图4-3)

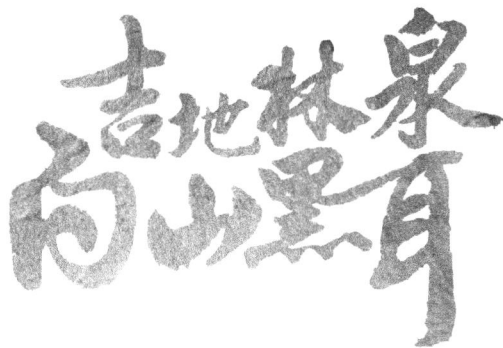

图4-3 "吉林长白山黑木耳"品牌口号

通过短短四个词、八个字的组合,一幅"吉地林泉下,长白山水间,木耳悠然生"的场景感便构建完成,可见"白山黑耳"带来的视觉感知反差,可见吉地山林间的泉水涓涓细流,可见在长白山林木之上那悠然生长的小小黑木耳……"吉地林泉,白山黑耳"这一口号所带给消费者的,不仅是八个字的场景,而是更为广阔的遐想空间与更为直观且意蕴深远的品牌价值体验,切实地向消费者传达了这朵看似普通的黑木耳背后那不凡的区域差异化价值所在,实现这朵小小黑木耳的华丽蝶变。

为进一步地补充与延伸，构建更为具体、更为详实的"吉林长白山黑木耳"品牌场景，"吉林长白山黑木耳"从自身的优势出发，基于自然气候、地缘文化、自然资源、品质保障与农人精神五个方面，提炼出品牌价值支撑体系。

1. "吉地天时：祥瑞吉地，天时宜允。"吉祥寓意的吉林黑木耳产区，有着适宜黑木耳生长的气候环境，是上天最好的安排。

2. "吉地圣山：千年文脉，圣山环拥。"千年文脉悠远流传，长白圣山的环抱是生态环境的有力保障。

3. "吉地茂林：风轻气爽，茂林荫护。"轻轻微风送来没有沙尘的空气，繁茂的森林荫护着林下的珍宝。

4. "吉地净泉：水清质纯，净泉润养。"山间汩汩涓流水体清澈、水质纯净，润养出营养丰富、耳质纯脆的黑木耳。

5. "吉地匠心：精益求精，匠心培育。"精湛的技术、精心的呵护，农人用心培育着每一片黑木耳。

三、再现视觉场景

（一）品牌标志

"吉林长白山黑木耳"的品牌主形象图形使用黑木耳的形象与木枝的形象

图 4-4　"吉林长白山黑木耳"品牌标志

作为设计基础,设计方案体现了两方面含义。一方面,因黑木耳生长于腐木之上,其形似人的耳朵,故名木耳。品牌设计将黑木耳生长于腐木之上的形态抽象化,直观地展现给消费者;另一方面,木耳因其"似蛾蝶玉立",又名木蛾。在品牌标志呈现方式上,"吉林长白山黑木耳"同样也参考了这一层含义,将两者进行组合,展现出如蛾蝶立于枝头的形态,十分生动传神。整体的图形构成既展现了黑木耳的生长习性,又传达出其灵动的形态特征。

将品牌名称"吉林长白山黑木耳"的字体设计与品牌主形象图形部分进行再次组合,共同构成完整的品牌主形象。在颜色搭配上,选取黑木耳的产品本色黑色与象征品质高端的金色作为颜色组合,再加上独特的林间光影处理,使得图形整体效果高贵、灵动而典雅。

(二)品牌辅助图形

品牌辅助图形是品牌符号体系中的一个重要组成部分,辅助图形能够增加主形象的应用面,在传播中丰富整体内容,同时也能在多种应用情境下,向消费者传递更为丰富的品牌价值内涵。

"吉林长白山黑木耳"的品牌辅助图形(见图 4-5)整体形状设计源自于种植黑木耳所使用的菌棒形象,在设计搭配中选取了祥云、天池、泉水、森林和黑木耳等元素。图形整体上如一只长满黑木耳的菌棒,形象表达了产品的生长

图 4-5 "吉林长白山黑木耳"品牌辅助图形

形态。同时图形中顶端的长白山天池,表示品牌产区的地理区位特征;溪流泉水顺势而下,表明产区的黑木耳受长白山间的泉水所滋养;山间森林密布,展示出产地森林覆盖率高,空气质量好,少沙尘的特点;祥云点缀其中,表达出吉祥如意的美好寓意。该品牌辅助图形与品牌口号遥相呼应,进一步提升了消费者对品牌的认可,丰富了品牌传播形象。

(三)品牌符号体系应用

品牌的衍生形象是基于品牌主形象以及品牌辅助图形而形成,其可以进一步丰富品牌的符号识别系统,有利于整合传播品牌价值,在拓展品牌符号识别系统应用范围的同时,加深品牌在消费者心中的印象,提高品牌的识别度与知名度。以下是"吉林长白山黑木耳"的全新产品包装、品牌宣传海报及办公应用设计的示意图(见图4-6、图4-7、图4-8)。

图4-6 "吉林长白山黑木耳"品牌包装设计示意图

图4-7 "吉林长白山黑木耳"品牌宣传海报

图 4-8 "吉林长白山黑木耳"品牌办公应用设计

四、品牌化进程及未来建议

2018 年 10 月 26 日,"吉林长白山黑木耳"区域公用品牌正式发布,标志着又一"吉字号"优质特色农产品品牌乘着农业供给侧结构性改革和实施乡村振兴战略的东风开启了新的航程。但品牌的打造是一个系统性工程,品牌的设计完成与正式发布仅仅是个开端,更重要的是在于品牌的后续运营。近年来,吉林省秉持稳扎稳打的作风,双管齐下,依托对内整合、对外传播两条主线助推着"吉林长白山黑木耳"的品牌建设。(见图 4-10)

（一）对内整合

产品品质是品牌建设的基石。近年来,吉林省一直在致力于黑木耳质量标准的制定与推广,提升吉林省黑木耳产品质量和产业化经营水平,引领黑木耳种植加工企业提高竞争力,整合省内黑木耳产业资源,在"吉林长白山黑木耳"这一区域公用品牌的统筹整合下"抱团"闯市场。

1. 积极举办优质黑木耳评选

自 2016 年起,吉林省农业农村厅就在全省范围内持续组织开展"全省优质黑木耳"评选活动,以此来加快推进长白山食药用菌产业发展,提升黑木耳产品质量安全水平,为市场输出优质黑木耳产品。这极大激发了吉林省内食用菌龙头企业、农民合作社、家庭农场和生产经营大户的生产热情,助力吉林省黑木耳产业的提升与发展。

2.严格区域公用品牌授权制度

区域公用品牌作为整合区域内企业子品牌的母品牌,若缺乏严格的监控极易出现"公地灾难"悲剧。对此,吉林省在"吉林长白山黑木耳"品牌建设之初就开始制定和落实品牌准入制度、过程管理制度和淘汰制度,严格把控区域公用品牌授权,根据区域内生产发展水平,有计划、有步骤、有层级地构建品牌授权使用体系。

2020年8月15日,在吉林省农业农村厅举办了2019年"吉林长白山黑木耳"区域公用品牌生产基地评选认定活动中,吉林市丰满区云腾菌类种植专业合作社、汪清县天成农业服务有限公司、敦化市绿野商贸有限公司、临江市通林菌业有限公司等16家黑木耳生产加工企业,经过重重筛选与评估,从众多企业中脱颖而出,以自身产品的突出特色和优势,成功获得"吉林长白山黑木耳"区域公用品牌的授权。

3.举办品牌发展高峰论坛

2020年11月26日,以"小木耳大产业·促进吉林乡村振兴发展"为主题的"吉林长白山黑木耳区域公用品牌发展高峰论坛"在长春举行。众多专家、学者、政府部门领导、企业代表、新闻媒体记者参加活动,共同分析探讨黑木耳产业发展形势,分享吉林长白山黑木耳区域公用品牌建设经验,探讨黑木耳生产加工技术。此次品牌发展高峰论坛回顾了以往"吉林长白山黑木耳"的品牌建设之路,为今后进一步的品牌发展提供建设性意见。

4.成立区域公用品牌发展联盟

2020年11月26日,在品牌发展高峰论坛(见图4-9)上,"吉林长白山黑木耳"区域公用品牌发展联盟正式成立。该联盟以"吉林长白山黑木耳"为核心品牌,通过结成区域联盟带动企业经营,聚合吉林省优质黑木耳企业,优化产业链,推动黑木耳产业整体升级,提高吉林省黑木耳产品的整体水平,为市场带去优质、健康的黑木耳产品。成立会上,吉林省园艺特产协会张建会长代表联盟成员单位共同承诺日后将积极参与联盟活动,专心于黑木耳生产经营,努力实现服务统一、价格统一、宣传统一,积极推进"吉林长白山黑木耳"区域公用品牌的发展。

图 4-9 "吉林长白山黑木耳区域公用品牌发展高峰论坛"

（二）对外传播

传播是品牌打造过程中十分关键的一环，只有通过传播，品牌才能为消费者所认知，进而潜移默化地培养消费者对于品牌的好感度，提升品牌产品的销量。近几年，"吉林长白山黑木耳"在品牌传播上的努力有众多闪光之处。

1. 公众号专业化运营

微信公众号作为覆盖将近 12 亿用户的平台，是一个非常好的宣传推广渠道。由吉林省农业委员会注册认证的"吉林长白山黑木耳"微信公众号在运营中有许多值得称赞的地方。例如，其所发的推文可读性高，往往会通过一些健康小科普、菜谱推荐等软文将黑木耳这一产品嵌入其中，使得读者在获取信息时不会感到乏味与反感，并潜移默化地将"吉林长白山黑木耳"品牌高效地传达给受众。在公众号运营中，"吉林长白山黑木耳"还会紧跟时事热点，抓取黑木耳与热点事件的链接点开展借势传播，譬如每逢中国传统节气、节日，公众号都会发布以黑木耳为主题的宣传海报；此外，公众号还会利用新技术进行创新传播，譬如运用 H5 来对"吉林长白山黑木耳"区域公用品牌进行生动展现，促进消费者对其认知，提升品牌好感度。

"吉林长白山黑木耳"公众号通过专业化、年轻化、创新化、常态化的运营思路，很好地助力了其品牌建设。（见图 4-10）

图 4-10　"吉林长白山黑木耳"公众号发布的节气海报

2. 大众媒体传播

大众媒体相较新媒体具有无可比拟的公信力,利用官方媒体的背书往往能迅速提高品牌可信度。2020 年 5 月 22 日,"吉林长白山黑木耳"登陆吉林卫视黄金广告时段。吉林电视台作为吉林省最权威的电视机构,目前已在全国 21 个省会城市、70 多个地级市和 600 多个县域完成覆盖,覆盖人口超 2 亿。通过此次在吉林卫视上的亮相,极大提高了"吉林长白山黑木耳"的全国知名度,促进了消费者,尤其是吉林省当地消费者对于品牌的认同。

3. 积极亮相展会

各类农博会、推介会作为提升品牌知名度、拓展品牌销售渠道的有利途径,往往是品牌建设中必不可少的环节。近一年来,"吉林长白山黑木耳"也开始积极亮相各种展会。

2020 年 8 月 15 日,在第十九届长春国际农产品交易博览会"农业品牌馆"内,汪清桃源小木耳、吉林云腾菌业、吉林省靖发生物科技以及白山水之林等 4 家省内黑木耳种植企业联袂登台推介"吉林长白山黑木耳",吸引了众多长春市民和省内外采购商驻足参与。

2020 年 11 月 5 日,"吉林长白山黑木耳"参展第十六届中国国际农产品交易会暨中国中部(湖南)农业博览会,引领品牌走出省门,向社会各界传播品牌形象及产品品质。

4. 品牌形象片拍摄

对于以"长白山自然保护区"地形地貌为显著特征的吉林长白山黑木耳地理标志农产品来说,通过影像来展现品牌形象较文字更具有视觉冲击力,更能强化消费者对于"吉林长白山黑木耳"的场景认知。因此,"吉林长白山黑木耳"邀请专业团队为其拍摄了一支品牌形象片(见图4-11)。该形象片以呼应品牌标志的蝴蝶开篇,跟随蝴蝶的视角进入长白山密林深处,同时运用大自然的各种音效营造长白山神秘的氛围,引出影片的主角聆听大自然声音的长白山黑木耳;随后通过展现吉林长白山黑木耳生长的生态环境中的山林、泉水等元素,来强调其长白山地理背书的独一无二先天优势;并且通过对吉林长白山黑木耳产品品质的特写镜头呈现以及消费场景的再现,链接起消费者与吉林长白山黑木耳之间的关系;最后,镜头又拉回到长白山之中,跟随着那一只灵动的蝴蝶盘旋于山林之间,蝴蝶最终落在长满黑木耳的枝干上,再一次呼应了品牌标志形象。此形象片进一步深化了"吉地林泉,白山黑耳"品牌口号,增强了消费者对"吉林长白山黑木耳"这一品牌的场景感体验。

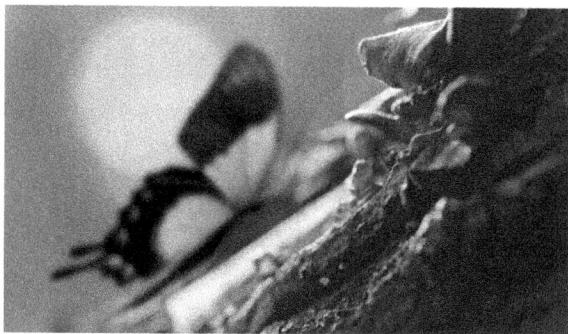

图4-11 "吉林长白山黑木耳"品牌形象片截图

5. 视觉识别系统的统一传达

在品牌的打造中,对外传播一个声音、传达一种形象是品牌传播的核心要义,而品牌符号体系作为消费者所接触到的最直观的品牌元素,对于品牌的长远持续发展至关重要。"吉林长白山黑木耳"在品牌符号体系的应用中很好地贯彻了一致性的传播原则,在各种传播场合中统一应用符号设计体系,构建一个和谐一致的品牌视觉识别系统,为消费者带来了强烈的视觉冲击,给消费者留下深刻的品牌印象(见图4-12)。

图 4-12　"吉林长白山黑木耳"品牌传播中的符号体系应用

（三）未来建议

据统计,2019 年全国黑木耳产量为 698.40 万吨,较 2018 年全国产量增长仅 0.9%,远低于 2018 年度 8.3% 的增长率(见图 4-13)。虽然黑木耳产业近年来得到飞速发展,全国产量年年攀升,但是随着市场的逐渐饱和,未来,黑木耳市场必将面临从增量发展转向存量发展的挑战。

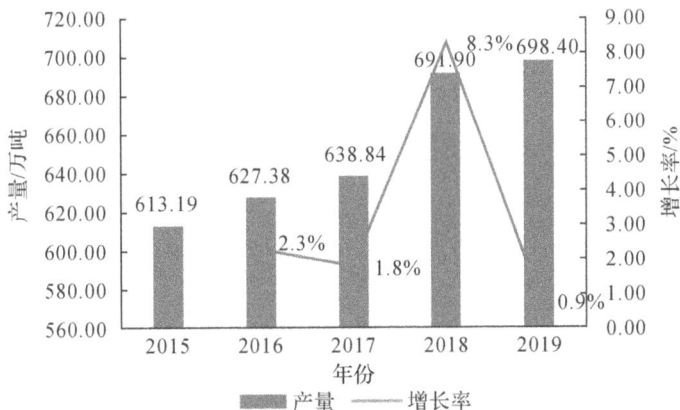

图 4-13　2015—2019 年全国黑木耳年产量及增长率

  "吉林长白山黑木耳"区域公用品牌正式发布于 2018 年 10 月 26 日,正赶上黑木耳产业由增量发展到存量优化的过渡阶段。品牌建设成为吉林省黑木耳产业供给侧改革的有力抓手。从目前来看,"吉林长白山黑木耳"不论在对产品质量管控还是在品牌宣传推广上,都正稳扎稳打地有序推进。我们相信只要坚守初心,这朵小木耳定能在品牌的引领下成为大产业,为吉林省乃至全国的黑木耳产业发展树立标杆,作出巨大贡献。

第五章　锡林郭勒羊:日常生活中的诗与远方

地标概况

"天苍苍,野茫茫。风吹草低见牛羊。"从南北朝时期流传至今的民歌《敕勒川》为我们描绘了一幅令人心神向往的诗与远方画面。位于内蒙古自治区东中部锡林郭勒盟的锡林郭勒大草原正是对这"诗与远方"的完美复刻——广袤无垠的锡林郭勒大草原上,碧绿的原野茫茫不尽,一阵风吹过,牧草低伏,露出一群群悠哉游哉的牛与羊,而这之中就有苏尼特羊、乌珠穆沁羊、察哈尔羊的独特身影。

"苏尼特羊肉"和"乌珠穆沁羊肉"均已于 2008 年通过中华人民共和国农业部的正式批准,实施农产品地理标志登记保护。其中"苏尼特羊肉"(AGI00101)地理标志产品保护范围为东经 111°24′～115°12′,北纬 42°45′～45°15′,覆盖锡林郭勒盟苏尼特左旗、苏尼特右旗和二连浩特市三个旗市所辖行政区域的 12 个苏木镇、104 个嘎查。"乌珠穆沁羊肉"(AGI00035)地理标志产品保护范围为东经 115°10′～119°50′,北纬 43°2′～46°30′,覆盖锡林郭勒盟东乌珠穆沁旗、西乌珠穆沁旗、锡林浩特市、阿巴嘎旗和乌拉盖管理区五个旗(区)所辖行政区域内的 23 个苏木镇 246 个嘎查。2019 年,"苏尼特羊肉"和"乌珠穆沁羊肉"共同入选由农业农村部推出的"农产品地理标志保护工程"。此外,"察哈尔羊肉"于 2016 年通过原国家质检总局的批准,成为地理标志产品,其地理标志产品保护范围为锡林郭勒盟镶黄旗、正镶白旗、正蓝旗、太仆寺旗、多伦县全境。

正是这三大获得地理标志认证的羊种(见图 5-1)给足了锡林郭勒盟喊出"中国羊肉看内蒙,内蒙羊肉看锡盟"的底气。

一、以品牌应对内外挑战

苏尼特羊的繁育可追溯到 600 多年前的元、明时代。据相关史料记载,在

图 5-1 "锡林郭勒羊"三大羊种

明朝,苏尼特封建领主就曾沿着"张库商道"向明廷进贡苏尼特羊。苏尼特羊喜好在荒漠草原中奔跑栖息。平均每天 15 公里的运动量使得苏尼特羊体格壮大,体质结实,结构匀称,由此孕育的苏尼特羊肉具有高蛋白、低脂肪、瘦肉率高的特点,因此苏尼特羊肉有着"肉中人参"之美誉。

乌珠穆沁羊是蒙古羊系中的一个优良类群,属于肉脂兼用短脂尾粗毛羊。早在公元七八世纪,乌珠穆沁草原已有大量脂尾粗毛羊。在当地特定自然气候和地理环境影响下,经过长时间的自然选择和人工选育,乌珠穆沁逐渐培育出具有放牧采食抓膘快、保膘强、贮脂抗寒、体大肉多、脂尾重、羔羊发育快、肉质鲜美等特点的乌珠穆沁羊。乌珠穆沁羊喜好在水草丰茂处栖息,终年野外放养,因此从体格到肉质都是出类拔萃。乌珠穆沁羊肉可谓锡盟最肥美的羊肉,被誉为"天下第一羊"。

察哈尔羊的繁育历史相比较短,是从 20 世纪 90 年代初开始,以内蒙古细毛羊为母本、德国肉用美利奴羊为父本,通过杂交育种、横交固定和选育提高的方式,培育而成的一个体型外貌与细毛羊基本一致、抗逆性强、肉用性能良好、繁殖率高、遗传性能稳定的优质肉毛兼用羊新品种。察哈尔羊喜好在半干旱地带游走,其肉色鲜红、脂肪呈乳白色、肌纤维细、肉质清晰如大理石花纹。

有着以上优异羊种以及上等品质的锡林郭勒羊在行业内外可谓满载盛誉:中华老字号"东来顺"就以锡林郭勒羊肉为指定羊肉;中国烹饪协会火锅委员会把锡林郭勒羊肉评为"中国火锅好食材";元朝开始,锡林郭勒羊就是皇家御用的食材来源,现在更是成为中东贵族青睐的美味和沙特王室的特供品和人民大会堂招待伊斯兰国家外宾的专用羊肉……

面对如此独一无二的丰富羊种资源,锡林郭勒盟意识到了整合资源的必要性，因此一直很重视"锡林郭勒羊"区域公用品牌的打造。2005 年 12 月 14 日，在锡林郭勒盟肉类协会的助力下，"锡林郭勒羊肉"地理标志证明商标申请成功。2018 年 10 月 28 日，"锡林郭勒羊"地理标志证明商标申请成功。生活在锡林郭勒草原上的优势特色羊种共同组成了"锡林郭勒羊"，代表着锡林郭勒草原上的优秀羊种。

2017 年 9 月 20 日，在第十五届中国国际农产品交易会上，由组委会组织开展的 2017 年中国百强农产品区域公用品牌推选活动中，"锡林郭勒羊肉"入选 2017 中国百强农产品区域公用品牌名单。同年 11 月 27 日，CCTV2 套的《消费主张》栏目组走进锡林郭勒大草原，围绕锡林郭勒羊肉开展为期一周的拍摄。2018 年 12 月，"锡林郭勒羊肉"入选"CCTV 国家品牌计划——广告精准扶贫"项目，其广告宣传片在央视各频道播出。锡林郭勒盟对打造"锡林郭勒羊"区域公用品牌的系列努力很大程度上提升了"锡林郭勒羊"的品牌知名度与好感度，但是由于其缺乏品牌核心价值的挖掘以及品牌价值体系的建构，使得"锡林郭勒羊"区域公用品牌在打造的过程中缺乏顶层设计的引领，难以呈现品牌丰富内涵，更无法链接、共鸣消费者心智。除此之外，近四年来，"锡林郭勒羊"还面临着来自内部与外部的双重挑战。

一方面，为深入践行"绿水青山就是金山银山"理念、深化畜牧业供给侧结构性改革，锡林郭勒盟自 2016 年开始实施"减羊增牛"战略。据统计，2016 年锡盟牧业年度存栏牲畜 1623 万只，其中羊存栏达 1446 万只，占总存栏牲畜的 89%。锡林郭勒盟作为我国重要绿色畜产品生产加工输出基地，拥有较大的存栏数能为发展优质绿色畜产品加工产业提供有力保障。可不论是从生态保护、经济效益还是市场需求来看，"一羊独大"是今后锡林郭勒盟畜牧产业可持续发展过程中要解决的一个问题，因此"减羊增牛"战略是必要的。但是，如何在这一过程中引导农牧民合理调整畜种结构，从"多养"向"精养、优养"转变，在羊存栏量减少的情况下提升产品溢价，保证农牧民收入与生产积极性，尽可能地减轻供给侧改革过程中的阵痛，成为锡林郭勒羊产业发展面临的挑战。与此同时，由于缺少母子品牌体系，锡林郭勒盟各个旗县、各个企业往往以"单打独斗"的形式面对消费市场，从而导致羊产业力量分散，甚至造成内部竞争与消耗。在"减羊增牛"战略背景下，若不及时整合锡盟羊产业，"锡林郭勒羊"将会面临更严峻的挑战。

另一方面，随着品牌消费时代的来临，羊肉品牌竞争日益激烈。在羊肉品牌领域，已经有"盐池滩羊肉""横山羊肉""呼伦贝尔草原羊肉"等区域公用品牌相继发布，他们通过对各自品牌核心价值的挖掘与再造，投身于激烈的羊肉品牌市场竞争中。例如,2016 年发布的"盐池滩羊肉"就以"稀有难得"为品牌核心定位,提出了"盐池滩羊,难得一尝"的品牌口号;2017 年发布的"横山羊肉"则以其特色烹饪方式以及横山地区独特的地理环境为立足点,提出了"一家炖羊,横山香"的品牌口号;而 2019 年发布的"呼伦贝尔草原羊肉"则以呼伦贝尔大草原这一享誉世界的天然牧场为诉求点,提出了"世界的大草原,中国的好羊肉"品牌口号。此外,以新西兰羊肉为代表的国际羊肉品牌产品近年来正在强势进入中国市场,进一步加剧国内羊肉市场的竞争。而彼时的"锡林郭勒羊"虽然有着优于它者的羊肉品质,但是由于缺乏品牌内涵的深入挖掘与演绎,"锡林郭勒羊"在越来越注重品牌建设的市场竞争中略显乏力。

正是在此内忧外患的背景之下,锡林郭勒盟于 2019 年底邀请专业团队助力开展"锡林郭勒羊"区域公用品牌的战略规划设计,决定将区域公用品牌的深入打造作为关键抓手来应对"减羊增牛"与"品牌竞争"的双重挑战。

二、塑造"顶天立地"的品牌形象

锡林郭勒草原(见图 5-2)是我国四大草原之一,其草原类型复杂、保存较为完好、生物多样性丰富,是温带草原中具有代表性和典型性的草原。锡林郭勒草原面积 17.96 万平方公里,兼具草甸草原、典型草原、荒漠草原、沙地植被和其他草场类,多样的草原类型为苏尼特羊、乌珠穆沁羊、察哈尔羊这些习性各异的羊种提供了广阔而适宜的栖息之地。南部正蓝旗、多伦县境内的滦河水系、中部的呼尔查干诺尔水系以及东北部的乌拉盖水系交织在锡林郭勒盟境内,为生长在这里的植被与牲畜提供源源不断的润泽滋养。1987 年锡林郭勒草原被联合国教科文组织"人与生物圈计划"接纳为世界生物圈保护区网络成员;2004 年又成为"中国生物多样性保护基金会"自然保护区委员会成员。长期以来,这个名副其实的世界大草原得到了很好的保护,生长在这里的野生种子植物和优质牧草种类达 1200 多种,其中饲用植物 670 多种,优质牧草158 种,可供药用植物达到 400 种之多。锡林郭勒羊可谓以天为盖、以地为庐、吃着草药、饮着溪泉的羊中精品。

锡林郭勒草原还是蒙古族发祥地之一,是成吉思汗及其子孙走向中原、走向世界的地方。在统一蒙古各部落的过程中,成吉思汗就曾在锡林郭勒草原留下过许多英勇传说,而其子孙忽必烈,更是在锡林郭勒草原上继承帝位,修筑元上都,建立起了大元帝国。因此,锡林郭勒盟是蒙元文化的重要起源地,是草原文化的核心传承地。这片土地上的人们自古生活在草原之上,传承着悠远的草原文化,有着数千年的育羊传统。

图 5-2 锡林郭勒草原

而今,坚守在这片草原上的传承者们与时俱进。在推进肉羊良种繁育体系建设方面,锡盟重点开展了乌珠穆沁羊、苏尼特羊的提纯复壮和察哈尔羊的选育扩繁工作,目前已完成 14 万只种公羊及苏尼特左旗、西乌珠穆沁旗基础母羊核心群的建档立卡和基因库建设。在完善现代化加工生产线方面,锡盟建设起了一批拥有现代化屠宰、排酸、精细分割和精深加工生产线,并将物联网技术和食品溯源设备应用在养殖、屠宰、加工、物流配送、销售等环节,完成全产业链的无缝对接,实现了羊肉"从养殖到餐桌"的食品安全追溯信息管理和食品供应流通、消费等诸多环节的信息采集和记录。

基于以上价值梳理,"锡林郭勒羊"分别从自然环境、历史文化、羊品种、羊产业这四个角度提炼出了自身品牌价值支撑。

1. 世界草原呵护者:世界四大草原之一,草原生态优异,羊和草原于此融洽共生。

2. 游牧文化见证者:蒙元文化发祥地,游牧文化千年传承,这里是最懂羊的地方。

3. 纯正品种传承者:经过长期自然选择与人工培育,千年以来优良种群一脉相传。

4. 现代科技引领者:现代科技展露锋芒,每一只锡林郭勒羊都找得到来时的路。

草原是羊赖以栖息之地,好的羊肉品质离不开优异的草原生态,因此草原是羊品牌打造过程中不可忽视的一个要素。尽管现在很多区域都在以"草原羊"的概念进行品牌传播,但锡林郭勒盟在众多草原城市中毫无疑问是最具代表性和典型性的城市,锡林郭勒羊也是众多草原羊中最为特别的那一只。目前消费者已经逐渐形成对"草原羊"的认知,而"草原羊"中的代表性品牌尚未确立。"锡林郭勒羊"区域公用品牌作为首批"蒙字标"金字招牌,在全国都有相当的知名度。因此,"锡林郭勒羊"理应当仁不让地抢占"草原羊"中的标杆地位,为消费者提供最正统的、最优质的"草原羊"产品。由此,"锡林郭勒羊"确定其主品牌口号为:

草原上的领头羊

这一品牌主口号既将锡林郭勒羊与圈养育肥羊进行了区隔,凸显锡林郭勒羊草原上天然放养的特点,也在此基础上更进一步地表明品质特点,彰显出强大的品牌自信。

品牌消费时代下的消费者正呈现出更加多元、复杂的消费心理趋向,象征消费、个性消费、多元消费等消费需求逐渐崛起,剖析消费者心理需求是品牌建设过程中的制高点。当下,我国一二线城市居民在日常生活中普遍面临着巨大的生活压力:居住在高楼中,面临单调乏味的生活环境;拘束在工位里,面临局促压抑的工作氛围;以快餐应付饮食,面临紧张匆忙的饮食节奏;与电脑日日对话,面临沉默疏离的社会关系。据《第一财经周刊》发布的《都市人压力调查报告》,大量都市人对当前的生活压力不堪重负。

而与之相对的,锡林郭勒盟有着自然生趣的生活环境、自由不羁的工作氛围、自在轻松的饮食风尚和自信豪迈的居民秉性。锡林郭勒所拥有的,恰是都市人所缺失、所向往的,锡林郭勒就是都市人的"诗与远方"。由此,以目标消费者认同度、传播度均高的"生活不只是眼前的苟且,还有诗与远方"这一现象级网络流行语为基础,"锡林郭勒羊"确定其品牌副口号为:

诗与远方,就是我的日常

这一品牌副口号可以撬动目标消费者内心深处对"诗与远方"的渴望,让"锡林郭勒羊"成为消费者对接"诗与远方"、远离不如意"日常生活"的契机与仪式。该口号传递出一种积极的生活理念,借助"锡林郭勒羊",消费者能将原本对立的"诗与远方"和"我的日常"交融起来,让日常生活也可以变得充满诗意。

"草原上的领头羊"从竞争定位的角度,凸显锡林郭勒羊的行业地位,彰显其品牌价值,提升其品牌调性;而"诗与远方,就是我的日常"则从消费定位的角度,顺应消费需求,在美好风味之中,让"锡林郭勒羊"成为诗意生活的载体和桥梁,成为消费者感受美好生活的最佳选择。由此,"锡林郭勒羊"采用双向联动定位策略,塑造起了一个"顶天立地"的品牌形象。

三、品牌形象的现代化呈现

（一）品牌标志

"锡林郭勒羊"的品牌标志整体是一面飞扬的旗帜,蓝色部分化用了竖大拇指点赞的意象,代表行业地位与引领作用。旗帜中融入了蓝天、白云、羊和草原的形象,展现出锡林郭勒羊在草原上奔跑的场景。跃动的姿态彰显出锡林郭勒羊作为"领头羊"的活力与冲劲,象征着"锡林郭勒羊"不断超越、不断前进的品牌理念。形象整体简洁、大方,在配色上体现出内蒙古的地域特色,同时又有较大的延展空间,有利于后期在不同场合的应用。（见图5-3）

图 5-3　"锡林郭勒羊"品牌标志

（二）品牌辅助图形

品牌辅助形象配合品牌主形象,广泛应用于产品包装、宣传物料、品牌推广以及衍生品的视觉形象,以丰富品牌形象。"锡林郭勒羊"的品牌辅助形象有两款。

第一款品牌辅助形象通过 IP 形式,生动地呈现"锡林郭勒羊"中最具代表性的三个品种苏尼特羊、乌珠穆沁羊、察哈尔羊（见图5-4）。三只羊的卡通形象分别有不同的外貌特征,披着带有对应部落元素的坎肩,象征着不同部落的独特文化。基于三只羊的卡通形象,可以形成一系列风趣生动的延展应用,进而与品牌主口号形成呼应。总体而言,该款辅助形象通过活泼、亲切的手法表

图 5-4 "锡林郭勒羊"卡通形象 IP

现出锡林郭勒羊不同羊种的特点,在后续的传播推广中有广阔的应用空间。

第二款品牌辅助形象的创作理念源自锡林郭勒盟当地的重要艺术形式"毛毡画"(见图 5-5)。传统的内蒙古往往给人们传递出一个硬朗的形象和感受,然而锡林郭勒盟的人文环境在传统的内蒙古特点之外,还兼具质朴与柔软,因此通过毛毡画的形式将锡林郭勒的蓝天白云、草原河流、人和羊群进行表现,与品牌副口号相呼应,以清新自然的风格为消费者描绘出诗意远方的景象。

图 5-5 "锡林郭勒羊"毛毡画品牌辅助图形

(三)品牌符号体系应用

基于以上品牌标志和品牌辅助图形,"锡林郭勒羊"衍生出了系列产品包装、常规宣传物料等品牌符号应用素材,以求构建统一的品牌视觉识别系统(见图 5-6、图 5-7)。

图 5-6　"锡林郭勒羊"产品包装

图 5-7 "锡林郭勒羊"品牌宣传物料

四、品牌建设

经过一年的精心酝酿，2020年11月17日，"锡林郭勒羊"区域公用品牌正式亮相。虽然是一个崭新的品牌形象，但是"锡林郭勒羊"通过品牌发布会的举办、品牌形象片的拍摄以及线下广告的投放，将品牌内涵、品牌形象很好地向社会传递，使得其在诞生之初就抓住了众多消费者的眼球。

（一）举办品牌发布会隆重亮相

2020年11月17日，"锡林郭勒羊"区域公用品牌发布会（见图5-8）在北京隆重举行，邀请了众多知名领导与专家坐镇发布会，共同探讨锡林郭勒羊产业的发展。北京作为全国政治、文化、国际交往的中心，其消费人群具有较高的品牌消费意识以及消费能力。同时，在北京市场，锡林郭勒羊不仅已经积累了历史声誉，而且也培养了大批的忠诚消费群体。相较于南方市场，羊肉在北京具有更高的消费频次和更日常的消费习惯。因此，"锡林郭勒羊"将北京作为品牌发布与宣传的起始站，无疑有利于在短时间内提升品牌的知名度与影响力，为后续的系列品牌建设开启一个好开端。

图5-8 "锡林郭勒羊"区域公用品牌发布会

"公地灾难"往往是区域公用品牌运营过程中亟须提防的问题。对此，"锡林郭勒羊"秉着扎实的品牌建设理念，严格筛选区域公用品牌授权企业，并在此次发布会上向首批使用"锡林郭勒羊"区域公用品牌的锡林郭勒盟羊羊牧业股份有限公司、锡林郭勒盟额尔敦食品有限公司、锡林郭勒大庄园肉业有限公司等三家企业颁发了品牌使用证书和牌匾。此外，针对品牌后续的传播与销售,锡林郭勒盟商务局分别与北京快手科技有限公司、北京京东世纪贸易有限公司签署了品牌传播、线上渠道建设合作协议。

此次发布会得到了新华社、农民日报、中国青年报等国内主流媒体,北京人民广播电台、内蒙古日报等权威地方性媒体以及新浪客户端、今日头条等知名网络媒体的全方位报道,极大提升了"锡林郭勒羊"的品牌知名度。

值得一提的是,发布会现场还设立了锡林郭勒盟风情展示区、品牌核心价值展示区、产品体验区。"锡林郭勒羊"通过将品牌形象符号设计体系融入发布会的角角落落,来构建统一的视觉识别系统,以此加深与会者对"锡林郭勒羊"的视觉印象,进而向与会者形象传达出"锡林郭勒羊"的品牌内涵。与会者可以在这其中领略草原风情,品尝锡林郭勒手把羊肉、烤全羊、奶茶等风味美食,从视觉、味觉、听觉、触觉、嗅觉五感上沉浸式体验这一"草原的领头羊"所带给人们"诗与远方"的日常感,真正链接起"锡林郭勒羊"与参会者的心智。

(二)投放线下广告扩大传播

线下媒体广告以其对日常生活场景的渗透性,往往能最直接地将信息传达至受众,不断增强消费者的熟悉感,加深记忆,有利于消费决策时唤醒回忆。目前,"锡林郭勒羊"已经在锡林郭勒市、呼和浩特市的重点交通枢纽以及重要区域投放了线下广告(见图5-9),例如在呼和浩特市的机场快速路与科尔沁快速路交汇处的东西双向LED电子屏上投放广告,以此来覆盖往返呼市机场和火车东站的庞大人流量;而在蓝钻首府以及海亮广场LED电子屏上所投放的广告可以覆盖呼和浩特市的核心商业圈。据了解,这三个广告宣传位的初期计划投放为1年,每天播放不少于120次,每次15秒。通过线下媒体广告的高曝光率,重塑"锡林郭勒羊"品牌在消费者心目中的形象,加深消费者的品牌视觉记忆,迅速提升了"锡林郭勒羊"的知名度。

图5-9 线下广告投放

（三）拍摄品牌形象片深化传播

一望无垠的锡林郭勒大草原以及鲜嫩多汁的羊肉本身就是极致的视觉体验。"锡林郭勒羊"区域公用品牌在拥有走心文案的同时，若能辅之以影像的视觉冲击，必定能进一步深化品牌传播。对此，"锡林郭勒羊"特地邀请了专业团队为其拍摄了区域公用品牌形象宣传片（见图 5-10）。

形象片开头通过草原、马群、羊群镜头组及马头琴等蒙古特色音效，营造出诗与远方的草原意境，带领观众进入到锡林郭勒大草原。形象片第二部分是对"锡林郭勒羊"品牌价值体系的逐一阐释：先通过元上都遗址的呈现，点明锡林郭勒游牧羊血统纯正，游牧文化保留完整，甚懂草原羊，历史文化领先；再通过世界级多样温带草原地貌、三大水系、天然营养药草等一组镜头，点出自然环境领先；随后通过逐一介绍苏尼特羊、乌珠穆沁羊、察哈尔羊的品种特性，点明锡林郭勒羊的品种领先。形象片第三部分的镜头从草原转向餐桌，通过特写、微距等拍摄手法来展现手把肉、烤全羊、涮羊肉三种地道羊肉吃法，呈现鲜美的肉质，点出品质领先。最后以家庭消费场景作为形象片的结尾，让这抹游牧生活中的红艳底色，成为融入每个人的日常的诗与远方，升华主题，凸显锡林郭勒羊品牌双向联动的定位策略。

五、未来发展建议

伴随着"锡林郭勒羊"区域公用品牌的发布以及系列品牌建设举措的推进，"锡林郭勒羊"正以昂扬的姿态进军羊肉品牌市场。展望未来，"锡林郭勒羊"该如何通过合理高效的品牌运营稳健地成为京津冀、长三角、珠三角核心市场，甚至国际消费市场的领头羊？如何持续地成为具有消费能力的消费者进入"诗与远方"境界的媒介？甚至成为一种日常生活通往诗性生活的重要仪式？对此，浙江大学 CARD 中国农业品牌研究中心主任胡晓云提出了以下四点建议。

（一）坚守生态特质，维护独特品质

品牌竞争是在品质竞争之上更高层面的竞争形态，其是理念的竞争。因此，只有不可替代的、独一无二的品牌核心价值理念，才能够让消费者对品牌产生真正拥有的自豪与信任。对于消费者而言，不论是锡林郭勒羊肉、盐池滩羊肉亦或是呼伦贝尔羊肉，在日常消费食用过程中的差距是很细微的，一般消费者难以准确分别。由此，品牌理念就显得尤为重要，谁能最先抢占消费者心智，谁就能在品牌竞争中胜出。锡林郭勒大草原作为"锡林郭勒羊"这一"领头羊"以及"诗与远方"的重要支撑要素，对其生态的保护就显得尤为重要。"锡

图 5-10 "锡林郭勒羊"品牌形象片截图

林郭勒羊"今后应借助新理念、新技术,坚守锡林郭勒这个世界大草原的生态特质,维护锡林郭勒羊作为地理标志证明商标品牌的本真品质。将"减羊增牛"这一供给侧结构性改革战略作为生态保护的重要抓手,并将其对羊产业规模的限制转化为羊品牌价值的优势。

(二)坚守核心价值,开拓多元价值

人们生活在多重、多元世界当中,单一的价值已经无法满足多元的价值需求。同样是吃羊肉,人们吃的动机、吃的场景、吃的样式方面可能完全不同:吃营养、吃诗与远方、吃友情、吃爱情、吃豪气、吃传说、吃过瘾、吃激情……都是一个吃,但消费者需求价值呈现了多元化。目前,"锡林郭勒羊"的三种代表性羊种,已经使得"锡林郭勒羊"区域公用品牌比别的羊品牌,能够在更多层面、更高价值上切合消费者的多重需求。未来,其在坚守核心价值的同时,也应开拓多样的消费价值。

(三)坚守品质为本,顺应消费心智

对于长三角、珠三角以及其他国度的大部分消费者而言,他们并不能够非常清晰地认知到"蒙羊"已经有如此多的品种,有如此多的区域共用品牌。并且,在绝大多数消费者认知中,他们往往将内蒙古理解为一个区域、一种特征,即"诗与远方","风吹草低见牛羊"。而羊,正是这个区域、这种特征的重要节点。因此,面对新的营销环境,今后"锡林郭勒羊"应通过各种创新营销手段来强化"诗与远方,就是我的日常"这一品牌核心价值,维持自身作为"诗与远方"这一意象的媒介地位,进而顺应消费者心智,持续地保持"草原上的领头羊"地位。

(四)面对新型活法,成为要素品牌

在品牌消费时代,每一个人由众多其消费的品牌所表达。消费什么品牌,就意味着他(她)们是怎样的人,有着怎样的品位、价值观与生活方式。因此,那些被消费的品牌,会成为每一个人的生命要素、生活要素、价值表达,在一个人的生命长河中,成为不可或缺的必备要素。而"锡林郭勒羊"作为草原上的领头羊,其应当实现传统文明、现代科技更有效的融合,成为追求美好生活的消费者们生命长河中不可或缺的、必备的生活要素品牌,在他们的生活中存在,成为他们生命、生活、价值表达的关键要素。

"锡林郭勒羊"这一"草原上的领头羊"使得"诗与远方"成为日常而不再遥远。让我们期待"锡林郭勒羊"能在未来给我们带来更多别样的精彩!

第六章　灞桥樱桃:寻踪白鹿原
此物醉红颜

地标概况

灞桥樱桃颗粒饱满,果型硕大,果实呈肾形或宽心脏形,色泽艳丽有光泽,多数品种为鲜红色或紫红色,少数为浅黄色,果肉质地细腻、汁多、口感酸甜、味浓有香气、营养丰富,含有铁,维生素 A、B、C 及钙、磷等矿物元素,具有较高的食用和药用价值,适口性强。此果成熟时颜色鲜红,玲珑剔透,味美形娇,每年的 5 月中旬至 6 月上旬是灞桥樱桃采摘品尝的最佳时期。

2008 年 11 月 3 日,中华人民共和国农业部认定"灞桥樱桃"符合农产品地理标志登记程序和条件,颁发农产品地理标志登记证书,地理标志产品编号为 AGI00082。灞桥区地处东经 108°59′~109°16′,北纬 34°10′~34°27′,"灞桥樱桃"主要分布在灞桥区东部台原和低山丘陵地区的洪庆浅山、狄寨原一带,包括席王、洪庆、狄寨 3 个街道办事处共 38 个行政村。

2019 年,灞桥区邀请专业团队展开了对"灞桥樱桃"的品牌战略规划工程。2020 年,第十一届金水滴奖创意大赛中,"灞桥樱桃"获得平面商业类金奖。

一、老产区新机遇:秀水厚塬养樱桃

(一)地理环境

灞桥区地处陕西关中盆地中部,西安城东部,系西安市辖区之一。因境内有始建于汉、隋朝的灞河古桥而得名。灞桥区位于西安市中心往东十公里,自古为关中交通要冲、长安东出通衢,东与临潼、蓝田两县接壤,西与雁塔区、新城区、未央区相连,南与长安区为邻,北以渭河与高陵区相望。作为西安市内唯一拥有山水、塬地特色地形地貌的主城区,灞桥区也是西安市重要的生态涵养功能区。

灞桥区自古以来就是关中农耕重要区域。以渭河冲积平原为主,具有山、坡、川、滩、塬等多样性地貌特征,包括三个类型区,其中北部为渭河冲积平原区,东部为低山丘陵区,东南部为台塬区。土壤类型有黄垩土、白垩土、褐色土以及少量的红色土,保墒性能好,有机质丰富。土壤 pH 值介于 7～7.8 之间,微量元素铁、硼、锌、锰等含量丰富。

灞桥区域内水韵秀美,素有"八水绕长安,灞桥据其三"之称,区内灞、浐、渭三河交汇常流,流长 60 公里,流域面积 170 多平方公里,年过境客水总量达 64.02 亿立方米。"春色东来渡灞桥,青门垂柳百千条",长安八景之一的"灞柳飞雪"闻名遐迩。今日,灞桥媲美江南,占地 7.6 平方公里的灞桥生态湿地公园于 2012 年盛大开园,被誉为"陕西最美城中湿地公园"。

灞桥区气候特征属于暖温带半湿润大陆性季风区,光、热、水、气、土等自然条件优越。日照充足,温差大,夏多冬少,春季适中,年均无霜期 186 天,降雨充足。春、夏、秋、冬四季分明,冷、暖、干、湿变化明显,是樱桃生长的适生区。

(二)历史人文

灞桥区的樱桃种植历史,最早可追溯到西汉张骞出使西域时期。彼时,在灞桥区种植的还是中华樱桃,娇小鲜亮,因此享有"玛瑙"之誉。时至今日,灞桥区已遍种果大色艳的甜樱桃,而灞桥人依然习惯用"玛瑙"作为对樱桃的爱称。

在这片土地上,流传着诸多传说与故事。千百年来,无数文人墨客、英雄豪杰、古圣先贤、帝王将相留下了难以计数的辞文华章。半坡遗址渔猎耕种尽显先民智慧,人面鱼纹盆盛满仰韶璀璨。东周时期,周平王于迁都洛阳途中曾见灞桥原上有白鹿游弋,因此,将这块区域称为"白鹿原"。白鹿原为历代兵家必争之军事要地,秦为古长安城东的天然屏障,也是古帝王将相射猎游乐之地。春秋时期,秦穆公在此成就了王朝霸业。唐宋时期,无数文人墨客在灞柳岸吟诗送别,"灞柳飞雪"一次次地出现在唐宋诗歌中。到了近现代,本土作家陈忠实先生以一部《白鹿原》铸就扛鼎文坛的巨作。如今,白鹿原已是灞桥樱桃的重要产区,前述诸项,均是"灞桥樱桃"品牌创建不可多得的重要资源。灞桥樱桃生长于灞桥,凝聚了这方土地的山光水色,承载着灞桥的诗情画意。

(三)产业发展

樱桃好吃树难栽,是因为樱桃对地形、气候等自然条件要求其高。白鹿原北坡地处山阴,气候湿润,沟壑纵横,日照、温度、土壤都正适合樱桃生长,是西北最佳的樱桃种植区域。20 世纪 90 年代前,地利优势显著的西张坡村,种植的是土种中国樱桃,也称笨樱桃。该品种个儿小皮薄,品相不够好,当时最高一斤只能卖到两毛六,低的时候才卖八分钱。村里人主要靠种麦为生,每亩地70～100元的收入,让这里的百姓日子过得相当艰难。

1987年,当时的村支书张周娃带领村民从山东引进了3000株洋樱桃苗子,在村民们猜疑的目光下,他带头割了自家地里已经长了一尺多高正在吐穗的麦子,种起了洋樱桃。由于缺乏技术指导,这批樱桃树直到6年后的1993年,才大面积挂果。但是当时一斤7块钱的价格,让当地人看到了致富的希望。

很快,樱桃种植在白鹿原北坡的各个村庄里普及起来。为了将得天独厚的优势发挥出来,上世纪末开始,灞桥区引进了甜樱桃进行培育种植,现代化、规模化的樱桃产业由此起步,逐渐成为灞桥区的支柱产业。

种植技术,会导致樱桃出果、品质等方面的天壤之别。开始,有的村民因为没有掌握技术,樱桃树种了七八年还没有结果。吃过挂果延迟之苦的灞桥人,对种植技术有了更较真的追求。"白鹿原生态农业观光示范园",按照标准化规程栽培,三年就挂了果,较常规栽培方式早了两年,而且果大、色艳、味美,成为市场上的抢手货,每斤卖价从没下过20元。

为了让更多的果农掌握樱桃种植技术,灞桥区一方面组织种植户到山东、河南实地考察。另一方面组织省内外多位樱桃专家到田间地头现场讲解。区农林局还成立了12个科技入户服务队,按照"一村一品"的发展思路,深入田间地头开展各种形式的技术服务,先后培训技术人员1500余人次,在全区形成了区、乡、村和示范户上下贯通的技术服务网络。开展科技入户工作两年多时间(2004—2006年),西张坡村的樱桃收入由2004年的200多万元增加到2006年的500多万元,农民人均纯收入由2004年的2805元提高到2006年的7000元。樱桃树逐渐成为了当地的一棵"致富树"。

在当地政府的推动下,"灞桥樱桃"得到进一步发展,农民合作社、家庭农场等新型经营主体纷纷涌现,现代农业园区亦依次拔地而起。2019年,灞桥区樱桃种植面积已近4万亩,有红灯、大紫、美早、艳阳等30余个品种,主要分布在白鹿原、灞陵坡和洪庆山浅山地区,是西北地区最大的樱桃生产基地。

(四)逐步实现组织化、标准化建设

为了确保"灞桥樱桃"的品质,西张坡、东李、龙湾、任家坡等村都成立了樱桃协会。只有那些经过协会检验,符合协会的产品标准的樱桃才能称之为"灞桥樱桃",使用该专用标志,采用精致的小包装,品牌樱桃自然价格不菲。由协会和农业局的高级技术人员指导农户们按照统一标准进行统一生产,以保证其品质。然后在其中挑选优质产品统一包装、统一商标,由协会联系市场统一销售。这些举措既方便了农户,又避免了散户竞相砸价,形成了一定的规模优势,便于与客商洽谈。通过产地市场的建设、协会的把关验收,"灞桥樱桃"的销售减少了中间环节,实现了果农与消费者的双赢。

灞桥樱桃协会旗下的企业子品牌,全部由协会实行统一标准、统一生产、统一商标、统一包装、统一销售,以确保"灞桥樱桃"的品质。进一步,为了实现以销售倒逼生产标准化,灞桥樱桃协会逐步完善生产标准化规范。

千家万户生产的弊病,是标准化缺失。缺乏标准化的产品,无法拥有好品质、好品相、好价格。2004—2007年间,灞桥区建成了国家级大樱桃标准化示范区,为全区樱桃标准化种植树立了标杆和典范。

(五)农产品地理标志登记

2008年11月3日,"灞桥樱桃"登记为中华人民共和国农业部农产品地理标志,编号为AGI00082。灞桥区地处东经108°59′~109°16′,北纬34°10′~34°27′,"灞桥樱桃"主要分布在灞桥区东部台原和低山丘陵地区的洪庆浅山、狄寨原一带,包括席王、洪庆、狄寨3个街道办事处共38个行政村,成为农产品地理标志"灞桥樱桃"的生产区域。

成为农产品地理标志之后,灞桥区与2013年又启动了"灞桥国家樱桃与葡萄栽培综合标准化示范区"建设,于2016年经国家认监委批准,成为第八批全国农业标准化示范项目之一,"灞桥樱桃"标准化工作迈上新的台阶。凭借标准化建设带来的高质量发展,"灞桥樱桃"在品牌建设方面也开始迈进,先后注册了"东李""白鹿原""西张坡"等8个樱桃果品商标。同时,"灞桥樱桃"实现了进一步的品种改良与结构调整,早中晚熟品种结构基本达到3∶5∶2,优良品种占85%以上,樱桃标准化栽培面积达到70%左右,优果率达到80%以上,至2019年,共发展千亩现代农业示范园2个,百亩以上现代农业示范园28个,获批省市级农业示范园17个。农产品地理标志登记,有力推动了"灞桥樱桃"的组织化、标准化、品质化工作。

(六)特色节庆衍生产业链

"雨飞新绿嫩,风动野花香,赤玉妆盈村,红珠摘满筐。"赏"春来第一果"的美色,品"灞桥樱桃"的美味,已经成为西安市民春日里的"必修课"。

"灞桥樱桃"于2004年设立了樱桃采摘节。首届采摘节,仅席王地区就接待了游客3万多人,有10万余斤樱桃被游客买走,近7000名游客在农家乐接待户中吃农家饭,采摘节旅游直接收入达100多万元。随后的两年,白鹿原上车水马龙,游人如织,累计接待游客50万人次,销售樱桃3600吨,实现旅游收入4375万元。采摘节期间,灞桥的百余户农家乐户均实现收入上万元。在西张坡村,收入最高的一户农家乐,短短一个多月就有 8 万元进账。不仅土鸡、蜂蜜、核桃、柿子等土特产卖上了好价钱,就连山里的野菜也值了钱。樱桃产业与旅游业的结合,不仅提高了"灞桥樱桃"的知名度,增加了农民的收入,也提升了灞桥区的对外影响力。

如今,灞桥区的"白鹿原樱桃文化旅游节""灞桥樱桃金秋采摘节"等已成为西安市乃至陕西省的品牌节庆。特别是白鹿原樱桃文化旅游节,单单 2018年,就接待了国内外游客超 500 万人次。

二、品牌化倒逼:白鹿背书展红颜

(一)发展瓶颈

依托灞桥与西安的区位优势,"灞桥樱桃"一直以来并不愁销。近年来,随着樱桃采摘节的举办,以及顺丰、京东等生鲜电商平台的入局,"灞桥樱桃"的销售渠道得以拓宽、销售地域边界被打破,樱桃销售更是不成问题。但对灞桥而言,提高销量并非产业发展的最终目标。

作为西安市六大主城区之一,灞桥区城镇化进程显著、人地矛盾突出,极大地限制了樱桃的产业规模。与此同时,目前"灞桥樱桃"产业的经营主体相对弱小,人力、物力、财力、智力等支持力度不足,提质增效成为"灞桥樱桃"发展需要解决的首要问题。

1. 规模化受限

由于地处西安市区,灞桥区用于农业发展的土地资源并不丰富。近年来,在灞桥区建设西安国际化大都市生态城区的目标定位下,灞桥区建成了纺织城综合发展区、浐灞生态区、国际港务区,房地产行业迅猛发展,全区的城市化建设进程越来越快,耕地面积逐年减少、人地矛盾突出,限制了樱桃生产规模的增加。土地资源的稀缺决定了"灞桥樱桃"的发展绝不能以数量取胜,而要走优质优价的品牌化发展道路。

2. 组织化不足

尽管"灞桥樱桃"产业发展迅猛,基地果园建设良好,但仍有相当数量的大田樱桃分布在白鹿原、洪庆山一带,依靠个体农户或小型合作社经营,"靠天吃饭"的现象仍较为明显。目前,灞桥区内缺少大型专业化樱桃企业,缺少高新技术企业延伸樱桃产业链,缺少龙头企业品牌加工包装销售。经营主体整体较弱导致樱桃产业组织化程度不高、产业层次较低,急需提升经营水平,推动产业提质增效。

3. 标准化较弱

近年来，"灞桥樱桃"在设施栽培、品种引进方面投入较大，已经取得显著成效，创建了"田原""双子叶"国家级樱桃标准园 2 个，省、市级樱桃标准园 8 个，年产鲜果近 3 万吨，年销售额突破 6 亿元，面积和产量均居全市前列。但由于全区樱桃生产标准暂未统一，不同合作社、企业依循各自标准种植、销售，对消费者而言产品品质不够稳定。加之农村劳动力和技术人才缺乏，进一步加大了标准化生产技术的推广难度。

4. 品牌化缓慢

在提高"灞桥樱桃"品牌影响力方面，灞桥区高度重视并不遗余力地进行"灞桥樱桃"的宣传推广工作，以观光采摘为代表的体验营销活动频频亮相主流媒体与各大网站。但面对日新月异的市场变化与消费需求，较为单一的营销方式已然不能满足品牌传播需要。为此，"灞桥樱桃"的品牌宣传急需结合当下市场需求，重新梳理产品结构，开展消费人群定位，实施精准化营销策略，提高公共资源的利用效率。在品牌建设的新阶段，以传播有效性作为首要目的，帮助品牌发展迈上新台阶。

因此，为了进一步提高"灞桥樱桃"的竞争优势，提升品牌传播力，当地有关部门组织和种植户积极探索。在产业发展取得阶段性成果后，灞桥区农业农村局，代表灞桥区委、区政府，于 2020 年委托专业团队，为"灞桥樱桃"编制区域公用品牌战略规划，以系统的顶层设计整合全区资源，整合产业力量，梳理差异化价值，统一对外传播形象、产品包装，构建系统的渠道体系，着力打造区域公用品牌，力求以品牌之力倒逼产业发展。从而推动产业发展、提升产品溢价，助力"灞桥樱桃"更上层楼。

从上述品牌信息梳理可见，"灞桥樱桃"具备诸多发展助力，城市文化底蕴深厚，紧邻西安市中心的良好区位，均是"灞桥樱桃"区域公用品牌发展突出的先决优势。同样不容忽视的是，"灞桥樱桃"产业发展存在着产业规模受限、品质保障不足、地域价值未显、营销方式单一、强势企业品牌空缺等难点。

综合考量，"灞桥樱桃"的发展重点不是传统的规模化拓展，而要走精细化、高品质、高效益之路。应利用品牌化，明确自身定位，整合品牌产品，充分利用已有资源，将灞桥悠久的文化特色、"灞桥樱桃"的丰富历史进行展现，以赋予品牌独特地域价值及文化属性的方式，传递给消费者关于"灞桥樱桃"的品质认知、文化价值，提升品牌溢价。

（二）品牌价值发现

作为西安市六大主城区之一，灞桥区天然占据了西安市的广阔消费市场。

摘樱桃、品樱桃早已成为西安市民的生活日常,樱桃对他们而言也绝非稀奇之物。"灞桥樱桃"走入了千万寻常人家,而她的美却经常被人忽视。消费者追求着美,却往往没有发现身边之美。

当前,我国消费者在消费农产品时,不仅关注其理化特性,更在意产品背后的文化、故事,期待通过品尝风味去感受当地风情,彰显自身的价值追求。"灞桥樱桃"作为一种美的介质,能够带来甜蜜美好的感官体验,也能够勾连起人对山水的想象。品味"灞桥樱桃",不仅是品味这方寸间的酸甜滋味,更是要品味灞桥这片天地的风土人情。

"灞桥樱桃"在自然环境、产品形态、历史文脉、区位价值等四大方面的特征体现了四大价值支撑:"春色满山原、低枝映红颜、白鹿守千年、绝色冠长安。"

1. 自然资源——春色山满园:"灞桥樱桃"生长地为塬地山区,自然环境出众,每逢春季便百花盛开、草木葱茏,呈现出一片山清水秀的美好景象。樱桃被誉为"春果第一枝",以春色概括樱桃生长的自然环境,在贴切地表明产区生态价值的同时,也能引发消费者的美好联想。

2. 产品形态——低枝映红颜:自古樱桃与美丽女子的形象紧密关联,樱桃娇美的外形、柔嫩的口感、艳丽的色彩均能诱发对绝世佳人、倾世红颜的美好想象。樱桃如美人,让众人为之倾倒,唐太宗李世民也曾在《赋得樱桃》一诗中,将樱桃成熟的姿态比作"低枝映美人"。

3. 历史文脉——白鹿守千年:"灞桥樱桃"的历史最早可追溯到西汉时期,至今已超过千年。与白鹿有关的历史传说,深化"灞桥樱桃"文脉的同时,也为品牌增添了神话色彩。将白鹿与千年历史串联,赋予白鹿守护樱桃的新含义,大大增强了品牌的价值感,让其更具吸引力。

4. 行业地位——绝色冠长安:从品牌战略角度,"灞桥樱桃"是西安市樱桃的典型代表,未来将与"周至猕猴桃""户县葡萄""临潼石榴"并肩成为西安农业发展的四张金名片。相对其他几种水果,灞桥樱桃在视觉形象上更有张力,堪称"绝色"。每年樱桃采摘时节,数百万市民前往灞桥品尝樱桃,更是充分说明"灞桥樱桃"在西安人心目中的地位。

综上,不难看出,"灞桥樱桃"的品牌气质,春色、红颜、白鹿、长安,这些意象的提取,无一不充满诗情画意,极易引发消费者的联想,唤醒他们心底对美好诗意生活的追寻(见图6-1)。因此,对"灞桥樱桃"品牌而言,其核心价值以展现地方文脉为基石,以唤醒美好记忆、引导诗意生活为基调,充分发挥品牌语言塑造场景感的魔力。

图 6-1　"灞桥樱桃"品牌价值支撑图形

（三）品牌价值表达

发现品牌价值的根本出路,是要表达品牌价值。进行品牌价值表达的竞争分析可见,烟台大樱桃区域公用品牌从站位高度出发,提出了"烟台大樱桃,点亮中国红"的品牌口号,以灯塔为创意核心设计了品牌主形象;大连大樱桃从生态环境出发,提出了"自然恩惠,大有甜头"的品牌口号,以海滩、海鸟等元素为创意核心设计了品牌主形象;福山大樱桃从产品品质出发,提出了"福山大樱桃,个个不用挑"的品牌口号,以英文单词"good"为创意核心设计了品牌主形象。

基于对"灞桥樱桃"农产品地理标志的立体、多元分析,为了通过营造场景的方式再塑品牌的想象空间,唤醒消费者"初见""灞桥樱桃"的那份美好。提出完全不同于竞争对手的品牌口号为:寻踪白鹿原,此物醉红颜(见图6-2)。

图 6-2　"灞桥樱桃"品牌口号

该品牌口号的字面含义为:消费者在白鹿原上游览、寻觅,只为沉醉于这颗艳丽、甜美的"灞桥樱桃"。口号通过诗意的语言,塑造出生动的消费场景,也为灞桥区的农旅发展提供了新的助力。该品牌口号具有如下特色。

1. 撬动农旅资源。灞桥区位于西安市主城区东部,距西安市中心约 10 公里路程,称得上是西安的城市后花园。灞桥区通过樱桃采摘、白鹿仓等景区的联动,原本就有良好的农旅基础,每年有 1200 万人次的旅游人口。通过该口号能更好地推动区域农旅发展,进一步撬动西安主城区 1000 万常住人口及 3 亿旅游人次资源。

2. 深化区域认知。自陈忠实先生的《白鹿原》小说问世以来,"寻踪白鹿原"早已蔚然成风。白鹿原古时就有"灞上"的称谓,而随着白鹿仓景区的落成,白鹿原与灞桥区更产生了更为深厚的联结。通过该口号能进一步强化此联结,深化消费者"白鹿原就在灞桥区"的认知,既是为"灞桥樱桃"的品牌提供支撑,更能助力于灞桥区的发展。

3. 赋予美好想象。白鹿原的名称源自一个美好的传说,相传周平王迁都洛阳途中曾见原上有白鹿游弋,因此将其命名为"白鹿原"。在中国古代,白鹿是智慧和祥瑞的代表,被认为是来自自然、与植物共生、充满仙气的精灵。通过该口号,能赋予"灞桥樱桃"与白鹿共生的美好想象,也让其与"凡俗"的其他樱桃产生了区别。

4. 拉近消费距离。作为一种颜色艳丽、口味甜蜜的水果,樱桃天然具有女性化的柔美气质,给消费者带来温柔的感受和美好的想象。灞桥区不论从区域名称的读音、字形上来看,还是从历史文化的传承来看,都给人以刚正、硬朗的印象,与樱桃传递给消费者的形象有所出入。该口号通过白鹿原和诗意的表达,使品牌更加柔化,拉近与消费者间的距离,有利于对"灞桥樱桃"的整体形象进行同步升级。

5. 具备延展空间。白鹿原作为横跨三区县的一片黄土台塬,以其为基础创意品牌口号,是一种意向性的表达,具有更强的延展空间。一方面,在品牌传播推广中,可以大量地运用与白鹿相关的元素、甚至引入真实的鹿帮助品牌营销;另一方面,"灞桥樱桃"作为西安市的金名片,也有机会扩展其涵盖区域,将全市樱桃纳入体系、统一监管。

"灞桥樱桃"的品牌主形象(见图 6-3),基于其地缘文化和产品特征创意而来。"灞桥樱桃"的主产区白鹿原是一个寄托了美好想象、洋溢着传奇色彩、更拥有出众生态的区域。"灞桥樱桃"生长于此,便成为了凝结着美好、传奇和生态的自然作物。由此,提炼出鹿和樱桃这两个符号元素,将其巧妙融合,形成了"灞桥樱桃"的品牌主形象。该符号整体上是一只跃动的鹿,象征着白鹿

图 6-3 "灞桥樱桃"品牌主形象

原主产区，也彰显出"灞桥樱桃"不断进步、不断超越的品牌精神；鹿的身体中藏着两颗樱桃，意指"灞桥樱桃"产自白鹿原。

在颜色选取上，以樱桃的红色和新叶的绿色为基础，表现出"灞桥樱桃"原生自然的品质特点。同时鹿身为绿色，樱桃为红色，也寓意"灞桥樱桃"产自绿色生态的白鹿原，为消费者带来健康自然的甜蜜滋味。

同时，"灞桥樱桃"创制了具有品牌识别性和立体传播价值的传播辅助图形（见图 6-4），用于产品包装、常规宣传物料、常规衍生品等，统一品牌对外的视觉形象。

图 6-4　"灞桥樱桃"品牌辅助图形

品牌辅助形象配合品牌主形象，广泛应用于产品包装、宣传物料、品牌推广以及衍生品的视觉形象，以丰富品牌形象（见图 6-5、图 6-6）。品牌辅助图形将白鹿、樱桃、灞桥、西安古建筑巧妙融合，充分展现了灞桥地域文化特色。通过对鹿角的艺术化处理，让樱桃顺着鹿角的纹路点缀在长安各处，象征从白

图 6-5　"灞桥樱桃"礼盒包装设计示例图

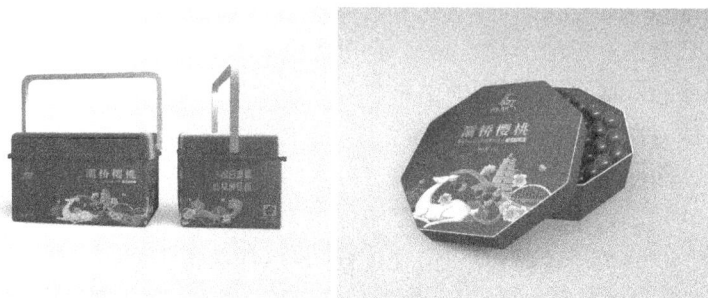

图 6-6 "灞桥樱桃"保鲜礼盒、八边礼盒包装设计示例图

鹿原走来的"灞桥樱桃"为千家万户送去甜蜜祝福。

"灞桥樱桃"衍生产品能够拓展樱桃的消费方式,挖掘新的消费者市场(见图 6-7、图 6-8、图 6-9)。例如果酒具备更丰富的口感,同时也十分契合"此物醉红颜"的品牌核心价值,增进消费者对品牌的全面认知,加深品牌形象。

图 6-7 "灞桥樱桃"酒、"灞桥樱桃"酱包装设计示例图

樱桃形象娇美,常常出现在发夹、项链等首饰中,深受女性消费者喜爱。西安是著名的旅游城市,且文创产业发达,"灞桥樱桃"利用品牌形象,开发胸针(见图 6-10)等文创产品,向万千游客传播品牌形象的同时,亦能延伸"灞桥樱桃"产业链,丰富产品形态。

三、立体化传播:助推品牌上青云

2020 年 5 月 15 日,2020 西安市"灞桥樱桃"宣传推介暨樱桃采摘文化旅游节启动仪式(见图 6-11)在白鹿原麦草人农业公园启幕,"灞桥樱桃"区域公用品牌的全新形象在此次活动中发布,开启"灞桥樱桃"品牌化运营的全新篇章。

图 6-8　"灞桥樱桃"合影板示例图

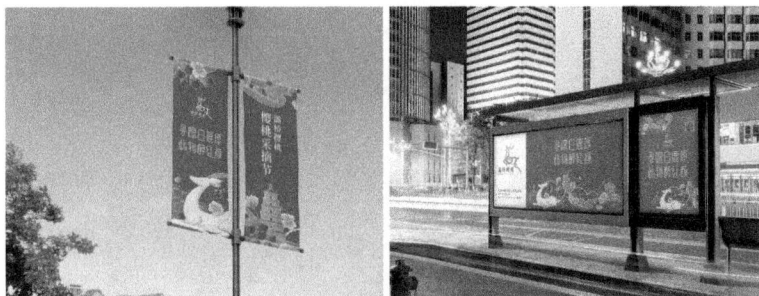

图 6-9　"灞桥樱桃"传播应用示例图

　　开幕式上,西安市文旅局介绍了西安采摘旅游季相关情况并发布了八条采摘旅游线路。同时,灞桥区政府也发布了灞桥精品旅游线路,让游客们来灞桥不仅可以采摘樱桃,还可以到白鹿仓景区、半坡博物馆、鲸鱼沟竹海风景区、灞桥生态湿地公园、洪庆山国家森林公园、半坡国际艺术区等处体验灞桥厚重的历史文化和自然生态之美。借助此次文旅节庆,灞桥区特地组织多项单元活动,提升"灞桥樱桃"区域公用品牌的影响力。

　　(一)线上线下双驱动

　　开设"灞桥樱桃"云集市,组织樱桃评优获奖企业及优质种植户、扶贫户开展集市售卖活动。现场搭建"灞桥樱桃"特价热卖直播间,邀请网红带货主播

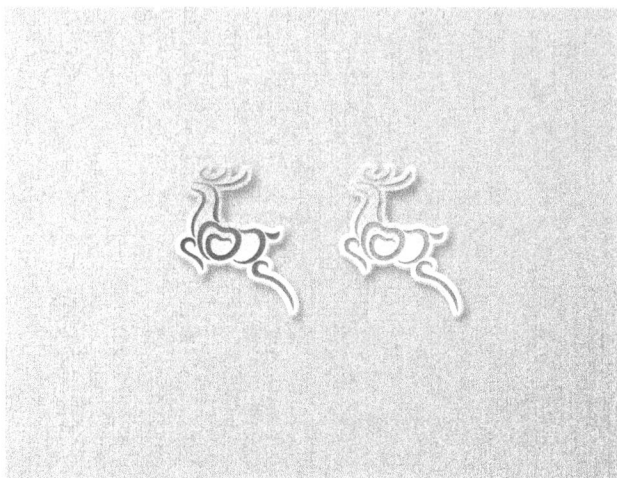

图 6-10 "灞桥樱桃"胸针文创示例图

图 6-11 "灞桥樱桃"宣传推介暨樱桃采摘文化旅游节启动仪式现场

通过网络直播平台带货销售,拓展"灞桥樱桃"的线上销售。举办第三届"灞桥网络樱桃节",全新升级改版灞桥网络樱桃节小程序(见图 6-12),大家动动手指,点开灞桥网络樱桃节小程序,足不出户就能全面了解灞桥农旅资源、节庆信息、樱桃故事、樱桃采摘采购信息等,打通灞桥吃、住、行、游、购、娱服务链,实现在线下单、采摘导航、门票预订、视频展示等全新功能。

开展"灞桥樱桃"乡村旅游后备箱行动。甄选灞桥区域内优质樱桃售卖集

图 6-12 "灞桥樱桃"的网络樱桃节小程序

市和售卖点,设立"灞桥樱桃后备箱行动采购点",让更多人自驾游灞桥,开心赏美景,放心买樱桃,为"灞桥樱桃"品牌的提档升级助力添彩。

(二)品牌运营培训,紧跟时代潮流

开设"灞桥樱桃"云讲堂,邀请农业教授专家讲解"灞桥樱桃"区域公用品牌的符号应用和营销技能,推广"灞桥樱桃"。同时,组织云赏灞桥网红主播采摘行活动,组织不同直播平台具备一定粉丝量的网红主播,在微博、抖音、快手等社交化短视频媒体平台进行全程直播,体验灞桥春日采摘一日游线路,生动展现"灞桥樱桃"采摘、乡村田园、文化历史等丰富资源。

(三)回报社会,营造良好口碑

开展惠游灞桥文旅礼券全城派。积极引导灞桥区域内重点景区、酒店、民宿、商圈等单位,面向疫情期间作出突出贡献的医护人员、公安干警、社区一线工作人员等提供免票、免费等回馈措施,面向市民游客推出文旅优惠券、消费抵用券等活动,激发游客消费热情。

（四）打通"最后一公里",开设采摘直通车

灞桥区文化和旅游体育局联合纺织城客运站开通了灞桥旅游季消费直通车,游客可以乘坐地铁 1 号线后到车站无缝换乘,以更方便地到灞桥采摘、体验、旅游。直通车从纺织城客运站出发,途经堡子村、半坡,直达白鹿仓景区,最后抵达白鹿原樱桃谷,沿途可以欣赏"初夏漫山绿,樱桃别样红"的美景,让游客体验到"说走就走"的快乐旅行。为了让游客的体验感更强,西安纺织城客运站还组织"小酒窝"志愿服务队,保障游客安全乘车,让游客感受走进村寨采摘樱桃的美好体验,提供优质服务让游客快乐出游。据相关媒体报道,仅开通"灞桥樱桃"采摘直通车仪式,网络直播线上游客累计观看人数就达 29 万人次。

（五）加强监管,维护品牌形象

灞桥当地在积极开展樱桃节的同时,灞桥区市场监管局开展了樱桃销售执法检查活动,推进樱桃销售市场的正规化、规范化。除了加大执法力度,该局还对樱桃流动摊贩开展大走访,对摊贩进行食品安全法律法规及质量安全常识的讲解,提高经营户的食品安全意识,防止不合格产品流入市场,引导商贩主动使用防作弊电子秤,防止出现缺斤短两,严厉打击在销售过程中存在缺斤短两、损害消费者利益、破坏樱桃节声誉的违法行为。区市场监管局还公开投诉举报电话,建立相关部门联合执法机制,及时处理违反公平交易问题,努力营造和谐有序、公平公正的市场环境。

为了让游客游得舒心、玩得开心、吃得放心,灞桥区市场监管局加大了农家乐食品安全监督抽检力度,以"灞桥樱桃"种植区域如洪庆山水泉子村、白鹿原西张坡村等地的农家乐为主。这些举措既确保游客的利益不受侵犯,同时也维护了"灞桥樱桃"品牌形象,提升了区域品牌影响力。

（六）品牌形象获佳誉

针对"灞桥樱桃"的区域地理环境、人文历史、产品特性,应对核心消费人群,制作"灞气美人"系列海报,进行品牌传播。海报中,这三位姿态各异的"灞气美人"提炼了西安具有盛唐气韵的城市特点,采用唐代美人的形象体现新时代女性独立、自信、霸气的个性,巧妙地将"灞桥樱桃"的产品特性与女性的俏皮之美相结合。（见图 6-13）

海报之一,"我就要以胖为美",突出产品外形圆润特点,在人物设计上更多地突出珠圆玉润的感觉,文案表达与樱桃特质紧密结合,不仅仅将樱桃的形象带到眼前,更表达了新时代女性对于审美更加自信多元的追求。海报之二,

图 6-13　"灞桥樱桃"区域公用品牌"灞气美人"系列

"早点成熟有什么不好"，突出成熟时间早的"灞桥樱桃"特点，人物设计调性一脉相承，表现了"灞桥樱桃"比全国大多数樱桃早上市一个月的特性。海报之三，"你说甜心可爱，我偏要酸甜各半"，突出"灞桥樱桃"酸甜适口的特点，人物形象则是一位将要成年的女孩儿，带着些许俏皮，给人一种酸酸甜甜的美好体验。

2020 年 12 月 8 日，《灞桥樱桃区域公用品牌"灞气美人"系列》在第十一届金水滴奖创意大赛中，获得平面商业类金奖（见图 6-14）。戛纳国际广告节评委项建中教授对"灞气美人"作专业点评。他提到，"灞气美人"系列突出了樱桃产品传统、柔美的女性形象卖点，以"灞气女人"为主题，以女性自尊自爱、

图 6-14　《灞桥樱桃区域公用品牌"灞气美人"系列》颁奖现场

冲破世俗的霸气形象为方向,将"灞桥樱桃"的产品特质形象地传达给消费者。同时,大胆地采用了唐代的"胖美人"图,极其吸引人。

四、展望未来:构建"灞桥樱桃"品牌矩阵

"灞桥樱桃"农产品地理标志,从中国历史走来,带着盛唐的气息,进入现代的消费市场。一路上,它历经品种改良、规模扩张、标准建立、组织成立、地标登记,直至品牌化倒逼、立体化传播,不仅成就了产业自身,也成就了灞桥区特色化的三产融合。

未来,在规模受限的基本前提下,"灞桥樱桃"需要进一步借助品牌化,凸显作为农产品地理标志的特殊价值。

其一,进一步建立专用标志基础上的品牌化理念,提高品牌化程度,充分利用农产品地理标志的区域独特性、地理独特性、文化独特性、产品独特性,挖掘并发挥其独特价值。

其二,在已经形成清晰而富有意义的品牌识别系统之后,加大品牌传播力度,建立与目标消费者之间的呼应关系,真正摆脱土特产的定位,成为现代消费者的时尚追求。

其三,基于目前的口碑与消费评价,通过系统的品牌传播、品牌接触与体验,构建与现代消费者的关系,形成现代意义上的品牌价值与品牌溢价,创造新型的品牌经济价值链。

其四,进一步链接各种资源,成为灞桥区甚至西安市独特的形象表征,如同杭州与西湖龙井,构建并张扬城市调性,表达城市气质,吸引更多高价值的消费者。

其五,提高竞争意识,明晰竞争格局,在占领产地市场,彰显产地特色消费的同时,瞄准京津冀、长三角等古都市场,传递品牌特色文化,传达品牌特色品位,表达品牌特色品相,提升品牌独特价值,成为中国樱桃区域公用品牌中的黑马。

第七章　户县葡萄：当农作物遇上艺术

地标概况

户县葡萄，陕西省鄠邑区（原户县）特产，中国地理标志产品，是国内具有代表性的葡萄区域公用品牌之一，其葡萄质优味美，尤其是当地最著名的户太8号葡萄，粒大、穗壮、色泽好、含糖量高、耐贮运，鲜食加工兼用，是绝佳的葡萄品种。"初似琉璃，终成玛瑙，攒攒簇簇圆圆小"，生动描述了户县葡萄的可人形象。

2015年，"户县葡萄"品牌战略规划编制并实施。2018年3月，中华人民共和国农业农村部将"户县葡萄"登记为农产品地理标志（AGI02366），地理坐标为东经108°22′～108°46′，北纬33°46′～34°16′，地域保护范围为西安市鄠邑区所辖草堂镇、庞光镇、余下镇、石井镇、蒋村镇、祖庵镇、玉蝉镇、甘河镇、涝店镇、渭丰镇、大王镇、秦渡镇、五竹镇、甘亭街道办事处共计14个镇（街道）和森林旅游景区管理局499个行政村。

2019年，"户县葡萄"入选由中华人民共和国农业农村部推出的"农产品地理标志保护工程"。

一、"户县葡萄"的艺术渊源

鄠邑区位于历史文化悠久的陕西省西安市，古为京畿之地，文物古迹星罗棋布，文化基因深入民间，拥有"中国现代民间绘画之乡""中华诗词之乡""中国鼓舞之乡""中国楹联文化县""全国围棋之乡"等多个名号。浓厚的艺术文化气息赋予了这方土地独特的气质和魅力，仿佛山水万物、生活劳作都渗透着艺术的因子。作为鄠邑区最著名的农产品"户县葡萄"，在鄠邑水土的滋养和农人的精心照料下，在艺术的氛围中生长。

（一）大自然的艺术

鄠邑区位于关中平原中部，南依秦岭，北临渭水，境内有山、川、滩，风光秀丽、景色优美，其金龙峡、太平山、渼陂湖等景区每年都吸引了大量游客。与美景相呼应的是美食。素有"银户县"美誉的鄠邑区自然资源丰富,是优质葡萄的天然适生区,被中国葡萄学会称为户太葡萄的最佳优生区。

鄠邑属暖热带半湿润大陆性季风气候区,四季分明,光、热、水资源丰富,土质疏松、矿物质含量丰富,夜风大、昼夜温差大、病虫害少,自古以来是适宜农业生产和多种经营的地区。优越的地理环境和气候条件,为"户县葡萄"种植奠定了良好的基础。

其一,光照资源充足。北纬34°秦岭北麓,年均有效光照长达220天,比世界著名的法国葡萄产区多30天,使葡萄在生长过程中更充分地沐浴阳光,在生长期内活动积温能达4000℃以上,更有利于葡萄糖分积累。

其二,水源涵养丰富。全区有36条地表径流,4亿立方米地下水存量,水质洁净,为户县葡萄种植提供了丰沛、健康的水源。

其三,土质丰饶肥沃。南依秦岭,北临渭河,形成了大片的山前洪积扇,提供天然沙石砾土,排水透气,让每一株树苗都自由呼吸。土壤pH值在6.5～7.0,为葡萄生长提供了充足的养分。

(二)种植者的艺术

户县葡萄栽种历史悠久,最早关于栽培葡萄的记载,可追溯到三千多年前的周朝。《周礼·地官司徒》记载:"场人(官名,掌场圃收入),掌国之场圃,而树之果,珍异之物,以时敛而藏之。"鄠邑区当时属周朝首都丰京辖区,所谓"珍异"即指葡萄为代表的水果。清代的《古今图书集成·西安府纪事》和康熙二十年《户县志·古遗迹考》均记载:"成王十七年,周公作《无逸》而请老于丰。"传说,周公因为牙齿不好,成王特许将葡萄植于庄园,后来推广到民间。

从周朝起,葡萄就在鄠邑深深扎下了根。再到后来的秦、汉、唐,鄠邑均为上林苑所在地,除了华丽精美的亭台楼阁,还有颇多葡萄良种。曾存于户县草堂寺的一通石碑上记载:后秦姚兴邀西域高僧鸠摩罗什译经于草堂寺,偶见葡萄,思乡郁结,于是遣使于龟兹引来西域葡萄种植之。姚兴品尝后夸赞曰:"滋美矣,鄠县蒲陶。"自此,每至金秋,户县葡萄便被作为贡品献与王公贵族,便有了"户县葡萄冠天下"的说法。

悠久的葡萄种植历史传至今日,智慧的鄠邑人民将传统种植技术与现代科技结合起来,再谱户县葡萄新的甜蜜篇章。

20世纪80年代开始,户县葡萄研究所(今西安葡萄研究所)致力于葡萄的栽培优化,至90年代,开发出"户太8号"品种(因地处太平河区域得名)。此后,"户太8号"经过不断的优化选育,品质不断提升,屡获国家金奖。其品种特征明显:色泽鲜艳、含糖量高、果味浓、硬度高;植株耐高温,对霜霉病、灰霉病、炭疽病表现较强抗病性；又兼具丰产性和商品性，鲜食、加工皆可，发展潜力巨大。此外，户县还培育了红提、红贵族、新华一号等多个适宜当地栽种的品种，逐步形成了西部以早熟品种为主、东部以中晚熟品种为主的较为合理的品种结构，户县葡萄的产区、产品优势进一步提升。

同时，户县葡萄生产加工技术日趋优化，配套栽培技术逐步完善成熟，葡萄多次结果和无核化生产技术获得国家发明专利，处于国际领先水平。研究所开发的"户太"葡萄汁、葡萄酒（干红、半干）和白兰地等系列产品市场反响热烈，在冰葡萄酒生产试验上更是取得突破性成功。

除了先进、成熟的种植技术，户县葡萄的出色品质离不开鄠邑农人们的虔诚匠心。经历了千年农耕文明哺育，鄠邑民风敦厚，重诚守诺，耕作勤恳，心怀敬意，精心培育每一颗葡萄。

在鄠邑各界"葡萄人"的共同努力下，户县葡萄产业不断壮大。2007年，鄠邑区葡萄种植面积为1.1万亩，葡萄总产量约1万吨。至2015年，户县葡萄种植面积已扩大到6.5万亩，挂果面积5万亩，年产量达到6万吨，并荣获"中国果品区域共用品牌50强"称号。发展到这个阶段，户县葡萄作为地理标志农产品，在产业端可以说是取得了不小的成就，但在品牌端，户县葡萄却才刚刚起步。

起初，由于产品品质好、销售市场近，户县葡萄"好女不愁嫁"，导致品牌意识薄弱、品牌发展较慢，不仅没有统一、特色的品牌形象、产品诉求、产品包装，也缺乏基本区域外的品牌传播。至2015年，户县葡萄的核心品种"户太8号"被其他地区广泛引种，使得户县葡萄原本具有的品种优势丧失，在西安销售市场，户县葡萄陷入了"户太8号"品种的红海竞争。为了避开西安市场基于品种的激烈竞争，"户县葡萄"意欲进入上海市场，与东部市场消费者对接。但进军上海绝非易事，要对应上海高度国际化、现代化的大市场，户县葡萄必须跳出产品本身，重新挖掘独属于"户县葡萄"的价值优势，打造辨识度高、吸引力强的品牌。2015年5月，原户县县政府邀请专业品牌团队组建课题组，为户县葡萄量身定做品牌战略规划。

二、以艺术之名打造文脉品牌

地理标志农产品打造区域公用品牌有不同的路径可循，其中"针对地理标志农产品的文脉依赖性，打造文化特色显著的文脉品牌"，是一条兼具传承性与创新性的品牌塑造路径。而在创造"文脉品牌"的方法论中，户县葡萄找到了一个适宜自身品牌打造的方向，即"撷取地理标志产品的相关文脉元素，进行与消费者'文脉心像'的同构共振,形成品牌识别与品牌传播的核心价值内容"。文脉心像(context heart image),在这里,指的是消费者心目中有关地理标志产品的文脉资源与文脉消费价值评价倾向[①]。

(一)从文脉中抓准核心价值

在深入调研鄠邑区域文化、产业特征等各方面资源禀赋后,规划团队发现,"户县葡萄"除了"户太8号"品种优势之外,还具有众多的文脉背景。

历史文脉——文王故里,汉唐京畿,建制2200年、全真祖庭重阳宫、最早国家铸币厂所在地;地域文脉——西安近郊、秦岭北麓、农民画之乡;产品文脉——规模种植、自研品种、种植历史。

在各种文脉资源与消费者"文脉心像"的链接探索中,有三个文脉资源值得重视:农民画之乡(见图7-1);位于秦岭山脉;节庆期间上市。这三点构成户县葡萄重塑品牌价值和符号设计中所聚焦的核心创意点。

在品牌价值创意上,根据鄠邑农人"白天辛勤耕作、晚上艺术创作"的生活方式,强调种植葡萄与画画之间的艺术品关联,以及精细化劳作、创作的专业精神关联,提出"户县葡萄"的品牌定位为"户县葡萄,农作艺术品"。

图7-1　户县农民画

---

① 胡晓云,《发现多重文脉价值　创造独特文脉品牌》,《国际品牌观察》,2019年11月。

将户县葡萄等同于农作艺术品,充分展现了品牌的差异化内涵:户县葡萄是大自然馈赠的艺术品,是农民劳作的艺术结晶,是深受画乡艺术氛围熏陶的农作艺术品。

同时,针对上海市场消费者不太了解户县的认知前提,提出"户县葡萄"的传播口号:"粒粒香甜醉秦岭",将"秦岭"这个中国人所共知的地标作为品牌所在的区域区位的指引,并增加生态环境价值的隐形联想诉求。

(二)汲取农民画的艺术气质

在品牌设计上,户县葡萄充分借鉴吸收鄠邑农民画的艺术特点,大胆创作,形成了一套极具农民画风格的统一品牌符号体系。

户县葡萄品牌主形象(见图7-2)以葡萄串的整体造型为基础,巧妙融合"户"字,同时以画笔笔触表现户县与葡萄的艺术底蕴。辅助形象用鄠邑农民画的形式表现户县葡萄丰收的场景,将鄠邑果农白天种葡萄晚上作画的特色生活方式表达了出来,也将这种生活方式与消费者"文脉心像"进行链接,对"画家"与"种葡萄者"的双重身份这一文脉进行彰显(见图7-3)。

图7-2 "户县葡萄"品牌主形象

在产品包装上,户县葡萄撷取其独特的系列元素、产品上市期间的节庆元素等,链接与消费者的场景感,形成系列品牌形象包装设计,如传统文化礼盒、民俗特色礼盒(见图7-4)。这些元素有农民画、鼓舞、道教文化等符号元素,表现了户县独特的民俗文化特征,并通过产品的特色包装,展示户县的旅游景点,实现农旅融合。

图 7-3 "户县葡萄"辅助图形

图 7-4 "户县葡萄"品牌包装

通过运用、转化"户县葡萄"在种植区域、种植过程、种植农人等方面的文脉元素,为原来基于技术语言的"户太 8 号"葡萄品种增加了丰富而独特的艺术色彩、无形价值,使得其进入中国消费桥头堡市场——上海市场有了独特而足够的底气和价值,赢得了消费者的喜爱。

在撷取文脉的过程中,选择何种文脉与消费者"文脉心像"进行对接是关键。所选择的文脉元素必须具有真正的独特性、对产品品质的决定性作用力、对应消费者的"文脉心像",引发消费意向与消费期待。① 因此,"户县葡萄"的系统品牌设计并没有从鄠邑区悠久、丰富的文脉资源中任意截取,而是有针对

---

① 胡晓云,《发现多重文脉价值 创造独特文脉品牌》,《国际品牌观察》,2019 年 11 月。

性地把握了最具意义的特点,对应消费者的"文脉心像",引发消费者类似的评价:"像制作艺术品一样种植葡萄,其葡萄一定是品质不一般的";"在秦岭山脉种植的葡萄,一定得尝一尝"等等。作为地理标志产品的"户县葡萄"由此突破了区域限制,成为东部消费市场的新宠。

三、品牌传播也是一门艺术

光有规划还不足以使品牌占领消费者心智,还需落地实施,通过一系列品牌传播运作,让品牌形象真正触及消费者、吸引消费者,提升品牌价值。鄠邑区十分重视"户县葡萄"品牌打造,将发展壮大葡萄优势产业作为促进群众增收致富、推动乡村振兴战略的重要途径,多维度、全方位打造"户县葡萄"金名片。自2011年开始,已连续举办10届年度系列葡萄文化节,有效提升了鄠邑区作为"十大优质葡萄基地"和"中国户太葡萄之乡"知名度,也提升了"户县葡萄"区域公用品牌的影响力和美誉度。

(一)发布品牌新形象

在品牌战略规划完成后,"户县葡萄"加强了品牌传播的统一性、针对性、科学性。2015年8月,"户县第五届葡萄文化节"正式启动,户县葡萄品牌新形象首次亮相,受到消费者一致好评。同时,文化节拉开了户县葡萄在全国宣传推介活动的序幕,户县葡萄品牌新形象随着推介活动走向全国。(见图7-5)

图7-5　2015年8月,西安机场的"户县葡萄"户外广告,
在各种国际大牌广告中独具特色

（二）持续开展立体传播活动

2016—2020 年间，"户县葡萄"连续在上海、杭州等地进行品牌推介活动，刮起了户县葡萄风，成为长三角主要城市的夏日别样风景，来自秦岭的甜蜜礼物。

2019 年，户县葡萄加大品牌传播力度，集中开展了多场推介、推广活动，通过"户县葡萄熟了"新闻发布会、"'户县葡萄'进万家"活动、2019 年西安市鄠邑区葡萄品牌宣传杭州推介会、2019 年中国葡萄产业科技年会、西安市鄠邑区"户县葡萄"物流快递交易服务中心揭牌仪式等系列活动（见图 7-6），持续提升"户县葡萄"的品牌认知度和销售力。根据要求，所有参展的户县葡萄都必须统一品牌形象和宣传物料。

图 7-6 "户县葡萄"文化节、推介会

2019"户县葡萄熟了"新闻发布会上，著名相声演员苗阜成为户县葡萄公益大使，为户县葡萄代言，"明星效应＋高品质口感"的联合，是"农产品＋艺术"的再一次相遇。而在杭州推介会（见图 7-7、图 7-8）上，浙江永辉集团与鄠邑区葡萄产业联合会签订了葡萄购销协议,并通过推介会充分向杭州周边地区展示了"户县葡萄"形象,加快了"户县葡萄"走出陕西、走向全国的步伐,持续增强了鄠邑区"中国十大优质葡萄基地"和"中国户太葡萄之乡"外部的影响力。

图 7-7 2019 年 8 月"户县葡萄"杭州推介会现场

图 7-8 2019 年 8 月"户县葡萄"杭州推介会品鉴现场①

---

① 图片来自陕西省农业农村厅官网。

在体验传播和媒体场传播上,户县葡萄文化节十分注重参与感和农旅融合,举办大众随手拍暨摄影大赛、户县葡萄媒体行等活动,各葡萄园区、基地也相继举办"葡萄熟了"宣传推介活动。将机场、公交车站、种植基地、葡萄庄园景区等都打造成传播媒体场,通过展现"户县葡萄"统一的品牌形象和融入体验式营销,来占领消费者心智,进行口碑传播,扩大品牌影响力。

除了各种形式的线下活动,"户县葡萄"还运用新媒体技术、平台举办线上节庆活动。权威媒体搭配农产品网络平台、社交媒体构建立体多元传播体系,有的深度诠释产品的核心价值,有的传播品牌故事,有的与消费者进行互动。这种全方位、立体式的传播,为提升品牌知名度起到了显著作用。2016年举行了网上京东户县葡萄节,刘强东亲自为户县葡萄代言。2020年,在新冠肺炎疫情的影响下,"户县葡萄"创新性举行了"云推介"活动,并与在陕西举办的全国第十四届运动会结合起来一同宣传,扩大了影响力。

品牌传播是将品牌的个性形象、诉求、价值准确地传达给消费者和市场,其有效实施的背后是行政、产业、科研等各端的支持与配合,这些力量的有效整合与协同是真正支撑起这个品牌的基础所在。

首先是政策支持。近年来,鄠邑区委、区政府始终坚持"秉承一颗匠心,培育户县葡萄;耕耘画乡天地,打造农作艺术"的发展思路,依托秦岭北麓独特的自然、人文、地理资源优势,积极培育、扶持"户县葡萄"这一农业支柱产业。为促进"户县葡萄"产业健康发展,提升"户县葡萄"的市场竞争力,先后出台了《加快设施农业发展和葡萄产业带建设的通知》《加快现代农业发展的扶持意见》《现代农业投资项目管理办法》《农村土地流转管理办法》《加强葡萄产业规范化管理工作的指导意见》等系列政策,重点扶持龙头企业、合作经济组织、种植大户等,有效促进了"户县葡萄"产业的良序高效发展。

其次是科技引领。经过多年发展,鄠邑区引进夏黑、阳光玫瑰、京亚、巨玫瑰、火焰无核、红巴拉多、摩尔多瓦等30多个新优品种,并发展避雨、连栋、日光温室等栽培模式,逐渐形成了早、中、晚熟品种错峰持续上市的科学布局,还与西北农林科技大学葡萄酒学院紧密协作,在鄠邑区设立"葡萄酒学院科研推广示范基地"。以此为契机,鄠邑区构建产学研发展新机制,为"户县葡萄"产业发展引入强力科技支撑,不断延伸"户县葡萄"产业链。一方面向服务业延伸,不断拓展果业园区综合功能,发展避雨、连栋、日光温室等栽培模式,打造集采摘体验、文化观光、餐饮休闲为一体的葡萄产业休闲园,促进一二三产业融合发展。另一方面向葡萄加工方面延伸,如开发"户太"系列葡萄酒(汁)和高端的冰葡萄酒,最大程度挖掘葡萄产业延伸价值,特别是户太冰酒的研发成功,开辟了我国冰酒新产地,冰酒酿制技术达到国际先进水平。

最后是强化管理。这包括两个方面。一是生产管理,二是品牌管理。在生产管理方面,2015年,户县重新修编印发了《户县葡萄标准化栽培技术手册》,并向广大葡萄种植户致信,以标准化技术生产,保障质量安全,从根本上保护、宣传户县葡萄品牌;农检、农技等各相关部门和专业技术人员,加大检查监管力度,加强技术指导服务,积极推进标准化生产;由政府牵线,组织种植大户成立"鄠邑区葡萄质量联盟",强化行业自律,推进社会共治;与此同时,大力推进质量安全监管追溯体系建设,对农业生产主体的规范化管理,提出了更加严格的要求。在品牌管理方面,鄠邑区人民政府授权鄠邑区农业技术推广中心申请注册监督管理"户县葡萄"地理标志证明商标,出台《户县葡萄商标使用管理办法》等文件,要求"户县葡萄"所有子品牌及欲使用该品牌的区域葡萄果品,必须达到标准化生产及质量安全监测各项指标,并按照《户县葡萄区域公用品牌战略规划》中的品牌定位和推广策略,进行统一管理和规范应用;由鄠邑区农业农村局实施管理"户县葡萄"产业的布局规划、园区建设、生产技术规范、宣传推介等,并由区市场监督管理局、区文化旅游局等相关部门配合,有效保护、管理"户县葡萄"这一区域公用品牌。

四、农作物结出艺术果

(一)品牌声誉创新高

户县葡萄产业经过30多年的实践发展,已初步形成完善的产业化体系,主要表现为:实现标准化建园,园内规划设施齐全;实施无公害栽培,采取果实套袋、测土配方施肥、水肥一体化等技术措施;严格控制农药使用;合理定穗定产;严格采收分级和包装。

在品牌荣誉上,户县葡萄先后荣获"中国户太葡萄之乡""中华名果""中国果品区域公用品牌50强"等称号。2017年,户县葡萄获得第二十三届全国葡萄学术研讨全国鲜食葡萄"金奖"荣誉称号。在2019年中国葡萄产业科技年会(全国鲜食葡萄评优大赛)中,户县葡萄荣获1个铂金奖、5个金奖、7个银奖、14个优质奖。此外,户县葡萄还成功入选2019年度中国果业受欢迎的名优果品区域公用品牌前10强,荣获2019中国农业品牌建设学府奖。

(二)品牌价值连年升

随之而来的是品牌价值的连年提升,并在2018年前后呈现快速提升,在2019年实现了对"余姚葡萄"品牌价值的反超,并且有继续赶超排在前面的"慈溪葡萄"的趋势。(见图7-9)

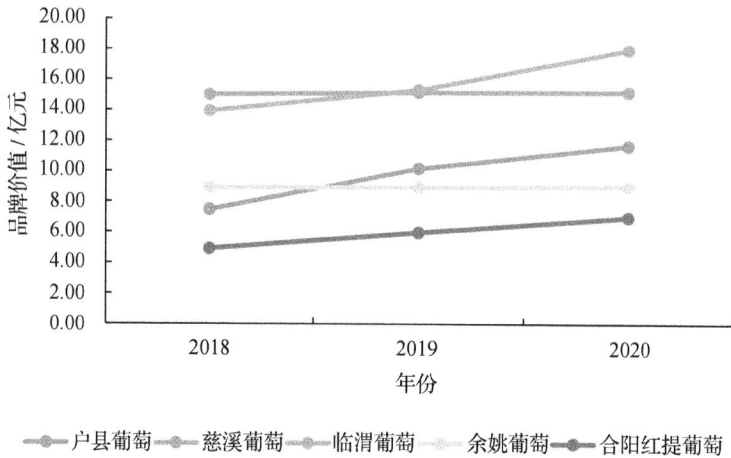

图 7-9　中国各个葡萄区域公用品牌历年来的品牌价值

数据来源:浙江大学 CARD 中国农业品牌研究中心

（三）经济效益上台阶

在经济效益上,鄠邑区通过"户县葡萄"品牌建设,提升了这一农业支柱产业的发展层次。通过全力提升"户县葡萄"品牌知名度、美誉度、忠诚度,实现品牌倒逼生产,以品牌带动销售,以销售实现经济效益,开创销售顺畅、农民增收的良好局面。2017 年之后,全区葡萄种植面积稳定在 6.6 万亩左右,年产量约 10 万吨,产值超过 7.5 亿元;由于生产水平的提高,优果率也达到了80%左右,生产效益得到进一步提升。

第八章 周至猕猴桃:上下求索品牌之道

地标概况

周至猕猴桃,陕西省西安市周至县特产,中国国家地理标志产品。周至猕猴桃质地柔软,味道被描述为草莓、香蕉、凤梨三者的混合。其个头大,果形均匀、整齐,果实浅褐色,茸毛多,果肉翠绿,维生素C含量高,口感浓郁。

2017年,周至猕猴桃重新系统构建品牌战略体系,以品牌战略的高度,应对市场变化。

2018年9月,"周至猕猴桃"登记为中华人民共和国农业农村部的农产品地理标志产品(AGI2018-03-2513)。保护范围为:西安市周至县所辖二曲街道办、尚村镇、终南镇、九峰镇、集贤镇、富仁镇、楼观镇、马召镇、司竹镇、四屯镇、哑柏镇、青化镇、广济镇、翠峰镇、骆峪镇、竹峪镇、陈河镇、板房子镇、王家河镇、厚畛子镇共计20个镇(街道办)376个行政村。地理坐标为东经107°39′~108°37′,北纬33°42′~34°14′。

2019年,周至猕猴桃获"中国农业品牌建设学府奖""中国优秀果业品牌策划奖";2020年7月27日,入选中欧地理标志第二批保护名单。

一、困境寻道

周至县是全国种植规模最大的猕猴桃产区,也是世界上最重要的猕猴桃生产基地之一,每年面市的国产猕猴桃中,就有将近五分之一来自周至。在如此高产量的情况下,周至猕猴桃仍坚持产品的优秀品质,使其长期以来作为业界标杆而为众多猕猴桃产区学习。

周至地处猕猴桃自然生长分布带,自古就有野生猕猴桃的踪迹,在唐朝时周至人开始将猕猴桃栽在庭前屋后以作观赏,从此与猕猴桃结下不解之缘。地处八百里秦川腹地,周至县南依秦岭,北濒渭河,四季分明,日照充足,降水适宜,兼之具备微酸性的沙质土壤,是猕猴桃的黄金生长区。适宜的自然环境和悠久的种植历史,推动周至地区猕猴桃产业不断地向前发展,终于形成了如今品质优异、品种独特的周至猕猴桃，并成为著名的地理标志农产品之一。

在全县果农、企业及相关部门的共同努力下，周至猕猴桃不断取得令人瞩目的成绩。1993年，周至县猕猴桃栽植达10万亩。1996年，中共周至县委、周至县人民政府确立猕猴桃为支柱产业，1997年升级为立县产业。2004年，周至猕猴桃取得了欧盟有机食品认证，开辟了周至猕猴桃走向世界的新纪元。2013年，中国航天基金会授予周至猕猴桃"中国航天事业支持商"冠名用语和商用标志。

但就在品牌产业蒸蒸日上的同时，周至猕猴桃也遇到了进一步发展的新瓶颈和日益严峻的竞争态势。随着经济水平的不断提高，市场消费需求呈现出多样化、多层次的局面，并逐渐由低层次向高层次发展，消费质量不断提高。具体到农产品上，消费者已经不再满足于产品的基本功能属性，而是越来越倾向于品牌消费。品牌化消费、品牌化竞争在国内掀起了农产品品牌化的浪潮。周至以外的猕猴桃产区亦纷纷开展了品牌建设工作，试图借助品牌力量提升市场竞争力，抢占消费者心智。如武功猕猴桃，提出"下功夫，成好果"的品牌口号，将区域名称与传统文化认知进行链接，并通过虚拟品牌代言形象"武功小子"助力品牌传播；眉县猕猴桃，提出"眉县猕猴桃，酸甜刚刚好"的品牌口号，通过百名大学生代言、拍摄微电影等系列活动提升品牌声誉。国内众多猕猴桃区域公用品牌通过不同的品牌核心价值、全新的品牌形象，在农产品品牌化的浪潮中抢占先机，对周至猕猴桃的市场地位产生冲击。与此同时，以新西兰"佳沛"为代表的国外品牌也对周至猕猴桃扩大中、高端消费市场形成巨大挑战。（见图8-1）

图8-1　武功猕猴桃、新西兰佳沛奇异果

然而，作为猕猴桃的传统优势产区，彼时的周至县还仍停留在种植技术、产业规模等生产层面，未能跳出来在品牌化建设上投入足够的重视。生于忧患、死于安乐，对本县支柱农业产业的深切关怀促使周至县委、县政府于2017年寻找到专业的品牌战略规划团队，为周至猕猴桃重新系统构建品牌战略体系，以品牌战略高度应对市场变化。

二、自然悟道

打造"周至猕猴桃"品牌需要重新梳理周至猕猴桃独特的品牌价值体系，而其品牌核心价值的提炼发端于这方土地的悠久文脉。

周至县城东南十五公里的终南山北麓有一处楼观台（见图8-2），又称"说经台"，乃中国道文化的发祥之地。《历世真仙体道通鉴》记载："周康王时尹喜为巨大夫，后为东宫宾友，结草为楼，仰观乾象。一日，观见东方紫气西迈天文显瑞，知有圣人当度关而西，乃求出为函谷关令。"尹喜号文始真人，是中国道教祖师之一，而他所遇之人便是中国道家创始人老子。尹喜迎老子至古宅楼观，执弟子之礼，老子授之《五千言》即今日之《道德经》。由此，周至便与"道"结下了不解之缘。

"道"指万事万物运行之根本动力与轨迹，不生不灭，无形无象，无始无终，无所不包，在道家思想中被认为是世界的本原。大道无为，道法自然，两千多年来道家思想文化始终深刻影响着周至这一方土地。不仅有着历史文化上的道家渊源，在自然地理、生产实践、人文精神等方面也处处体现着"道"。周至猕猴桃为何独以在这片土地上生长茂盛硕果满满，自然是印证了其作为地理标志农产品之道，而要将其进一步打造成独特、有竞争力的区域公用品牌也必须顺应品牌之道。

图8-2 周至楼观台景区

从"道"生发开去,"周至猕猴桃"梳理周至县域的各方面资源禀赋,衍生出更多独特的优势之道。

一是地理环境顺天道。周至地处八百里秦川腹地,南依秦岭,北濒渭水。全县总面积 2974 平方公里,山区森林面积 2171 平方公里,占全县总面积的73%。地势西南高东北低,背山面水,分属秦岭山地、黄土高原、渭河平原三个自然地貌单元,县城海拔最低 399.3 米,山区最高海拔 3762.2 米。周至沿秦岭北麓有大小峪口 52 个,长年水流纯净,属关中平原最为典型的富水区,故有"金周至"之美称。周至生长猕猴桃的土壤、水、海拔、温度、光、气热等条件均优于陕西省地方标准《猕猴桃最佳适宜区生态条件》规定。

土壤特征:猕猴桃属藤本植物,根系为肉质根,对土壤选择性非常强。周至猕猴桃主栽区位于以黑河为代表的"九口十八峪"冲积而成的秦岭山前平原,地势平坦,土壤以沙壤、轻壤、黑油土为主,有机质、养分含量高,透气性良好,pH 值在 6.5~7.5 之间,适宜猕猴桃生长,且树体生长健壮,抗逆性强,为其他地区生长的猕猴桃所不能比。

水资源特征:周至全县年降水量不高,但地下水、地表水资源丰富,河流纵横,分布均匀,水质好,污染少,灌区覆盖全县,充分满足猕猴桃生长需求。(见图 8-3)

图 8-3 周至金盆水库

气候特征:温度是影响猕猴桃生命活动的主要因素之一,它不仅影响栽培适宜地区,也影响着整个猕猴桃的生长发育。周至地处温带大陆性季风气候区,年平均温度适宜,日照充足,无霜期长,能让猕猴桃安全越冬,正常生长结果。昼夜温差较大,利于猕猴桃积累糖分。

地形特征:猕猴桃叶片大,幼枝细弱,易受大风危害。而周至南有 3000 多米高的秦岭生物风障,为春夏季大风减速降级,使其对猕猴桃的危害几乎为零。

得天独厚的自然地理环境孕育了周至境内丰富的野生猕猴桃品种，承载着周至猕猴桃产业的生物基因。顺因自然之天道，因地制宜发展，成为周至猕猴桃产业得以成长的根本。

二是种植技术有门道（见图 8-4）。周至十分重视猕猴桃育种、栽培、采摘、加工等环节的技术研发，不仅研究得早，而且研究得深，引领国内猕猴桃种植技术。20 世纪 70 年代末到 80 年代初，周至园艺站首次在秦岭周至段山中普查猕猴桃野生资源，采集优良单株 100 多个，在司竹乡金官村建立猕猴桃实验站，定期观察单株的生长情况。1986 年，周至猕猴桃试验站的优良单株"周至 101"和"周至 111"分别被陕西省种资鉴定委员会定名为"秦美"和"秦翠"。1989 年，周至县园艺站分别在司竹乡南司竹村、马召镇仁烟村和群星村、哑柏镇昌西村等地进行第一次猕猴桃大田栽培，哑柏镇农民商慎明孕育猕猴桃优良单株"周园一号"经审定定名为"哑特"。目前，周至已育有"秦美""哑特""华优""西选二号""脆香""瑞玉"等 6 个优良品种，几乎全部来源于秦岭山区的野生品种，并在规模化的栽培中形成了早、中、晚熟合理搭配的品种布局。

图 8-4 周至猕猴桃育种实验室

此外，周至县境内设有国际猕猴桃联合研究中心、中国猕猴桃技术创新战略联盟、中国猕猴桃航天育种中心等 8 所科研机构，不断突破猕猴桃种植新技术，提升猕猴桃品质和生产效率。

三是匠心精神够厚道。想要种出好的猕猴桃，离不开果农的精心照料。周至农人不仅吃苦耐劳，对脚下的土地有发自内心的热爱，对手中的果木有视如珍宝般的重视,更具有聪明巧干的创新精神。作为古城西安的一部分,周至县农耕传统悠久。尽管现代猕猴桃产业只有几十年的历史,但周至猕猴桃果农依然保留了中国农人的传统匠心精神,把自己的勤劳与智慧奉献给这份甜蜜的事业。多达40万亩的猕猴桃果树,在近10万农户的悉心种植下苗壮成长,硕果累累,让国内外消费者吃到安全、可口、营养丰富的周至猕猴桃。

随着绿色健康的生活理念深入人心,周至县用更加严苛的标准,要求猕猴桃企业从育苗管护到采收贮藏,实现全过程标准化管理,禁止猕猴桃早采早卖,从源头上确保原产地产品质量。

从老子、尹喜所在的春秋时期发展到当代社会,"道"的内涵不断地丰富。在周至人的劳动生活中,"道"不仅是顺应自然、天人合一的处世哲学,也是周至猕猴桃生产者、经营者、管理者所遵循的章法、技术、品格。人文历史传正道,地理环境顺天道,种植技术有门道,匠心精神够厚道,这四个"道"造就了这一优质的地理标志农产品——"周至猕猴桃"。而"道"也成为"周至猕猴桃"区别于其他产区猕猴桃的主要特征。

由此,"周至猕猴桃"将品牌核心价值凝聚在"有道"这一核心概念上,并进一步发展出品牌口号:"周至猕猴桃,鲜甜自有道。"借力传统文化的现代演绎,发展出更为丰富的涵义:

文化属性——"有道"代表着"有道藏",与老子的"道"文化进行链接,为猕猴桃赋予了独特的文化价值。

科技属性——"有道"代表着"有门道",周至之所以能在各领域蝉联猕猴桃产业冠军数年,正是因为远超同侪的科研条件和科技成果,周至猕猴桃的科研优势已经成为产业的有力背书。

道德属性——"有道"代表着"有道德",反映出周至人与自然和谐共处、维持可持续发展的生产理念,也给近年来的网络负面新闻一个有力答复,展露出周至人良心生产的巨大决心和美好愿景。

品牌自信——"有道"代表着"有道理",指明"周至猕猴桃"的优秀品质绝非偶然,而是因为周至得天独厚的生态环境、人文资源,是因为周至人种植过程中遵循生产规律、顺应时令变化,自然而然所得到的。"自有道"的结合更强化这一特征,表现出"理所当然""当仁不让"的品牌自信,更隐含了"舍我其谁"的冠军气质。

该品牌口号立足创意核心,结合周至猕猴桃产业特色和产品特征,将其"鲜甜""自然"的特点融入口号,既生动地表现出产品的品质特点,又能迎合消费者追求新鲜、美味的市场需求,极大地激发了消费者的购买冲动。

三、符号释道

在品牌口号的基础上，创意品牌主形象（见图 8-5）。从周至的山水自然中汲取灵感，将周至县的重要区域背书"秦岭山脉"，以及猕猴桃生长的关键要素"阳光、耕地、水流"融入品牌标志中，通过猕猴桃果肉切面的形式有机整合、统一表达，山水自然所形成的小天地、生态圈完整和谐地呈现在标志中，充分表达"周至猕猴桃"源自自然、内蕴自然的特点，作为对品牌口号的有力补充。

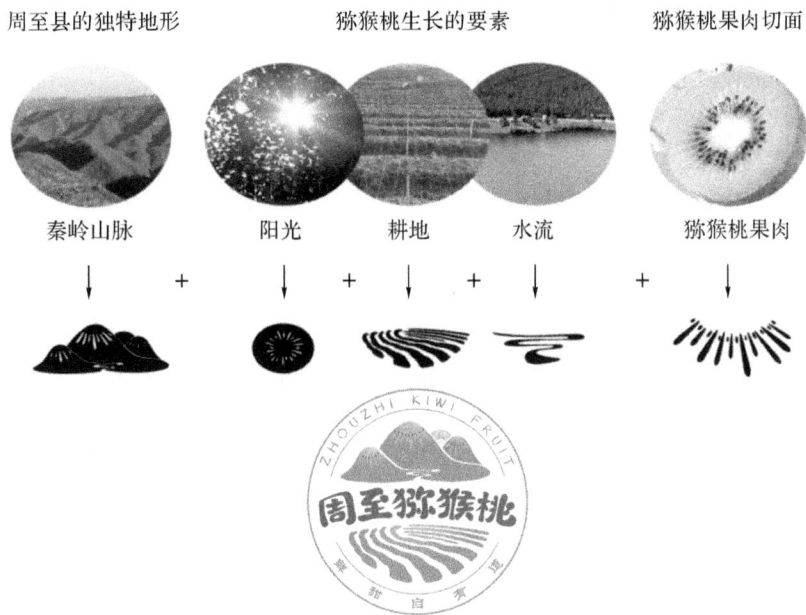

图 8-5　"周至猕猴桃"品牌主形象

在确立品牌主形象后，团队进一步构建辅助图形、设计品牌卡通形象，以传统、质朴的手法，呈现农人耕作、道人传道、果树丰收的景象，共同传递品牌价值。（见图 8-6）

由此，"周至猕猴桃"构建了全新的价值体系与符号体系，并以此为基础，综合周至猕猴桃产业发展情况，构建了以"行业先驱、国家代表、时代特色"为核心的品牌传播路径。通过同业协作和跨业联盟等方式，引领中国猕猴桃产业对抗进口猕猴桃冲击；利用前沿科学技术打通线上线下销售渠道，开拓全新的猕猴桃销售路径和销售办法……借助系列营销活动，巩固"周至猕猴桃"的

图 8-6 品牌海报

突出地位,带动产业更进一步发展。

四、传播之道

2017 年 9 月 16 日,"2017 年西安·周至猕猴桃主题年会暨周至猕猴桃区域公用品牌发布会"在西安曲江生态博览园顺利召开(见图 8-7),"周至猕猴桃"全新品牌形象开始投入使用。此次发布会邀请了全国猕猴桃主产区、高校科研院所权威专家、学者,新西兰专家,国内知名果品销售龙头企业客商以及当地果农千余人齐聚周至,共同见证"周至猕猴桃"全新形象的揭幕。之后周至县以专业团队制订的"周至猕猴桃区域公用品牌战略规划"为参考,加大投入人力、物力、财力对品牌进行宣传推广。

图 8-7 "周至猕猴桃"区域公用品牌发布会

之后,周至县特色产业发展服务中心作为"周至猕猴桃"产业发展的主管部门,在县委县政府的支持下,联合各相关部门、企业等持续开展了许多品牌传播工作。

(一)开展"走出去,请进来"系列推介活动

一是积极参加展会。为提升"周至猕猴桃"品牌知名度和影响力,周至县特色产业发展服务中心加强引导,积极组织参加各类农博会及自主推介会,先后参加了沈阳国际农博会、南宁东盟博览、杨凌农高会等国内外大型展览会,"周至猕猴桃"在展销会上获得了各种奖项,同时在上海、南京、呼和浩特等大型城市举办了自主推介会。

二是举办主题年会。在周至本地连续多年召开了"周至猕猴桃"主题年会,大量使用区域公用品牌元素,邀请友商前来参会并感受周至区域品牌的浓厚氛围,体会"周至猕猴桃"产业的深厚文化底蕴,进一步扩大了"周至猕猴桃"品牌在国内外的影响。每年的会议规模和影响范围都随着猕猴桃产业的蓬勃发展不断扩大。

(二)广泛利用各类媒体对外宣传

一是通过举办新闻媒体采风、果区记者行、网红直播等多种活动,发挥新闻媒体的喉舌作用,提升"周至猕猴桃"品牌知名度。

二是举办"周至猕猴桃"摄影大赛、评优大赛、园区采摘等活动,近距离感受来自园区的采摘乐趣,品鉴猕猴桃的喜悦,提升"周至猕猴桃"品牌好感度。

(三)借助影视明星提升品牌热度

2019年,利用"星动陕西"宣传活动,让影视明星张嘉译代言"周至猕猴桃"(见图8-8),并拍摄公益短片,借助这一宣传形式,融入区域品牌元素,进一步推广"周至猕猴桃"区域公用品牌,使其更加深入人心,一时间也让"周至猕猴桃"上了各大网络热搜榜。

(四)设立广告宣传标识

在"周至猕猴桃"主销城市水果销售市场,进行植入式广告宣传,使"周至猕猴桃,鲜甜自有道"处处有痕。县域内在旅游景区及交通要道处,设立大型"周至猕猴桃"区域品牌标识宣传牌;县域外在地铁、高速公路等醒目位置设立"周至猕猴桃"区域品牌标识公益广告宣传牌,广泛宣传区域公用品牌,提高公众认知度。

(五)不断开拓销售渠道

联手传统商超,与华润万家、联华、家乐福、卜莲花等国内大型连锁超市的商超供应合作;开设品牌旗舰店,在重点推广城市设立品牌农产品展示展销

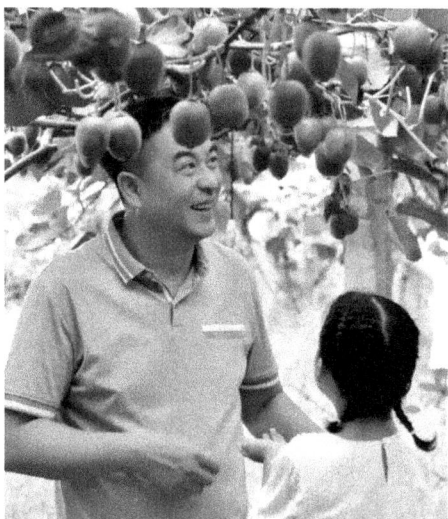

图 8-8　张嘉译代言"周至猕猴桃"

店;搭建线上平台,建成电商一条街和电子商务县镇村三级平台,建成运营电商体验中心(猕猴桃主题馆)和电子商务公共服务中心;加强对外贸易,与陕西"一带一路"大宗商品交易中心签订《原产地猕猴桃产业发展战略合作协议》;完善物流仓储,建设运营两个京东云仓,建成了 32 个天猫优品服务站,菜鸟物流以及圆通、中通、韵达、申通等 20 余家物流快递企业进驻周至。

此外,周至还建设、运营了全国最大、创建最早的猕猴桃专业网站——中国猕猴桃网,掌握各地产业资讯,搭建专业交流平台,进一步扩大品牌影响力。

五、固本之道

(一)提升产业技术

一是技术培训。周至县特色产业发展服务中心持续开展技术培训,不断提高果农标准化、规范化管理技术水平,与县猕猴桃种植协会、贮藏协会、花粉协会共同组织举办种植贮藏环节技术培训,提升果农生产管理和冷库经理贮藏保鲜技术水平。

二是专家授课。充分利用县、乡、村三级技术培训网络,电视、微信两种传媒平台,组织专家教授,利用多种形式,对果农进行技术培训,邀请知名猕猴桃专家,录制专题技术讲座,利用周至电视台专题节目适时播放,扩大技术受众面，提高全县果农科学业务技术水平。

三是新媒体宣导。利用"周至猕猴桃"微信公众号技术园地适时发布猕猴桃管理技术措施，指导果农搞好科学管理。组织举办各类技术培训会，录制播放电视专题技术讲座，发放技术资料等。

四是制定标准。结合生产实践，总结出了"单枝上架、配方施肥、定量挂果、生物防治"四大技术，并摸索出"人工授粉、果园生草、增施有机肥、病虫综合防控"等16项栽培管理措施，开展基地规范化生产管理。制订《周至县猕猴桃鲜果等级标准》《周至县猕猴桃贮藏技术规范》等地方标准，分别为猕猴桃鲜果分等分级和采收入库贮藏提供了技术规范。

（二）促进产业升级

建设国内最大的现代农业园区标准化示范基地，截至2019年8月，通过验收认定省、市级现代农业园区共9家，以打造"有机"猕猴桃为目标，采用"公司＋科研单位＋基地＋农户"组织模式，带动当地果农，通过标准化、规范化栽植解决品牌产品规范性生产问题，解决企业与农户利益联结机制问题。目前，全县园区共13000亩，已完成流转土地5000亩，种植猕猴桃8000亩；打机井220眼，配套水泵220套，井房220座，滴水灌溉500亩；硬化园区道路170000平方米；建设园区果品质量追溯体系，购置安装杀虫灯500盏；有机肥发酵场地5个，建设看护房、农资、农机具库房等。

（三）构建品牌生态

一是品牌授权。严格执行标识授权使用管理，2018年授权使用企业31家，2019年授权使用企业14家。鼓励企业建立"周至猕猴桃"直营店，统一门店设计，统一分级标准。

二是企业创牌。实施产业化经营，以龙头企业争创名优品牌，以名优品牌带动"周至猕猴桃"提档升级。重点打造几个"周至猕猴桃"知名企业品牌，如"周一村""秦星仙果""异美园"等鲜果销售企业品牌，"亿慧""聚仙""山美"等加工企业品牌。形成区域公共品牌带动企业品牌，企业品牌助力区域公用品牌的"母子品牌"联动局面，聚力共进、共同发展。

六、品牌得道

通过对品牌的打造与升级，"周至猕猴桃"的市场销量连年增长，市场价格一路走高，走出了一条"周至猕猴桃"特有的地标农产品品牌化之道。

目前，全县猕猴桃栽植面积约43.2万亩，挂果面积36万亩，年产鲜果53万吨，一产产值超32亿元，鲜果出口贸易量3.5万余吨，产品远销俄罗斯、加拿大、泰国等 26 个国家和中国台湾、香港地区。全县仅猕猴桃一项果区人均收入过万元。猕猴桃"一村一品"专业村 96 个，建立猕猴桃专业合作社 1007个，8.5 万农户从事猕猴桃生产种植，猕猴桃生产、贮藏、加工、销售人员达 30余万。

在品牌价值上，"周至猕猴桃"持续稳步增长，近几年来更加稳固地占据着中国猕猴桃区域品牌价值排行榜第一位（见图 8-9）。2019 年获"中国农业品牌建设学府奖""中国优秀果业品牌策划奖"。2020 年 7 月 27 日，"周至猕猴桃"入选中欧地理标志第二批保护名单。

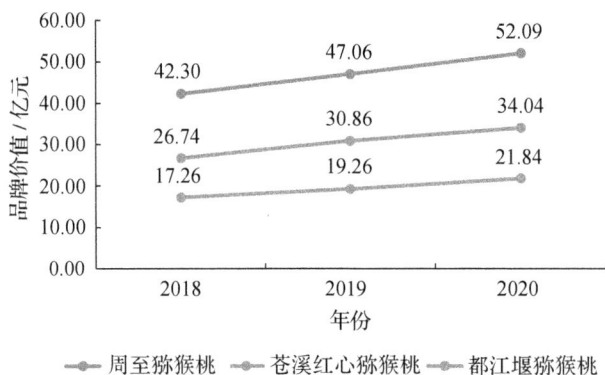

图 8-9　猕猴桃区域公用品牌价值评估

数据来源：浙江大学 CARD 中国农业品牌研究中心

"周至猕猴桃"产业已成为全县农民增收致富、实现乡村振兴的重要支柱产业。周至县把地标产业品牌化发展和精准扶贫相结合，按照"地标企业＋合作社＋贫困户"的模式，带动群众脱贫致富。"日子越来越好了"是不少周至果农的心里话，其地标产品品牌化的成功实践让老百姓享受到了实实在在的好处。

与此同时，我们也应看到"周至猕猴桃"在取得现有成就的基础上，还有不少更上一层楼的空间。例如，在区域公用品牌大力发展的情况下，本地受限于资金、规模、人才等因素未能跟上相应的发展步伐，缺少在国内具有影响力的龙头企业带动，一定程度上导致区域公用品牌的后劲不足，对产业提升发展引导力有所欠缺。此外，在品牌知名度、美誉度上，"周至猕猴桃"与国际大牌"佳沛"还存在不小的差距，除了需要继续提高产品品质外，在品牌声量、品牌露出等上面也需要进一步加强和重视，建立"国产水果也有高端品"的消费者印象，扛起国内猕猴桃品牌化的大旗。

第九章 临潼石榴:文脉背书,说不尽的故事

地标概况

临潼石榴,陕西省西安市临潼区特产,中国国家地理标志农产品。临潼石榴集中国石榴之优,素以色泽艳丽,果大皮薄,汁多味甜,核软鲜美,籽肥渣少,品质优良等特点而著称,位居中国五大名榴之冠,被誉为果中珍品,历来是皇室的贡品。白居易曾写诗赞美:"日照血球将滴地,风翻火焰欲烧人。"临潼石榴营养丰富,富含维生素 C、石榴多酚、花青素等多种微量元素及矿物质,具有抗衰老、美容养颜、排毒、降血脂、血糖、胆固醇等多种功效。

2017 年 9 月 1 日,经中华人民共和国农业部审批,"临潼石榴"登记为农产品地理标志(AGI2017-03-2156)。临潼石榴地理标志地域保护范围为东经109°09′05″~109°26′39″,北纬 34°21′38″~34°23′39″,涵盖西安市临潼区所辖铁炉、马额、代王、骊山、秦陵、斜口、小金、穆寨、仁宗、行者、零口等 11 个街道办事处,49 个行政村。

2020 年 7 月,临潼区邀请专业团队进行"临潼石榴"品牌战略规划。

一、充满故事的临潼石榴

关于石榴的最早记载见于西晋陆机的《与弟云书》和张华的《博物志》,均提到石榴由张骞自西域引来。陆机《与弟云书》云:"张骞使外国十八年,得涂林安石榴也。"张华的《博物志》云:"汉张骞使西域,得涂林安石国榴种以归(涂林是梵语石榴 DAYIVA 的音译)。"此外,明王象晋《群芳谱》、清陈淏子《花镜》都记载了张骞出使西域带回石榴的典故。张骞出使西域是在公元前 138年。所谓安国,即今之布哈拉;所谓石国,即今之塔什干。由此可以说明,石榴是在两千年前的汉代从西域传入中国。这就是最早的临潼石榴。

但在民间,关于临潼石榴的来历却更加浪漫传奇。相传女娲氏炼石补天时,将一块红色的宝石失落在骊山脚下。有一年,安石国王子打猎,在山林里看到一只快要冻死的金翅鸟,急忙把它抱回宫中,又是喂食,又是治病。金翅

鸟得救后,为了报答王子的救命之恩,不远万里,将骊山脚下的那块红宝石衔到安石国的御花园,不久就长出一棵花红叶茂的奇树,安石国王便给它赐名"安石榴"。这当然是民间虚构出来的故事,具有朴素的"善有善报"思想,却也寄托着美好的想象和寓意,也表达了临潼人民对石榴的喜爱。

石榴引进初期,主要栽培在皇家园林上林苑和骊山的温泉别宫内,作为皇家观赏之用。南北朝时期,石榴受到了各朝皇帝的青睐,出现了石榴诗、石榴裙。到了唐代,由于武则天的酷爱和推崇,石榴的栽植蔚然成风,一度形成了"榴花遍近郊,城郊栽石榴"的盛况,"石榴仙子"也应运而生。唐明皇时,相传杨贵妃也非常喜爱石榴花,还在华清池(见图 9-1)中亲手种植了一棵石榴树,至今仍可见其踪。两千多年来,骊山上下,榴火灿烂,吸引着众多游人前来观赏。"城东始皇庙九顷十八,城西石榴园遍地红花,城南温泉水能洗垢痂,城北火车站四通八达。"这一广泛流行的临潼四景民谣,说明石榴花作为美丽火红的象征,已在骊山一带群众中留下深刻印象,且一代代流传下来。

图 9-1 华清池现貌

除此之外,石榴因其形貌之美、口味之甜且数量之稀有,历来为文人墨客所推崇,留下了不少关于石榴的诗句。西晋时,石榴赋大兴。潘岳《安石榴赋》

云："榴者，天下之奇树，九州之名果。华实并丽，滋味亦殊。商秋受气，收华敛实，千房同蒂，千子如一。缤纷磊落，垂光耀质，滋味浸液，馨香流溢。"诗人以奇才妙笔，把石榴的花果姿态、色味香型描写得淋漓尽致，美不胜收。可见，石榴初驻华夏就赢得了世人的喜爱和崇尚。

二、故事的现代延续

新中国成立后，临潼区人民政府十分重视石榴的发展。据 1959 年 10 月 9 日的《西安日报》报道："驰名中外的临潼石榴，解放几年来年年丰收，今年又获大丰收，年产 80 多万斤，比上年的 39 万斤超产一倍多。商业职工把收购点搬到地头，就地收购、包装、调运，已给本市及长安等县供应鲜石榴 21 万斤，北京、天津人民现在也吃到了临潼出产的石榴。"十一届三中全会后，临潼石榴又焕发新的生机，"七五"计划期间已建成全国最大规模的石榴生产基地。

1977 年 5 月，国家在秦陵石榴园选挖 130 棵石榴树，移栽至毛主席纪念堂。尔后，在中南海、钓鱼台国宾馆、首钢、月坛公园等都留下了临潼石榴的倩影。1986 年 8 月 13 日，根据广大群众评选的结果，西安市第九届人大常委会第 27 次会议决定将石榴花定为西安市市花。市文物园林局决定每年 5 月 4 日—10 日为爱护市花市树活动周。

1985 年，临潼区农村经济工作会议上提出，把石榴生产作为振兴临潼的突破口，并列入"七五"计划。以后的几年间，通过临潼区政府、农林局、区科技局和广大农民群众的共同努力，至 1990 年，面积由 1986 年的 5000 亩发展到 2.1 万亩，产量由 50 万公斤提高到 500 万公斤，五年内，部、市、区和街办提供基础投资建设资金 30 万元。"八五"期间延伸到韩峪、斜口、代王等六个乡镇街办，形成东西长 20 千米、南北宽 10 千米的石榴林带。产量达到 1.5 万吨，产值达 5000 万元。

进入新世纪以后，"临潼石榴"的故事开始更多地和现代科技、标准化生产结合起来，有了更多新的内容。2002 年 10 月，经国家标准化管理委员会批准，临潼区建设"国家级农业标准化示范园"，通过三年的努力，于 2005 年 9 月顺利通过国家质监总局的验收，成为首批"国家级农业标准化示范园"。临潼区还主导制定了陕西省地方标准《临潼石榴标准化技术规程》。

2016 年，临潼石榴种植面积达到 12 万亩，已形成数十个各具特色的优良品种，年产石榴约 10 万吨，是中国最大的石榴基地。2017 年，临潼区石榴栽植面积维持在 10 万亩左右，建成高标准优质石榴示范园 15 个，制定了临潼石榴生产的地方标准。拥有石榴酒、石榴饮品加工企业 5 家，年加工鲜果 2 万吨。从事石榴生产销售的企业、专业合作社有 30 余家,石榴产业年产值达 5 亿元以上。

临潼石榴经过 2000 多年的栽培和选育,已形成数十个各具特色的优良品种。既有籽肥汁多、香甜可口的食用品种,也有飞红流绿、花色艳丽的观赏品种。其中食用品种共有 10 余个。主要品种大红甜的感官特征为:树势中强,枝条灰褐色,茎刺较少,嫩囊梢鲜红色,果实圆球形,平均单果重 350 克,最大单果重 800 克,果面洁净,鲜红色,萼筒直立,萼片开张;籽粒大,鲜红色,百粒重 39 克,汁多味甜,品质优,可溶性固形物含量 15%～16%。大红甜 3 月底萌芽,5—6 月开花,果实 9 月中下旬成熟。净皮甜的感官特征为:树势强健,耐瘠薄、抗寒耐寒;树冠较大,叶大,长披绿色,萼筒、花瓣红色;果实大,圆球形,平均单果重 250～350 克,最大单果重 750 克,果皮薄,果面粉红,外形美观;百粒重 36 克,可溶性固形物 14%～16%,品质好;9 月上中旬成熟。三白甜因花瓣、果皮、籽粒均为白色,风味以甜为主而得名。这三个主要品种具有果皮薄、籽粒软、汁液多、味纯甜、贮性好、品质佳的共同特点。

临潼石榴营养丰富,含糖量高达 11%～14%,果酸为 0.4%～1.0%,含水分 79%,蛋白质、脂肪各占 0.6%,维生素 C 的含量是苹果和梨的 2～3 倍,尤以磷的含量最为突出,每百克达 145 毫克,在水果中名列前茅。还含有碳水化合物、铁、钙等矿物质。其籽粒味道甘美,含果汁 36%～61%。它的香气和微微的酸涩,能生津、化食、健脾、益胃。食后可开胃,能够滋阴、平肝、补肾、明目;临潼石榴还是制糖、制果子露、酿酒、造醋、制高级清凉饮料的上等原料。

除此之外,临潼石榴又是农家常用的中药,智慧的临潼百姓开发出了石榴的多种药用功效,石榴皮、花、叶、根部都可入药,治疗多种疾病。石榴性味甘、酸、温、涩而无毒,并含有多种生物碱、鞣质等;其果富含石榴素,性温涩,既润燥又收敛,用于治疗肠胃病、高血压和冠心病;其果皮含有石榴皮碱、甲基石榴皮碱、异石榴皮碱、甲基异石榴皮碱、伪石榴皮碱等多种生物碱;可治疗扁桃体炎、口腔炎、肠炎、胆道感染、气管炎、肺炎、慢性阑尾炎、外伤感染、虚寒久咳、下血崩带、肠有绦虫等病症。石榴籽对绦虫、姜片虫、钩虫、蛔虫以及牙痛病,也有一定的疗效。其花可治吐血、鼻血和中耳炎脓水不干等症,叶可治眼病,根也有驱除绦虫的作用。

三、滋养故事的神奇土壤

中华大地幅员辽阔,为何独有临潼能得到石榴的垂青,率先在这里深根发芽,并长成驰名华夏的"临潼石榴"? 原因除了临潼靠近京畿,享有政治、历史之机遇外,也与这里的地理特征、水土环境优势分不开。

临潼区位于陕西关中平原东部,西邻古都西安,东接渭南,介于东经109°5′49″~109°27′50″,北纬34°16′49″~34°44′11″之间,南北长40千米,东西宽32千米,总面积915.44平方千米。临潼石榴主栽区域位于海拔400~1000米的骊山丘陵地带、山前洪积扇和南北带状山塬地区,其中以山前洪积扇地形为主。该区域以临潼城区为中心,南北宽5千米,东西长20千米,被骊山8条河流分为八块,地势南高北低,地形总体起伏不大,生产土地条件较好。海拔高度适宜,既确保了石榴的品质,又避免了石榴冻害的发生。

图9-2　骊山风貌

临潼境内有大小河流10条,均属渭河水系,其中境内河流7条,入境河流1条,过境河流1条,位于石榴主产区的河流有戏河、玉川河、沙河、五里河、临潼三里河、韩峪河等。据1990年统计,临潼区除渭河外的9条河流年可提供径流量1亿立方米,境内河流水质良好,污染少,给石榴无公害生产创造了良好的条件。

从土壤结构上看,临潼石榴主栽区的土壤分布主要有两个类型:一是骊山断块低山丘陵区,由第三系红色黏土,沙层及中上第四系黄土类组成,主要土壤类型为褐土性土,红土和石灰性紫色土。该区域所产石榴以其颜色浓红、含糖量高等优点在市场享有声誉。二是山前洪积扇,地面组成物质为一整套第四系由老到新的砂、卵、砾石夹砾,与含砾亚砂土亚黏土层,主要分布土壤是洪淤土,在原边缘处多分布黄土性土。该区域为临潼石榴优质果品的主要供应基地,临潼绿色石榴基地、临潼无公害石榴生产基地均位于此。

此外,临潼的气候特征也十分适宜石榴种植。石榴喜在气候温暖、光照充足的气候条件下生长。相对于其他水果,石榴较耐高温,40℃以上温度亦无危害,在休眠期也可耐一定的低温。一般认为,石榴在-17℃以上温度可安全越冬。临潼石榴主产区年平均气温13.5℃,极端最高温41.7℃,极端最低温-17℃,生长期≥10℃的有效积温为4500℃以上,全年无霜期219天,所产果品外观颜色及石榴含糖量等方面均明显优于其他产区。石榴属喜光树种,在充足的光照条件下石榴结果良好,正常花分化率高,果实色泽艳丽,籽粒品质好,易获得高产。临潼年总辐射量111.7千卡/平方厘米,特别是石榴生长期的4—10月份日照总时数达1413.6小时。另外临潼石榴主产区地势南高北低,空气流通好,光线投射力强,特别有利于石榴进行光合作用,促进石榴膨大着色,提高果实品质,增加产量。

得益于临潼地区得天独厚的自然地理环境以及临潼石榴悠久的种植历史、成熟先进的种植技术,临潼石榴成为各地石榴中的佼佼者,先后获全国优质石榴奖、中国国际农产品展销会金奖、最受消费者喜爱的公众品牌、农业高新科技成果博览会后稷奖等多项大奖。2006年4月27日,原国家质检总局批准对"临潼石榴"实施地理标志产品保护。2017年9月1日,中华人民共和国农业部审批登记其为农产品地理标志。

四、故事的当代演绎

每年国庆黄金周正是临潼石榴上市的时节。造访西安的游客大多会留意到西安的一大特色——临潼石榴。这个色泽明艳、惹人喜爱的果实,在十一前后成熟上市,便迅速铺满整个西安城,给城市带来红火气息。尝石榴果、品石榴汁,成为许多游客来到西安后的美好记忆。

然而随着近年来全国各地众多石榴品牌兴起,"临潼石榴"这个最古老的石榴品牌却在市场表现上稍逊一筹,成为众多临潼农人们的一块心病。为了提高"临潼石榴"的品牌影响力,继续说好这个延续两千年的品牌故事,临潼区农业农村局于2020年7月找到专业团队为"临潼石榴"编制区域公用品牌战略规划,梳理品牌发展路径,制定品牌建设的顶层设计。

市场调研显示,"临潼石榴"传播效果不够深入人心不是因为在传播中无内容可讲,而恰恰是因为能讲的东西太多却又讲得很乱,导致消费者抓不住"临潼石榴"的品牌核心价值,因而也很难建立起稳定的消费印象。

临潼石榴出产于西安最火热的人文遗迹聚集地,成熟时间又恰逢法定长假,可谓是占尽了"天时地利人和"。而临潼的果农们、经销商们在品牌宣传上更是不遗余力,却往往各自为战,缺乏统一协调配合,而且在传播内容上太富"创造力",出现了互相矛盾或与历史事实不符的情况。例如,一些果农在销售临潼石榴时宣称"这是秦始皇最爱吃的果子",但事实上西汉时候中国才有石榴,秦始皇哪里能吃得到。此外还有各种关于临潼石榴的发源故事、神话传说,不同的传播口径分散了消费者的注意力,也让许多人心生疑惑,究竟哪个才是真正的临潼石榴?

(一)价值再造

品牌的成功离不开消费者的认可,而在果农们众说纷纭的描述中,临潼石榴给消费者的形象却是模糊分裂的。一方面,果农们急于销售产品的迫切心情可以理解;另一方面,也暴露出临潼石榴缺少清晰形象的一大短板。因此对临潼石榴品牌而言,需要给消费者传达一个具体可感的真实形象,让消费者知道"临潼石榴是什么"。经过一段时期的实地考察和市场调研,"临潼石榴"确立了自己的品牌建设思路,即梳理历史文化,讲好品牌故事。

千百年来,临潼石榴一直陪伴着西安的发展,已经成为西安市重要的文化象征。到1986年,在西安市第九届人民代表大会常务委员会上,更将石榴花定为西安市花。临潼石榴除了酸甜可口的滋味以外,其背后的故事、与西安的链接,也能引发消费者的好奇、激发消费者的购买欲。尤其是在旅游场景中,临潼石榴的文化特质更让其无往而不利。

基于上述认识,"临潼石榴"形成了统一的品牌口号——"盛世御果,丝路飘香",链接临潼大气、厚重的历史气质。临潼是中国古代丝绸之路重镇,也是中国石榴的起源地。张骞出使西域的壮举,不仅为中华大地带来了包括石榴在内的众多物产,还标志着丝绸之路的全线贯通。该口号融汇了临潼石榴所传承的千年丝路文化底蕴,充分体现出临潼石榴独有的历史人文内涵,也彰显了临潼作为千年古都的城市气质。

临潼石榴见证了丝绸之路的商贸交流,承载着汉唐风韵的盛世气度,更展现出现代产业的兴荣发达。"盛世御果"既是对汉唐风韵的回顾,又是对时下繁荣盛世的描述;"丝路飘香"既是对过去丝绸之路的见证,又是对如今新丝路的回应。

品牌口号确立后,"临潼石榴"又对整体的形象设计进行了同步升级。品牌形象在保持与口号的整体性同时,融入了现代的设计理念,给消费者以轻松亲近的视觉感受。

临潼石榴的品牌主形象(见图9-3)从张骞丝路引种的典故出发,提取出骆驼、骊山与绸缎的元素,组合形成石榴的外形。在色彩选取上,以简约的红黄配色与渐变风格进行呈现,整体非常具有标识性和冲击力,巧妙地融合了临潼石榴作为丝路御果的传奇历史属性,也为将来进一步丰富延展留下了充足空间。

基于品牌主形象,"临潼石榴"还衍生出了系列品牌插画,对品牌主形象进行丰富与完善,形成系统的有机整体。其中品牌主插画的整体轮廓仍选用了石榴外形,并在图形中融入了唐代仕女与西汉使团的形象,将临潼石榴深受皇家喜爱、杨贵妃手植石榴树的传说与张骞出使西域带回石榴种的典故进行符号化的表达。插画采用了中式风格,用色富丽古朴,造型细劲流利,并进行了艺术处理,彰显出临潼石榴的深厚历史底蕴。(见图9-4)

图9-3 "临潼石榴"品牌标志

图9-4 "临潼石榴"品牌辅助图形

确定品牌主形象和辅助形象后,进一步形成品牌识别性和立体传播价值,例如产品包装、常规宣传物料、常规衍生品等,统一品牌对外的视觉形象。(见图 9-5、图 9-6、图 9-7)

图 9-5 "临潼石榴"品牌产品包装

图 9-6 "临潼石榴"品牌产品包装

(二)品牌焕新

近年来,临潼区加快石榴产业发展,坚持以品牌建设为突破,以标准化园区建设为载体,以石榴政策性保险为保障,以三产融合发展为抓手,推进石榴产业转型升级。做强一产,实施临潼石榴基地东进南扩,不断扩大种植规模,进行老园提质增效,增加农民收入,壮大石榴产业;做优二产,进行石榴加工产

图 9-7 "临潼石榴"品牌传播海报

品的深度开发,提高价值空间;做活三产,创新石榴＋旅游等产业发展模式,拓展农业功能。临潼区按照"提高石榴品质,增加农民收入;示范引领带动,稳步扩大面积;强化科技支撑,着力提质增效;延伸产业链条,优化产业结构;加强果游融合,发展全域旅游"的思路,形成了临潼石榴发展新思想,确立融合发展新目标,开启新时代临潼石榴产业新征程。

2019 年 1 月,临潼区被农业农村部正式确认成为全国首批 153 个全国农村一二三产业融合发展先导区创建区县之一,临潼石榴成为"三产融合"的示范产业,以临潼石榴申报的农业重要文化遗产已通过农业农村部专家组实地考察。

2020 年 10 月 16 日,西安市"石榴熟了,富庶临潼"区域公用品牌宣传推介暨扶贫日启动仪式(见图 9-8)正式召开,临潼石榴区域公用品牌的全新形象在此次活动中发布。本次活动临潼区还组织了石榴评优品鉴、石榴文化展示、扶贫产品签约等系列活动,以临潼石榴为纽带,带动全区农业种植、农产品加工、休闲观光、旅游服务等各方面综合发展,助力乡村振兴,决战决胜脱贫攻坚和全面建成小康社会。

借助这场盛大的典礼,人们看到了"临潼石榴"品牌的火红面貌,欣喜于这一富民产业取得的光辉成就。而这一切成绩离不开农人、政府、协会、企业的共同努力,因为,在此次发布会举办之前,"临潼石榴"就已经在品牌建设上打下了非常好的产业基础、产品基础。

未来,临潼区将借助"三产融合先导区"创建东风,计划利用 3 年时间,新增石榴种植面积 1.5 万亩，提升改造 2 万亩；发展一批涵盖种植、运输、销售、储存、深加工等相关产业链的企业，延伸临潼石榴产业链。同时，临潼区还将大力发展休闲观光农业，打造以临潼石榴为主题的全域旅游格局，推动临潼石榴产业从传统种植业向"现代农业＋观光旅游业"转变，以石榴产业发展促进产业脱贫、农民增收、农业增效，努力实现"果业强、果农富、果乡美"的目标。

图 9-8　2020 年西安市"石榴熟了，富庶临潼"区域公用品牌宣传
推介暨扶贫日启动仪式

石榴点亮了临潼的秋天，也红火了人们的生活。两千多年来，从观赏植物到品鉴美味，临潼这片土地与石榴产生了深刻的羁绊。对于临潼人而言，石榴是忘不了的风景，是长相思的滋味，更是难割舍的情谊。毕竟，品种可以引进，环境可以调控，技术可以教学，但深植于这方水土的情感却难以复制。而今，临潼人把这份源自丝路的香甜传遍九州，也将这抹横亘千古的红火送入万千人家。相信在全新的时代，"临潼石榴"必会绽放新的光彩。

第十章　大荔冬枣:脆甜早知道

地标概况

"一骑红尘妃子笑,无人知是荔枝来。"1300 多年前的唐朝,唐玄宗曾派专使风驰电掣数千里从岭南带来新鲜的荔枝,只为博得杨贵妃的那一抹"笑"。1300 多年后的今天,距离长安城仅一百多公里的大荔县种出了享有"南荔枝、北冬枣、百果王"之美誉的大荔冬枣,给众多百姓带去了甜蜜脆爽的快乐与惊喜。

2011 年,中华人民共和国农业农村部正式批准对"大荔冬枣"实施农产品地理标志登记保护(AGI00825)。"大荔冬枣"地理标志地域保护范围为东经 109°43′~110°19′,北纬 34°36′~35°02′,累计覆盖大荔县高明、两宜、双泉、安仁、朝邑、埝桥、冯村等 17 个镇。2019 年,"大荔冬枣"入选由中华人民共和国农业农村部推出的"农产品地理标志保护工程"。

一、产品深耕二十载,品牌亟待大升级

20 世纪末,大荔县安仁镇的小坡村曾是一大片种啥赔啥的盐碱地,全村4000 多人守着万亩盐碱地过着穷日子。在当地村干部的带领下,小坡村开始修渠引水,通过引水灌溉冲盐的方式改造盐碱地,并且种植相对耐盐碱的枣树。由于当地土壤含沙量高、松软透气,因而种出的冬枣色泽喜人、含糖量高、硬脆爽口,非常受市场欢迎。逐渐地,小坡村村民种植冬枣的积极性愈发高涨,冬枣种植面积逐年攀升,并且辐射带动了安仁镇乃至大荔县的冬枣种植。经过 20 多年的发展,如今,大荔冬枣已成为大荔县富民强县的特色支柱产业和拉动县域经济增长的优势产业集群,全县冬枣种植面积 42 万余亩,年产量50 万吨,年产值达 50 亿元。从全国市场看,大荔冬枣具有成熟早、货架期长、品质优、标准化高、效益好等优势,深受全国消费者的喜爱,并成为"G20 杭州峰会专供水果",连续 4 年跻身"中国果品区域公用品牌价值百强榜"20 强。大荔县也因此荣获"中国枣乡""全国冬枣名县""农业生产标准化示范县"等

称号。

一颗小小的冬枣化身为带动大荔县人民脱贫致富的富民枣,这背后离不开大荔县近20年来对大荔冬枣产业的培育与深耕。

早在2000年,大荔县就成立了红枣局,主要负责全县红枣产业发展规划及技术培训。根据西北农林科技大学编制的《大荔县鲜食枣产业发展规划》,大荔县以园区建设为抓手,采取"政府扶持建园,合作社统一管理,农户分户经营"的模式,按照集中连片、品种优良、标准化栽培、无害化生产的要求,在土地、技术、设施、资金等方面进行政策扶持,先后整合各类项目资金用于园区水、电、路基础设施配套,建设了7个冬枣产业示范园区。

与此同时,大荔县还制定落实了冬枣栽植以奖代补等优惠政策,每年对在冬枣产业发展中的先进乡镇、专业村、示范(营销)大户、种植技术能手等公开表彰、给予重奖,从而在全县形成了发展冬枣产业的浓厚氛围,促使冬枣栽植面积迅猛扩张,推进全县冬枣产业快速发展。

标准化是产业可持续发展的保证。对此,大荔县率先开展制定了我国首个关于冬枣的标准——《冬枣》国家标准,并于2016年10月1日正式实施;此外还制定了涵盖全产业链的《大荔冬枣地标产品质量控制技术规范》和《地理标志产品大荔冬枣》地方标准。这一系列标准的制定发布,进一步规范了大荔县冬枣的生产过程,引导果农在生产中更加注重内在品质和外观质量,推动冬枣标准化生产、改善品质,进而实现优质优价。

种植技术创新是保证产业标准化得以顺利落实的重要支撑。将冬枣从露地栽培发展到设施栽培模式,是大荔的一大创新。此举不但可以杜绝冬枣成熟期遇雨开裂的问题,还可以将原来9月以后才集中成熟的冬枣,调整为从5月中旬到9月份梯次成熟。这样一方面延长了冬枣货架期,助力果农增收;另一方面也防止了冬枣集中上市造成的价格波动,保证了果农收益的稳定性。近年来,大荔县还进行了冬枣棚(见图10-1)改造计划,积极推广水肥一体化、棚内环境数据采集、环境智能化调控系统等先进设备,引进冬枣智能标准化分拣生产线,实现了全程自动化和电脑光电智能分拣,推动大荔冬枣品质标准化升级,助力冬枣产业提质增效,高质量发展。

随着大荔县冬枣产业的不断壮大,针对类似摘青上市、农残超标等损害大荔冬枣市场声誉的生产、销售问题,在每年冬枣种植期,大荔县会以食安办的名义组织市场监管、农业农村局、公安以及县红枣发展中心、县果业发展中心、县融媒体中心等相关部门,开展"守护大荔冬枣金字招牌"集中宣传活动;在每年冬枣销售期,更是多部门联合,组成执法巡查组,开展冬枣市场集中整治行

图 10-1　智能化冬枣大棚

动,对发现销售不合格冬枣或以次充好、恶意倾销等破坏正常冬枣市场秩序的违法行为,一律严查重处,以此来维护"大荔冬枣"的市场声誉。

大荔县在一手抓冬枣产业规范和提升的同时,另一手也不忘冬枣市场的开拓与巩固。全县目前已成立冬枣相关企业及合作社 300 余家,建成冬枣销售中心 8 个、大中型冬枣保鲜贮藏冷库 25 座,在全国各地建立销售网点 1000 处,并且与天猫、京东等电商巨头达成合作,开拓了电商销售渠道。近几年,县委、县政府更是多次带队赴杭州、广州、沈阳、成都等城市举行大荔冬枣推介会。大荔冬枣产业在当地政府的精心建设下,逐渐步入产、供、销一体化的良性发展轨道,产业化链条趋于完善。

用心出好"果"。正是对冬枣产业的用心培育,大荔县擦亮了"大荔冬枣"区域公用品牌。2018 年 9 月 4 日,大荔冬枣国家级农产品地理标志示范样板创建通过中国绿色食品发展中心验收,"大荔冬枣"正式获得国家级农产品地理标志示范样板称号。近四年以来,"大荔冬枣"的品牌价值也逐年攀升,在 2020 中国果品区域公用品牌价值评估中,"大荔冬枣"以高达 48.68 亿元的品牌价值位列全国果品区域公用品牌价值排行榜第 13 位,较 2017 年时的 37.81 亿元提升了 10.87 亿元,品牌价值增值幅度达 28.75%。"大荔冬枣"也是全国果品区域公用品牌中唯一上榜的冬枣类品牌。

但与此同时,"大荔冬枣"也遇到了发展瓶颈。品牌价值是品牌建设成效的综合反映,通过对比 2017—2020 年"大荔冬枣"的品牌价值增长率(见图 10-2)可以发现,其品牌价值增长率经过连续三年的上升后,在 2020 年,"大荔冬枣"

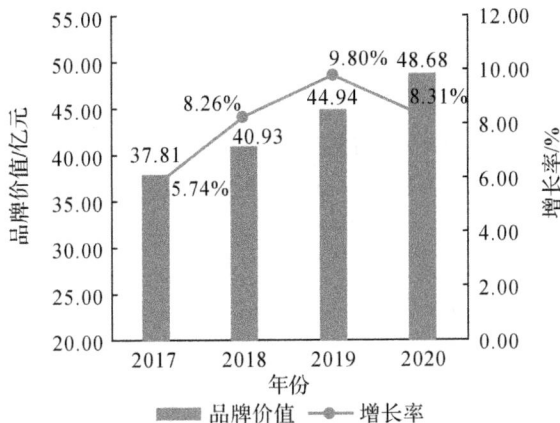

图 10-2 2017—2020 年"大荔冬枣"品牌价值及品牌价值增长率比较

的品牌价值增长出现了放缓的趋势。品牌收益是品牌综合溢价水平的体现,通过进一步比较 2017—2020 年"大荔冬枣"的品牌收益及品牌收益增长率变化情况(见图 10-3)可以看到,"大荔冬枣"在 2020 年的评估中首次出现了品牌收益负增长的情况,其 2020 年的品牌收益增长率为 -1.19%,较 2019 年下降了 17.01 个百分点。从中可见,"大荔冬枣"区域公用品牌亟待升级与重塑。

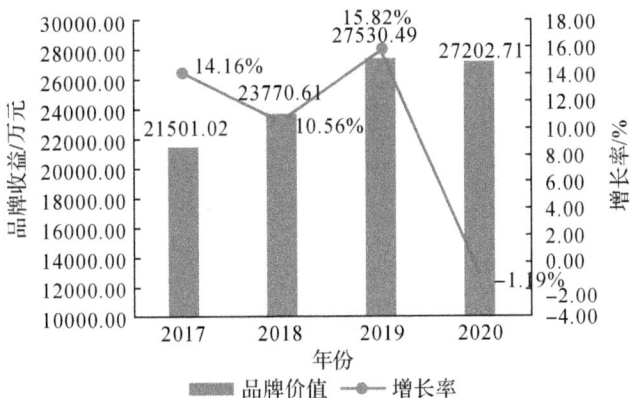

图 10-3 2017—2020 年"大荔冬枣"品牌收益及品牌收益增长率比较

长期以来,大荔县是以产业经济的理念来引领"大荔冬枣"的发展,故而其更注重在产业标准化、规范化等方面的建设。近 20 多年来,"大荔冬枣"所打下的扎实产业基础也是有目共睹。但是随着品牌消费时代的来临,品牌经济的重要性日益凸显,众多地区纷纷开展了果品区域公用品牌的建设。我国拥有丰富的水果品类,在日常生活中,面对琳琅满目的各类水果,消费者的选择性较高,而那些品牌知名度高的果品往往能以优质优价获得消费者的青睐。可彼时的"大荔冬枣"由于缺乏品牌核心价值的挖掘,没有进行品牌价值支持体系的建构,在激烈的水果品牌市场竞争中略显乏力。大荔县也意识到了这一问题的重要性与急迫性,因此于2020年7月邀请专业团队编制"大荔冬枣"区域公用品牌战略规划。

二、惊喜藏于脆甜之中

大荔县位于关中平原东部,是黄河、洛河、渭河三河汇流之地,平川、沙洲与台塬相间其中,这里土地广袤、砂土肥沃、水源充沛,拥有得天独厚的农业生产条件。大荔县属暖温带半干旱大陆性季风气候,充足的光照在给予大荔冬枣生长动力的同时,也为其披上一抹"红袍",使得其果形圆润饱满、果色黄红相间;而白天充沛的光热促成大荔冬枣各类氨基酸、维生素以及糖分的积累,夜晚的低温则抑制了大荔冬枣对自身养分的消耗,较大的昼夜温差再加之有机质丰富的黏质壤土,孕育出了糖分含量超22%、可食用果粒近95%、维生素C含量达352mg/100g的"百果之王"大荔冬枣。

当传统农业遇上现代技术,两者的融合更为大荔冬枣加持赋能。上万亩的科技智慧大棚在守护大荔冬枣健康、有序生长的同时,更是让这颗果实得以突破时间的禁锢,可以提早4~5个月便长成圆润饱满的熟果,在盛夏之际就可以为垂涎已久的人们带去"咔嚓脆响"的爽口与甜蜜。

差异化是品牌战略的核心,"大荔冬枣"基于"上市早"这一绝对核心优势,再结合其口感清脆、回味甘甜的品质特性,确定品牌主口号:

大荔冬枣,脆甜早知道

主口号中的"早知道"这一词汇对于不同消费者可以传递不同的信息。对于"大荔冬枣"潜在消费者而言,"早知道"向他们传递的是大荔冬枣"上市早"这一核心优势价值,从产品角度促成潜在消费者态度的形成乃至行为的达成。对于"大荔冬枣"现实消费者而言,"早知道"在向他们传递品牌核心价值的同时,更是从消费者自身角度传达了"你很早就知道了大荔冬枣的脆甜"这一消费关系,从而可以进一步强化现实消费者对"大荔冬枣"的品牌好感度与忠诚度。

冬枣树的自然基因与大荔县的光热水土相遇,共同造就了口感爽脆、味道香甜的"大荔冬枣"；恒温大棚、智能分拣线等产业科技的赋能，更是保证了"大荔冬枣"标准化、高质量的果品品质。因此，对于消费者而言，每一粒唇齿之间"咔嚓脆响"的大荔冬枣，都是一次甜蜜的惊喜体验。而在这惊喜的背后，正是大荔县果民对"大荔冬枣"产品的匠心培育以及品质的精心管控。大荔县通过二十载的辛勤付出，换来的是一粒粒富民的惊喜之果。由此，"大荔冬枣"凝练出品牌副口号：

大荔冬枣，粒粒皆惊喜

　　一粒粒饱满圆润的"大荔冬枣"在为广大食客带去惊喜的味觉享受同时，更为大荔县人民的生活带去别样的惊喜。

三、品牌全新形象呈现

（一）品牌标志

　　"大荔冬枣"品牌标志（见图10-4）整体呈现的是一个印章形态，以此来强化其品牌的可信赖感；印章上方嵌入结满圆润果实的冬枣枝条以及散发着明媚日光的太阳，表达出"大荔冬枣"生长环境的优越性；正中间"大荔冬枣"四个字体稳重中带着些许悦动之感，寓意扎实的冬枣品质为消费者带去别样的惊喜。LOGO主体色调正是冬枣表皮被日光晒过后的赭红色，在呼应冬枣产品形态的同时，进一步强化"大荔冬枣"所带给消费者的惊喜之感。

图10-4　"大荔冬枣"品牌标志

（二）品牌辅助图形

"大荔冬枣"的品牌辅助图形（见图10-5）以十分写实的冬枣为主体，将圆润饱满、色泽鲜艳、汁水充足、核小、皮薄、肉厚等果品品质展现得淋漓尽致，可以让观者产生强烈的消费品尝欲望；此外，辅助图形还融入了具有代表性的大荔文化元素，点出了"大荔冬枣"的地域性特征，即只有大荔这片土地才能孕育出如此出色的果实。

图10-5 "大荔冬枣"品牌辅助图形

（三）品牌符号元素体系的应用

基于以上品牌标志以及品牌辅助图形，"大荔冬枣"为进一步构建统一的品牌视觉形象识别系统，还设计了系列品牌包装以及品牌宣传物料（见图10-6、图10-7）。

四、品牌运维如火如荼

2020年可谓是"大荔冬枣"区域公用品牌建设极为火热的一年。在聘请专业团队编制战略规划的同时，大荔县还如火如荼地展开系列品牌建设、营销活动，为"大荔冬枣"区域公用品牌新形象的亮相做足充分的准备。

（一）成立大荔县冬枣协会

为促进农业增效和农民增收，继续做大做强冬枣产业，在大荔县委、县政府的支持下，"大荔县冬枣协会"于2020年6月2日正式成立。冬枣协会的成立，在架起多方桥梁、为大荔县冬枣产业的提升和发展搭建新平台的同时，也为后续"大荔冬枣"区域公用品牌的建设与营运提供了组织上的支持。目前，协会已吸纳全县各镇枣农、农民经济合作组织、农产品销售企业等各类型会员

图 10-6 "大荔冬枣"品牌包装

图 10-7 "大荔冬枣"品牌宣传物料

60 余名。

（二）开展网络冬枣节

因疫情的影响，"大荔冬枣"许多线下营销活动受到了限制，但这也促使大荔县积极探索"数字化"＋"品牌化"的双轮驱动营销战略，通过网络营销开展形式多样、富有成效的传播活动，助力"大荔冬枣"产业发展。

2020年7月17日，"'美丽大荔，枣想约你'2020大荔冬枣正宗原产地推广暨陕西水果网络特色季·冬枣节"在大荔县安仁镇冬枣博览园正式启动。在冬枣节启动的前一晚，陕西籍明星、聚划算美丽"种甜官"景甜便在聚划算官方直播间直播推介"大荔冬枣"（见图10-8），并与同时在大荔县电商中心直播的陕西果业中心主任魏延安连麦互动，明星与官员的双重背书拉开了大荔冬枣直播带货的序幕，为网络冬枣节的开幕做足预热。在7月17日活动启动到7月19日活动落幕的这三天时间里，共计20多位主播、代言人和媒体记者深入大荔冬枣生产的田间地头和大荔县知名景点，通过直播、短视频、图文等方式宣传推广大荔冬枣和大荔的美食美景，微博热门话题"美丽大荔枣想约你"阅读量总计1142.3万人次，共发布113条相关活动代言短视频，直播观看量累计253.2万人次。

图10-8　景甜直播带货"大荔冬枣"

在此次活动中，大荔县还获得了来自阿里巴巴天猫的正宗原产地认证，盒马鲜生也成为了"大荔冬枣"的代言人。此外，大荔县副县长张红林分别与阿里巴巴盒马鲜生、陕西农业品牌网签订了销售协议，大荔县安友合作社、新禧冬枣专业合作社分别和广东百果园农产品初加工有限公司、北京硕果多农业科技有限公司签订了农产品购销合作协议。

此次"大荔冬枣正宗原产地推广暨陕西水果网络特色季·冬枣节"

（见图 10-9）活动通过直播带货、短视频代言等当下新兴传播形式赋予了"大荔冬枣"别样的精彩。同时，各界核心资源的集聚极大地拓宽了"大荔冬枣"线上销售渠道，在提升"大荔冬枣"品牌知名度与好感度的同时，也带动了大荔县区域知名度与社会经济的发展。

图 10-9　大荔冬枣正宗原产地推广暨陕西水果网络特色季·冬枣节

（三）拍摄电影提升区域形象

2020 年 8 月 26 日，由大荔县委、县政府，西安视变文化产业发展有限公司联合出品的电影《家在黄河边》，在大荔县两宜镇举行开机仪式。

电影《家在黄河边》以近 20 多年来大荔县冬枣产业的发展历程为蓝本，讲述了主人公王长河大学毕业后返乡创业，开展大荔冬枣改良种植、规划新农村建设等探索活动，最终将万亩荒滩改造成瓜果飘香的农业现代园的故事，全面立体地呈现大荔人民与冬枣产业的不解之缘，生动地展现了一幅以"大荔冬枣"为轴心的乡村振兴美丽画卷。

这部电影的拍摄不论是对大荔县的区域形象，还是对"大荔冬枣"的品牌建设都将具有深远的意义。

（四）举办品牌建设研讨会

为深入了解大荔县冬枣标准化生产和地理标志保护工程开展情况，加快推进"大荔冬枣"品牌建设工作，2020 年 9 月 24 日，陕西农业品牌网、大荔县农业农村局、大荔县农检中心联合举办了"美丽大荔 枣想约你"大荔冬枣品牌建设研讨活动。研讨会上，来自产业各方的从业者、专家、领导就"大荔冬枣"的标准化生产、质量安全追溯平台、推广宣传活动等展开了深入的讨论，共同为"大荔冬枣"产业发展与品牌建设出谋划策。

此次研讨会还就面向社会征集来的"大荔冬枣"品牌标识、品牌宣传语的入选作品进行了讨论。据了解，此次"大荔冬枣"品牌标识、宣传语征集活动共计收到投稿邮件近千条，在 9 月 5 日启动的针对 10 个"大荔冬枣"标志、30 条宣传语进行网络投票中,共计访问量超 29 万人次,累计投票 216373 票。此次创意征集活动在引导促进社会各界深入了解"大荔冬枣"的过程中,极大地增加了"大荔冬枣"的曝光度,提升了其品牌知名度。

(五)全新品牌正式发布

2020 年 11 月 27 日,经过近四个月的精心酝酿,"大荔冬枣"区域公用品牌全新形象在第十八届中国国际农产品交易会陕西农业品牌专场推介会上正式发布。中国国际农产品交易会是由中华人民共和国农业农村部主办的农业行业盛会,展会以"展示成果、推动交流、促进贸易"为宗旨,以品牌农产品为重点,以省级以上龙头企业和国外知名企业为主体,以贸易交流合作为目标,是国内外农产品贸易和农业科技交流的优质平台,现已成为中国最具权威最具影响力的综合性农业展会。因此,"大荔冬枣"选择在此次农交会上亮相全新品牌形象无疑为其后续的品牌建设开启了一个良好的开端。

图 10-10　"大荔冬枣"区域公用品牌发布会

在"大荔冬枣"全新区域公用品牌发布的同一天,大荔县委常委、县政府相关领导正带领大荔城投集团和西安建工集团、中国通信服务相关负责人就大荔冬枣物流产业园的运营规划方案,会同相关园区运营专家进行了座谈交流,并确定了大荔冬枣物流产业园运营合作意向。

品牌发布与渠道升级的双管齐下,彰显了"大荔冬枣"强劲的发展势头。

(六)拍摄品牌形象片

品牌形象片的生动画面是对品牌文案的深度阐释,其可以进一步提升品牌传播力度,深化品牌价值内涵。为此,"大荔冬枣"邀请了专业团队拍摄了品牌形象片。(见图 10-11)

图 10-11 "大荔冬枣"品牌形象片截图

该形象片以"惊喜"为核心思路创意点,分别从"产地惊喜""产品惊喜""生活惊喜"三部分对大荔冬枣进行描绘。通过航拍镜头下的关中平原三河汇流之地等自然生态景观来展现"大荔冬枣"的产地优异,通过特写镜头下水润脆爽的果品来表现"大荔冬枣"的品质优良。此外形象片不只着眼于果形饱满、果肉细腻、水分充足、滋味甘甜、超过 22％的糖分、95％的可食用果粒等产品品质卖点,而且还将智慧大棚技术、智能果实分拣线、先进物流运输链等现代产业技术亮点进行生动呈现,以展现传统农业与现代科技的高度融合,来引导观众对"大荔冬枣"产生强烈的信赖之情。形象片结尾更是通过一幅群体画像,伴随着一声声咬食"大荔冬枣"的咔嚓脆响,向观众传递着这一颗冬枣带给人们的十足惊喜与幸福。

作为当下国内冬枣第一品牌,"大荔冬枣"区域公用品牌的打造极具意义,期待这一颗小小的冬枣能在未来带给我们更多的甜蜜与惊喜。

第十一章　万荣苹果:独乐乐不如众乐乐

地标概况

万荣县地处晋、豫、陕三角州的黄金地段、运城市西北的黄土高原上,海拔600～800多米,地势东南高西北低,土壤中性,土层深厚肥沃且通透性好,日照长,温差大,适宜苹果栽培。万荣苹果品质优良,个大、形正、色艳、肉脆、味甜、营养,深得消费者喜爱。

2016年8月16日,"万荣苹果"登记为中华人民共和国农业部的农产品地理标志(AGI2016-02-1897)。"万荣苹果"地理标志地域保护范围为贾村乡、高村乡、王显乡所属的28个行政村,具体包括贾村乡的贾村、吴村、杜村、通爱、大谢、大谢庄、鱼村、大甲、五福、东思雅、西思雅、杨郭、巩村、张李冯、吴薛、李家庄、孙家庄;高村乡的半坡、张薛、王里冯村、高村、丁樊、薛村、郭村、南里、卓立、麻沟、小桃、杨庄、王亚、潘朝、闫景、聚村、乌仃、北薛、薛店。王显乡的张仪、贤胡、偏店、青谷、青谷庄、东裴庄、年村、东和、小谢、东王、东张、王正、范家、杨庄、许村、兴王、东赵、竹家、吴庄、程家、王显。东到高村乡卓立村、西到王显乡吴庄村、南到王显乡张仪村、北到高村乡张薛村,东经35°21′36.6″～35°26′27.0″,北纬110°39′11.0″～110°49′49.3″。

2016年,"万荣苹果"区域公用品牌战略规划编制完成,2017年,"万荣苹果"新形象发布。

截至2019年,万荣苹果种植面积达35万亩,产量64万吨,年产值12.8亿元,总销售额14.8亿元,其中电商销售额2亿元,是全县农民致富增收的支柱产业。在《2020中国果品区域公用品牌价值评估报告》中,"万荣苹果"区域公用品牌价值为33.43亿元,位列全国果品前十、山西省第一。2016年至2020年,品牌价值节节攀升。

一、百尺竿头,更进一步

万荣县隶属山西省运城市,全县总面积1080.5平方公里,位于山西省西南部,黄土高原峨嵋岭地带,地处黄河金三角,汾黄两河交汇处,属典型的黄土高原沟壑丘陵地形。万荣四季分明,光、热、水资源丰富,特别适宜苹果的生长,是目前世界公认的苹果优生区。

万荣文化底蕴深厚,凝聚了华夏五千年文化的精华,这里有轩辕皇帝扫地为坛,祭祀后土的华夏之根,开创了笑话、后土、慈善等八大文化。厚重的文化底蕴,孕育了乐天执着、求真务实的万荣精神;优越的自然环境,为万荣苹果种植奠定了良好的基础。这些都为万荣苹果的发展提供了无形的品牌价值资源。

从一开始,"万荣苹果"在品牌发展方面便有着自己的思路和节奏,"万荣苹果"曾蝉联第三、四、五届中国农业博览会金奖,被 21 届世界大学生运动会指定为唯一专用苹果。2007 年,万荣被中国果品流通协会评定为"全国苹果二十强县"。2008 年,万荣被中国果菜专家委员会评为"中国果菜无公害十强县"。万荣苹果子品牌"孤峰山"牌苹果在 2009 年中国国际果蔬展览会上被评为"中华名果"。2010 年,"万荣苹果"获得了山西省出口加拿大的第一张"绿卡"。

2011 年起,万荣县在果树管理方面提出了"提品质、创品牌、走高端"的思路,采取多种措施,着力打造"有机苹果大县",打造引领中国苹果生产发展的航母。同年,"万荣苹果"在中国第九届国际农产品交易会上受到了国务院副总理回良玉的好评。

2012 年,"万荣苹果"子品牌"晋魁"苹果获得第十届中国国际农产品交易会"畅销产品奖",受到全国政协主席贾庆林和公安部长孟建柱的好评。在首届中国特色商品博览交易会上荣获"绿色环保奖",产品被商务部选送到阿联酋参加国际特色商品展。2013 年,"万荣苹果"被国家工商总局核定为地理标志证明商标。同年,万荣出台了《有机农业发展规划》,提出要在 2017 年底建成全国知名的有机农产品生产、加工基地,打造"有机万荣"区域品牌,同时重点制定了有机苹果生产规程和实施方案。其中,提高生产技术水平,实现标准化生产,是发展有机苹果的关键。为此,万荣按照国际标准,结合实际,制定了出口苹果种植标准化操作规程,摸索出一套"三改六配套"技术,并编印成册下发给全县果农,人手一本。依靠过硬的生产技术和产品品质,万荣县在 2013 年被确定为"国家出口苹果质量安全示范区"。

2011—2014 年,"万荣苹果"连续 4 年出口澳大利亚,出口量占全国出口澳大利亚的 40%,品牌影响力不断提升。2014 年,"晋魁"苹果荣获第十二届中国国际农产品交易会金奖、第十五届中国绿色食品博览会金奖和全国百佳农产品品牌。2015 年,"晋魁"苹果荣获山西省十大品牌,被评为中国品牌文化十大范例,并获中国出口美国第一张检验检疫证书,代表中国苹果进入美国市场,"万荣苹果"知名度大幅提高。

万荣全县耕地面积 102 万亩,水果种植面积达到 50 万亩,其中苹果占了 35 万亩。2015 年,全县苹果总产量 7.8 亿公斤,产值 20.5 亿元,果业人均纯收入 4879 元。果业是万荣农民的当家产业。

尽管在政府和果农的不懈努力下,万荣苹果在产业发展上积累了较大优势。然而,在新形势下,全国苹果产业发展迅猛,日趋白热化的激烈竞争给万荣苹果造成了巨大压力,万荣苹果的短板日益明显:诉求模糊、传播手段单一、符号体系不健全等已经阻碍了万荣苹果发展;在品牌建设投入方面,较那些早已开展品牌战略规划的品牌如灵宝苹果、烟台苹果等有一定差距;子品牌如"晋魁"等过于强势,母品牌发展后劲不足,知名度较低,不能带动区域果业协同发展;在品牌溢价上还有较大的提升空间。因此,万荣苹果亟需通过品牌战略的顶层设计,提炼万荣苹果的差异化价值,进一步提升品牌影响力与产品附加值。2016 年,万荣县委托专业团队为万荣苹果编制品牌战略规划。

在中国农业走向品牌化的大背景下,万荣县委、县政府抓住农业品牌化机遇,将优势产业万荣苹果作为万荣农业供给侧结构性改革的突破口,以优势产业品牌化引领当地的农业产业品牌化发展。

二、扎根快乐:笑城出乐果

(一)立足资源禀赋

1. 黄土高原上,土层深厚且有机质含量高

万荣县地处晋、豫、陕三角州的黄金地段,位于运城市西北的黄土高原上,海拔 600~800 多米,地势东南高西北低,呈百分之五的坡度渐趋次降低的三级台地地势。土壤中性,pH 值在 8 左右,土层深厚、肥沃,通透性好。土壤有机质含量丰富,土壤透水透气性良好,排涝能力强。周围无化工企业,因此土壤无污染,以上条件皆适宜苹果栽培。

2. 地下水资源丰富,水质清洁

万荣县地下水资源丰富,灌溉水均符合无公害食品相应标准的要求,水质合格,当地灌溉主要是管灌,基本上能满足苹果培育关键期用水,极有利于优质苹果的生产。

3. 温带大陆性季风气候,四季分明,光照长且温差大

当地气候属暖温带大陆性季风气候,四季分明,年平均气温 11.8℃,日照

时数 2364 小时,年降雨量 550 毫米,无霜 189 天,农作物平均生长期 257 天,土壤冻结期 105 天,年平均蒸发量 1862.8 毫米,年平均光照 2364.3 小时。年平均气温 11.8℃,最高平均 25.6℃,最低 －3.9℃,0～20cm 年平均土温 13℃,素有"光照长、温差大、万荣苹果甲天下"之美誉。

4. 文脉资源丰富,造就鲜明个性

万荣由万泉和荣成两个县合并而成,历史悠久、文化灿烂,凝聚了华夏五千年的文明精华。这里留下了轩辕黄帝扫地为坛、祭祀后土的华夏之根;这里造就了苏秦"纵横七国、一统天下"的雄才大略……在万荣,国家级文保单位就有 11 个。

除了深厚的历史文化,万荣为人所熟知的,是"万荣笑话"。万荣笑话是万荣的金名片,也赋予了万荣人鲜明的个性特征,那就是乐天向上、坚韧不拔、敢为人先、争创一流。

5. 独树一帜的精细化管理

长期以来,万荣果农以"工匠精神"探索创造了优质苹果生产的十大技术、十八道工序,实现了从种植、浇水、施肥、生长、采摘、储藏、包装等各个环节的精细化管理,以"首创精神"探索创造了"双套袋,晚采八增收"等技术。万荣在全县大力推广了"大间伐、双套袋,强拉枝、高光效,有机肥、生物药"等现代果业管理技术,尤其是"膜＋纸"双套袋技术在整个晋南地区独树一帜。

(二)聚焦快乐基因

万荣的城市定位是"中华笑城"。"中华笑城"来源于万荣笑话。调查发现,万荣笑话有着较高的知名度和影响力,认知基础广泛。万荣笑话一直向人们传递和播撒快乐;万荣精神起源于万荣笑话,有一种"zeng"字精神,它传承了万荣笑话中的乐天基因,孕育出了独具特色的乐天派、敢为人先的精神。万荣笑话、万荣精神共同指向了一个核心,那就是"快乐"。试想,一个喜欢讲笑话的人,一群喜欢听笑话的人,一个以笑话著称于全国的地方,能不快乐吗?

万荣文化十分丰富,共有八大之多,但这些文化中,最具万荣特色的,无疑是笑话文化。其他的诸如建筑文化、善文化等,均不具备唯一性。抓住了"快乐",就等于抓住了万荣文化的核心。也只有抓住"快乐"这一本质特征,才能为广大的万荣人所接受,并且使其进一步去主动传播。

"快乐"与苹果存在着天然的联系:《圣经》中亚当夏娃偷偷品尝的苹果,实际上是代表着快乐;"小虎队"直接了当号召年轻人"寂寞午夜别徘徊,快到苹果乐园来"。物体有各种形状,如长的、圆的、方的、扁的、正的,而其中,圆形所释放的信息是最为快乐和幸福的。另外,在所有水果中,苹果承载着最为快乐的回忆,无论年长还是年少。这不仅仅因为苹果曾经的稀缺性,更因为与其他水果相比,苹果个大形正、色艳味香,留给中国人的惊艳无法忘怀。

进一步张开想象的翅膀:人类生活终极追求目标而言,难道不是快乐幸福吗?万荣县委县政府打造"万荣苹果"品牌,又何尝不是在为百姓寻求一条通往快乐幸福的道路?苹果的形象正在变得越来越丰满,越来越充满魅力。作为一种快乐文化的载体,苹果已经深深植根于消费者的脑海,镌刻在社会发展的历史之中,成为一种不可磨灭的文化符号。

在当下的农产品消费环境中,超脱产品、追求品位的文化需求已成为主要趋势。品牌消费认知需要以文化认知提升消费溢价,只有文化认同才能形成更好的消费忠诚,且此种消费较于产品消费层次更高,具有难以被替代的特性。对于"万荣苹果"而言,"快乐"不仅有万荣文化的烙印,而且有世界消费文化的认知基础;不仅体现了区域公用品牌创建的本质特征,而且是产业竞争从产品属性向文化属性升级的明确信号。"快乐"将万荣地区独特的文化体系、万荣人民独特的精神面貌,以及消费者对苹果的产品认知相融合。

因此,基于万荣独特的快乐文化和消费者对于苹果的快乐认知,"万荣苹果"将品牌核心价值聚焦于:快乐。

(三)独树一帜的快乐苹果

基于环境、文化、技术、品质等方面的价值梳理可见,每一个"万荣苹果"都被植入了快乐基因。因此,提炼"万荣苹果"的品牌核心价值,并演绎品牌口号为:一个快乐的苹果。(见图 11-1)

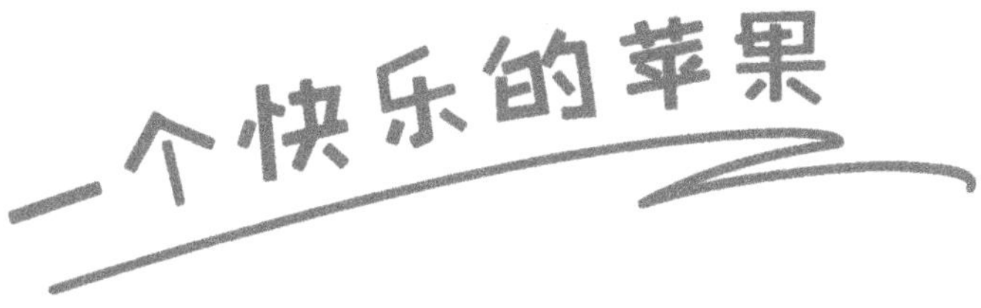

图 11-1 "万荣苹果"品牌口号传播图

从"万荣苹果"的生长环境、生产管理技术、苹果自身的高品质可以看出:在这片土地上生长的每一个"万荣苹果"都是快乐的,每一个苹果都带有快乐的基因;它的人文环境是快乐的,生态环境是快乐的,生产管理技术是快乐的,品质也是快乐的;而最终带给万荣百姓的,是快乐的生活,这是 35 万百姓的向往,也是政府打造品牌的出发点。

"一个快乐的苹果"集中体现了万荣的独特文化和消费者对于苹果的深刻认知。既避开国内诸多苹果区域公用品牌的同质化竞争,又符合消费取向,给消费者提供了超越物质层面的文化享受,同时也为"万荣苹果"在中国四大苹果主导产区数千万亩苹果中梳理了鲜明的品牌个性。此外,"一个快乐的苹果"也为时下水果市场注入了新鲜血液,将"万荣苹果"与消费者的生活环境、精神需求、生活方式有机结合,倡导快乐健康的生活态度。

(四)让快乐丰满起来

"一个快乐的苹果",作为"万荣苹果"的核心价值,象征着"万荣苹果"的优异品质与文化氛围、生活价值观,而这一品质基于"万荣苹果"所独有的生长环境、文化脉络、种植技术、产品质量、生活态度等之上,它们共同构成"万荣苹果"的价值支撑,顶起"快乐"这一价值聚焦,具体表现为:

· 快乐环境好成长

700米海拔高原厚土,苹果黄金优生区;

日照悠长黄河滋养,苹果的成长乐园。

· 快乐文化笑满城

中华文化发源地,皇天后土文脉长;

乐天精神正气传,中华笑城善名扬。

· 快乐种植创新法

师法自然三十年,首创套袋新技术;

乐天正气忙种植,成就快乐新农法。

· 快乐苹果品质强

快乐成长脆甜爽,好吃好看好营养;

首推标准首入美,国际品质美名扬。

· 快乐生活滋味好

生活离不开快乐果,欢乐轻松气质佳;

滋润心田爱上你,品味生活好滋味。

三、延续快乐:让"快乐"具象化

(一)品牌主形象

"万荣苹果"品牌主形象(见图11-2)以消费认知广泛的苹果形象为轮廓,在其中融入"万"字代表万荣。"万"字形象舒展流畅,传达出万荣独有的乐天向上的快乐文化;同时,该形象与万荣独有的花鼓舞蹈造型十分吻合,具有浓

图 11-2　"万荣苹果"主形象

郁的地域风情；品牌口号"一个快乐的苹果"位于主形象下方，以活泼的字体彰显快乐元素。整体形象简洁大方，具有鲜明的差异性和较高的识别度。

在考虑如何在"万"字上进行创意演绎时，突破口是万荣花鼓。人在什么时候最快乐？不是劳动，不是思考，也不是读书，而是舞蹈之时。尤其是一面舞蹈，一面还有音乐相伴，这时，所有的焦虑和不快都会被抛开，人的神经会被彻底调动起来，而万荣花鼓恰恰就是将舞蹈和音乐相结合的一种民间艺术形式。而且，一位70多岁的花鼓老人，前几年还登上过央视屏幕，小有名气。

作为一种传统艺术，万荣花鼓尽管盛况难再，但这并不影响其作为重要的元素，在符号创造时进行表达。有如神助的是，将"万"字稍加调整，就是一个舞蹈的人形，看上去奔放热烈，完美传递出了快乐的气息。

"万荣苹果"的符号创造十分成功，既体现了苹果的产业特色，又表达了强烈的地域特征，同时，还充分释放出快乐的内涵，对品牌核心价值做出了直观传达。

（二）价值支撑图形

"万荣苹果"品牌价值支撑图形以品牌主形象的轮廓为基础，通过简单画面将"万荣苹果"的五大价值支撑具象化，广泛用于产品包装、品牌推广等方面，强化消费者的品牌印象。（见图 11-3）

图 11-3 "万荣苹果"价值支撑图形

（三）传播辅助图形

"万荣苹果"品牌传播辅助图形以质朴的手绘风格，描绘了一个快乐果园的丰收景象，演绎果农快乐的生产过程，并将万荣表达快乐的花鼓融入其中，画面饱满热烈，富有视觉冲击力，色彩上以品牌主形象的红色为基础，同时推出多色版，以适应不同传播场合的需求。（见图 11-4）

图 11-4 "万荣苹果"辅助传播图形

（四）卡通图案图形

"万荣苹果"品牌卡通人物图形（见图 11-5）以品牌主形象为基础，提取了主形象中万荣花鼓符号元素，创意了舒展、灵动、表达快乐的卡通人物，既是

图 11-5 "万荣苹果"卡通形象示意

"万荣苹果"品牌的代言人,又将地方文化与品牌内涵深刻演绎。今后卡通人物形象将广泛应用于品牌推广画面中,同时以其虚拟属性,在微信、微博等自媒体开展趣味营销,促进消费互动,加深消费者的品牌印象。

(五)品牌形象应用

见图 11-6、图 11-7、图 11-8、图 11-9。

图 11-6 "万荣苹果"价值支撑海报

图 11-7 "万荣苹果"符号分级

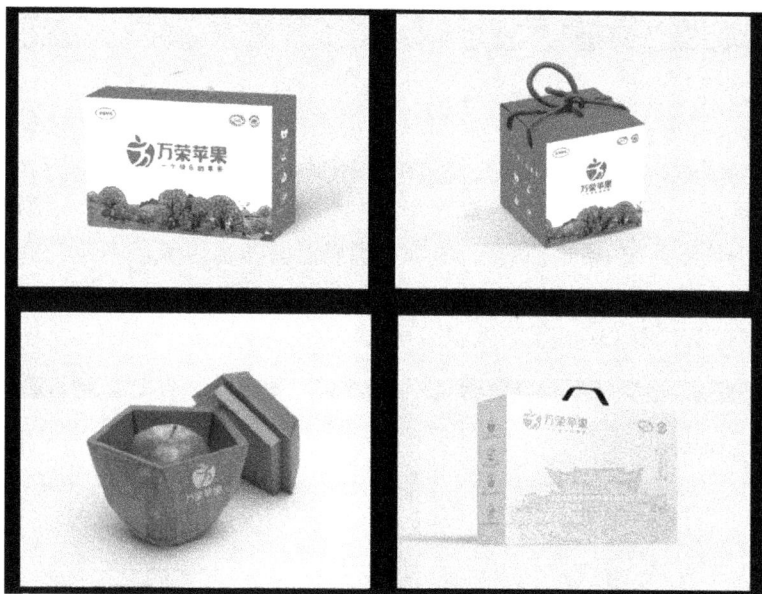

图 11-8 包装应用系统示例

图 11-9 店头与货架

四、传递快乐:独乐乐不如众乐乐

(一)配合苹果生长节点,应时举办农事节庆

万荣县政府根据苹果生长特点,把握关键环节,每月举办一次主题活动。如在2017年,4月举办果花节;5月举办"万荣苹果·袋袋相传"套袋比赛;6月举办果园"巧手"大赛;7月举办苹果美食大赛;8月举办"我为万荣苹果代言"活动;9月联合一亩田举行"食尚之星"评选活动;10月联合举办了全国申通客商"万荣苹果"采摘节,全国156家电商平台通过内外互动,当天就签约2500件商品,实现销售额131万元,品牌也伴随着这些产品走向世界各地。

(二)积极向外推介,辐射国内与国外

"万荣苹果"主动走出去,在全国9大城市相继举办了15场"万荣苹果"的品牌推介活动。

线上线下发力,国内国外并举,万荣借助"山西品牌丝路行""'万荣苹果'红遍一带一路"等活动,让"万荣苹果"品牌漂洋过海,享誉全球。(见图11-10)

图11-10　"万荣苹果"出口乌兹别克斯坦

(三)全民动员,增加品牌知名度

品牌发布之后,万荣县政府第一时间面向社会开展"万荣苹果吉祥物名称"征集活动,推动抽象的"万荣苹果"品牌具体化、生动化、实物化,吸引社会各界关注万荣苹果,热议万荣苹果,研究万荣苹果,诠释了"我参与、我快乐"的主题,实现征集名称和传播品牌共生共赢。

为了让"万荣苹果"的品牌符号借助微信这一现阶段最普遍的社交软件传播推广,政府邀请专业公司设计了20余种"万荣苹果"表情包,在微信朋友圈

广泛推广，人人做媒介，大众齐参与，让"万荣苹果"品牌符号融入到受众的聊天过程中。

（四）结合应用场景，确定植入形式与周边设计

要想加深品牌在受众脑海中的印象，必须增加传播次数，提高传播频率，万荣县政府深入开展"万荣苹果"品牌在关联活动、各种展会、各个地点的植入活动，让"万荣苹果"的品牌符号流动在活动中，用软广告的形式传播"万荣苹果"品牌。

第一，商标植入。万荣县政府订做了印有"万荣苹果"品牌标志的 T 恤衫、文化衫、遮阳帽，在桃花节、杏花节、葵花节、后土大典、诗赋大会以及孤峰登山节、西滩摸鱼节等活动中，统一发放给工作人员，让"万荣苹果"品牌标志成为各种节庆活动中一道亮丽的流动风景线。

第二，实物植入。在外出参加的各种展会上，把贴有"万荣苹果"品牌标志的苹果（见图 11-11）带到活动现场，通过让大家现场品鉴，口口相传"万荣苹果"的卓越品质，广泛传播万荣苹果品牌的特色内涵。

图 11-11　含"万荣苹果"LOGO 的苹果

第三，卡通植入。通过绣有"万荣苹果"品牌标志的香包（见图 11-12）、剪纸、绘有吉祥物的景区设施等，让区域品牌随着景区留给游客们的万荣印象而走遍全国。

第四，赠品植入。贴有"万荣苹果"品牌标志的文化果，被赠与来万荣参观考察和外出对接的各界朋友，既增进了感情联系，又传播了"万荣苹果"品牌。

第五，功能植入。为大型活动制作喷绘提供印有"万荣苹果"品牌标志的

图 11-12　含"万荣苹果"LOGO 的香包

地毯、桌签、名牌、果托以及演出舞蹈《快乐的苹果》、发放苹果 LOGO 纪念品等吸引眼球的做法，通过展商们发布的图片、视频、微博和微信传播了"万荣苹果"的海量信息，有效提高了品牌知晓度。

（五）通过不同传播角色，引爆网红效应

万荣县政府重点打造了三类网红角色：

1．精英网红。社会精英在某一领域具有很大的号召和影响力。万荣县政府注重挖掘万荣在外精英，把他们作为支点，撬动品牌传播。万荣土生土长的在京企业家李汉生就是其中一位。李汉生在北京从事食品行业 30 多年，2013 年回万荣创办三益园国学游学基地，是一位声名远扬的儒商。2017 年 8 月，万荣县政府邀请他为"万荣苹果"品牌代言，将他和"万荣苹果"的故事做成视频，凭借他的朋友圈广泛传播，网上点击量累计超过 5 万。

2．大学生网红。大学生思想活跃、超前，接受能力强，且对就业创业关注度高。万荣县政府抓住这一群体，大力宣传"苹果震"（见图 11-13）这一青年创新创业典型，将"万荣苹果"品牌形象植入到他匠心独运打造的"金标果"之中，结合其传奇的创业经历来传播，赢得了大学生群体的普遍关注。

3．草根网红。万荣人机智幽默、能说会道，干板腔、顺口溜，很多果农张口就来。万荣的"套袋姐"张秀芳，在套袋中触景生情来了一段顺口溜，说得俏皮生动接地气。万荣县政府将她的套袋视频通过各大媒体广泛传播，着实火了一把。2017 年拆除纸袋期间，万荣县政府趁热打铁，指导"套袋姐"把印有"万荣苹果"LOGO 的塑料贴膜贴到苹果上。现在，"套袋姐"5 万斤苹果全部经游客进园采摘售罄，既传播了"万荣苹果"品牌，又让果农赚得盆满钵满。

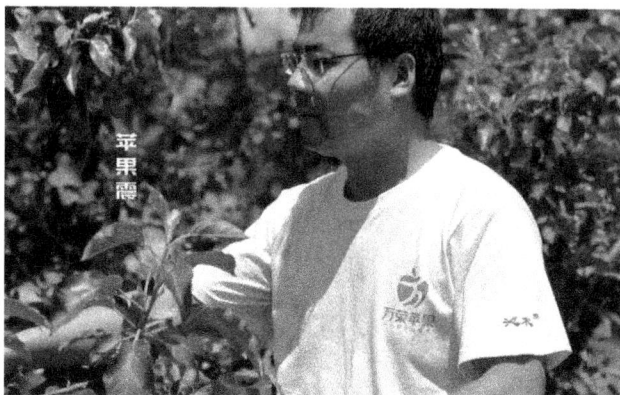

图 11-13　"苹果震"

（六）媒体融合，深化营销矩阵

媒体也是生产力。每一次活动万荣县政府都会邀请国内外传统媒体、新媒体广泛参与，引发的就是成千上万次的线上线下互动、新旧媒体结合的刷屏式报道。

在新媒体方面，2017 年 5 月，万荣开通了"万荣果园那些事儿"微信公众平台，通过原创图文和视频，讲述最接地气的万荣果园、万荣果农、万荣果商们和"万荣苹果"的故事，通过乡村情怀引燃品牌效应。微信公众号运行半年时，关注量已达到 4 万以上。

在传统媒体方面，"万荣苹果"曾登上央视、亮相春晚、走进影视。

万荣电商协会会长贾秋丽，在 2017 年 10 月参与 CCTV-7 举办的"食尚大转盘"之"识材有道"节目。通过讲述"万荣苹果"品牌的故事打动了现场评委及众多电商平台负责人，盒马鲜生与其现场签了价值 100 万元的订单。借助央视广大且固定的收视群体，为"万荣苹果"品牌做了一次国家级的宣传。

万荣的"乐呵大爷"王启仁身背万荣花鼓，应邀参加了央视《我要上春晚》节目，凭借着精湛的表演和机智幽默的现场互动，一举夺得"人气王"。难能可贵的是，这位"乐呵大爷"还现场推销起了"万荣苹果"，又一次让"万荣苹果"品牌在央视亮了回相。

万荣县委县政府拍摄了《苹果红了》电视剧、《果园轶事》笑话剧，纪念改革开放 40 周年重点题材电视剧《快乐的苹果》，打开影视之窗，把"万荣苹果"区域公用品牌传播得更远、更响、更亮。

（七）拓展销售渠道，重视电商效应

2016年，万荣县被确定为"国家电子商务进农村综合示范县"，经过一年多的发展，已经有4000多人从事电商行业，每天商品的发货量在1万件左右。印有"万荣苹果"品牌标志的传播卡片被装入快递箱，让"万荣苹果"品牌乘着快件辐射传播到全国各地。

除此之外，万荣县政府还举办了"万荣电商我信赖、万荣苹果我最爱"的微信传递活动、"万荣苹果杯"电商网货开发大赛和创新创意大赛，通过聚集电商能人向外传播"万荣苹果"品牌。

五、当前问题与发展建议

尽管"万荣苹果"在海外销售和电商销售都取得了不错的成果，但目前在落地过程中面临着执行不力的情况。在淘宝上存在打着"万荣苹果"旗号，但所销售产品并非产自万荣的苹果的现象。因此，"万荣苹果"的品牌保护任重道远，应该广泛应用防伪标识，并在微信公众号、政府官网、协会官网等对外窗口告知消费者明辨真伪的方式，以免"李鬼"损害"万荣苹果"的品牌形象。

在不少"万荣苹果"的电商详情页上，并未出现统一的"万荣苹果"品牌符号体系，在阐述"万荣苹果"价值时只提及"万荣苹果"的产品特征，没有基于品牌定位和核心价值，容易造成缺乏品牌个性，消费者难以将"万荣苹果"与其他品牌的苹果做出区分。在电商包装方面，不少商家没有使用统一的包装，消费者对所售产品是否属于"万荣苹果"产生疑问，造成混乱。因此，应该贯彻落实体系化的符号与包装设计。

微信公众号"万荣果园那些事儿"更新时间不固定，在内容设置上不够多元化，难以对潜在消费者产生吸引力。在推文排版上，没有融入"万荣苹果"的符号体系，难以凸显品牌个性，让受众感受到"万荣苹果"的独特魅力。因此，微信公众号需要有专门的品牌运营人员参与编辑，在选题和排版上都要下功夫。

没有传播就没有品牌，没有品牌保护就没有品牌未来。统一品牌传播，加强品牌保护，维护"万荣苹果"来之不易的品牌影响力，是万荣县政府、协会、企业、果农共同的责任。

第十二章 灵宝苹果：天赐高原好果的价值演绎

地标概况

灵宝是黄土高原核心产区现代苹果的发源地，果园基本位于海拔 800~1300 米的高原地带，被誉为"亚洲第一高山果园"。灵宝苹果具有脆、香、甜的特点。

2012 年，灵宝县委县政府邀请专业团队进行"灵宝苹果"品牌战略规划，并发布品牌新形象。2018 年 9 月 29 日，"灵宝苹果"登记为中华人民共和国农业农村部的农产品地理标志（AGI2019-01-2561）。灵宝苹果农产品地理标志登记地域保护为三门峡市灵宝市域全境，覆盖大王镇、阳店镇、川口乡、寺河乡、苏村乡、尹庄镇、五亩乡、朱阳镇、阳平镇、函谷关镇、城关镇、焦村镇、西闫乡、故县镇、豫灵镇等 15 个乡镇、市园艺场，涉及 433 个行政村，其保护范围地理坐标为东经 110°21′18″~111°11′35″，北纬 34°7′10″~34°44′21″。

截至 2019 年，灵宝种植苹果面积 90 万亩，年产苹果 140 万吨，苹果产业化集群总产值为 207 亿元，惠及贫困户 3470 户 8200 余人，已经成为当地脱贫致富的支柱产业。2020 年，"灵宝苹果"品牌价值评估为 186.42 亿元，连年稳居全国县级苹果品牌第一位。

一、内忧外患下的百年果园

灵宝市位于秦晋豫三省交界处的河南省西部，南依秦岭，北濒黄河。由于境内的函谷关形成了一道天然屏障，这里是古代通洛阳、达长安、连京都、接帝畿的要冲，为历代兵家必争之地。灵宝地处全国苹果最佳适生区之一——黄土高原优质苹果生产带的东端，当地气候温和，四季分明。

1921 年，灵宝开始引种苹果。到新中国成立前夕，灵宝苹果种植面积达到 3000 多亩，时有民谚曰："灵宝三件宝，苹果、棉花和大枣。"

到了 20 世纪 70 年代，灵宝苹果已经多次在全国苹果质量鉴评会上获奖，灵宝市也被确定为国家苹果外销生产基地。1985 年到 1995 年是灵宝苹果大发展的 10 年,全市苹果种植面积超过 50 万亩,产量达 5 亿公斤,当地众多果农走上了发家致富之路。

1996 年,苹果市场发生突变,原每公斤 2 元左右的"秦冠"一下跌至每公斤 4 角。经市场调查,灵宝人发现,问题根源在于本地苹果品种多年不变,已无法适应市场发展变化的需要。

因此,灵宝市政府每年拿出数百万元作为补贴,用于推动结构调整、科技兴果、品牌促销、产业化经营等四大战略的实施。几年间,政府和果农求新求变,引进了富士系列、美国八号等国内外名优品种,并统一注册"岭宝"商标,用一个品牌打市场。2009 年,灵宝苹果荣获"河南省十大最具影响力地理标志产品",被中国果蔬产业品牌论坛组委会授予"中国十大名优苹果"称号。

为提升知名度,灵宝苹果活跃于各大农交会,如 2010 年的河南省特色产品暨豫商商品大联展、2011 年的三门峡果品(北京)推介会等。2012 年 10 月 9 日,灵宝市举行果品购销洽谈会暨"灵宝苹果"地理标志证明商标启动仪式。地理标志证明商标的启动,对进一步打造果品知名品牌,做大做强做优果品产业,具有重大意义。

2012 年,苹果种植面积在灵宝市已达到 90 万亩,年产量 120 万吨,产值超过 27 亿元,成为当地农业的支柱产业。

尽管经过精耕细作,灵宝苹果效益喜人,然而,这个拥有近百年历史的苹果园,在新时期却面临众多内忧外患的挑战。

内忧方面,有如下九大短板:(一)规模上,90 万亩栽培面积已近上限;(二)投入上,财政支持有限,果农投入亦不足;(三)产品方面,精品意识不强,优果率不高;(四)贮运方面,机械冷库和土窑洞贮藏为主,尚未形成冷链运输体系;(五)果品分级方面,分级选果以人工为主,机械化自动化程度低;(六)包装上产品系列少、档次低;(七)市场交易方面,缺乏大型交易市场和配送中心,多数苹果走"大路货""地摊货"路子;(八)销售方面,缺乏大型销售龙头,等客上门为主;(九)品牌管理机制方面,有品牌,但品牌管理亟待完善。

外患而言,省际品牌竞争日渐白热化,山东苹果精耕细作,陕西苹果异军突起,甘肃苹果奋起直追,新疆苹果崭露头角……以省级区域为背书的品牌认知及市场竞争成为苹果区域公用品牌市场竞争的重要特征。

面对新形势,如何突出重围? 2012 年,灵宝市找到了专业团队,委托其进行品牌战略的重新规划。专业团队研究后认为,灵宝苹果品牌战略的核心在于,建立可与各省级品牌对等竞争的"大牌",从而在长远的发展中立于品牌竞争的战略制高点。因此,灵宝苹果品牌的战略选择应该是"重塑大牌",即:放大独特基因,参与全国竞争,品牌提升效益。

二、根植于"高原好果"的价值体系

专业团队对灵宝进行实地调研,采集了一手资料。灵宝苹果拥有许多优秀的资源禀赋,但并非每一特点都能占领消费者心智,为消费者带来独特利益。最终,专业团队抓取了灵宝苹果位于"亚洲第一高山果园"这一市面上其他苹果未曾占领的独特优势,以此作为灵宝苹果的定位,并构建灵宝苹果的价值支撑体系与品牌口号。

(一)资源梳理:自然条件与科研投入

1. 高原山地为主,土质肥沃深厚,富含营养

灵宝市地势南高北低,自北向南海拔从 308 米逐渐升至 2413.8 米,南北高差 2105.8 米。地表由山地、土原、河川阶地组成,地貌大体分为"七山二原一分川"。

灵宝市土壤有潮土、风砂土、褐土、棕壤土 4 大类。其中潮土类占灵宝市总面积的 83.8%,主要分布于海拔 320~1500 米的广阔地域,土层深厚,质地肥沃,无污染源,是灵宝苹果的主要生产区域。

2. 暖温带大陆性气候,昼夜温差大利于糖分积累

灵宝市灵宝苹果保护范围地处中纬度内陆区,属暖温带大陆性半湿润季风型气候,气候温和、四季分明。境内多丘陵山地,气候差异较大。昼夜温差较大,昼夜温差年平均值 11.2℃,年平均气温 13.8℃。年降雨量一般在 506~719 毫米,年积温 3370~4620℃,无霜期 199~216 天,全年日照时间约 2270~2400 小时。冬季受西风环流影响,寒冷少雨雪;夏季受西太平洋副热带高压控制,温热多雨;春秋季处于环流交替阶段,温度、降水均居中。

通常情况下,苹果在白天得到充足的光照,制造养分并储存,晚上通过呼吸作用消耗白天储存的养分。但灵宝的夜间气温较其他苹果栽培地区低,因此苹果在夜间的自体呼吸更弱。这样只消耗一小部分养分,大部分养分得以保留,因此灵宝苹果营养丰富。

简而言之,灵宝境内光照充足,降水适中,昼夜温差大,适合灵宝苹果果树的生长。

3. 黄河流域水资源丰富,流域面积大

灵宝市地处黄河流域,境内水资源丰富,共有溪沟 9303 条。地表河流中,

较大的河流有 7 条,自东向西为好阳河、弘农涧河、沙河、阳平河、枣香河、十二里河、双桥河,均自南向北直接流入黄河,流域面积 3000 多平方公里。年均地表水流量 4.82 亿立方米;地下平均水量为 1.37 亿立方米;黄河过境水年均可利用量为 0.32 亿立方米。全市水资源总量为 6.22 亿立方米。

4. 种植历史悠久,科研技术领先

1921 年,灵宝引进苹果种植,也开启了黄土高原现代苹果发展产业的序幕。1923 年,灵宝实业家李工生从烟台、青岛等地购回西洋新品种苹果树苗,几经周折,终于种植成功。1932 年《阌乡县志》载:"苹果,有亦不多。"20 世纪 30 年代,灵宝县苹果园近 3000 亩,年产 20 余万斤。品种有倭巾、国光、伏花皮等。

1956 年,灵宝县在海拔 1300 米高的寺河山建起了 300 亩国营园艺场,被誉为"亚洲第一高山果园"。

1992 年,灵宝县苹果总产 15 万吨,销往全国 20 多个省份及国外市场,不仅在港、台地区受欢迎,而且在蒙古国和东南亚各国深受欢迎。十一届三中全会后,苹果生产成为灵宝市发展经济的"龙头",发展到 10 万亩。

2002 年初,灵宝市园艺场引进中国农大最新科研成果 SOD 新技术和山西农科院的富钙、富锌多维营养苹果专利。2002 年 8 月,灵宝市 30 万亩苹果通过国家验收,获无公害农产品标志,之后全市按照"稳定面积、主攻质量、叫响品牌、提升效益"的发展思路,推行规模化、标准化、商品化、无公害化生产,打造"灵宝苹果"名片。

(二)定位演绎:来自黄土高原的好苹果

根据资源梳理可知,灵宝苹果建设品牌的各类资源丰富,如近百年的苹果栽培历史、西北黄土高原现代苹果的发源地等,但这些均不具备明显的差异化价值,不能链接消费者心智,为消费者带来独特的利益点。

通过进一步挖掘,专业团队发现,中国苹果三大产区(黄土高原、环渤海、西南高地)中,黄土高原是面积最大、品质最好的核心产区,业界公认高原出产好苹果。而灵宝则是这一核心产区现代苹果的发源地,果园基本位于海拔 800～1300 米的高原地带。"高原"成为灵宝苹果差异化价值的聚焦点,更为重要的是,这一价值还未被任何苹果区域品牌占领。基于此,灵宝苹果积极抢占"高原"资源,实现品类占位,让灵宝苹果成为"高原苹果"的代名词,确立品牌定位为:来自黄土高原的好苹果。

(三)品牌口号:灵宝苹果,天赐高原好果!

基于品牌定位中强调的"高原"这一特征,"灵宝苹果"的品牌口号为:"灵

宝苹果,天赐高原好果!"两个短句都以"果"作为结尾,尾韵相同,读起来琅琅上口。"高原"直接点出灵宝苹果的独特生长条件,"天赐"更加凸显出灵宝苹果的优势来自于地理环境条件的禀赋,并非来自于后天条件的改造,体现出灵宝苹果的可贵。

此外,还有辅助传播口号:"灵宝苹果脆香甜,因为生长在高原。"辅助传播口号采用了更加平实的语言,易于消费者接受,在主品牌口号的基础上做了延伸,点明高原生长赋予灵宝苹果的特点——"脆""香""甜",为灵宝苹果的味道与口感进行概括。

(四)价值支撑:五大构成要素

灵宝苹果具有非常多特点,但并非每个特点都能链接到消费者心智,为消费者带来独特体验。精挑细选后,灵宝苹果制定了品牌价值支撑体系,其中包含了5大块。

历史:高原苹果发源地世代传承
气候:秦岭东端小气候精华滋养
土壤:九曲黄河金三角黄土孕育
生态:首批生态原产地品质保障
管理:优质产区高标准精心挑选

1.历史。灵宝苹果种植历史悠久,是高原苹果种植的发源地,在1921年开启了黄土高原现代苹果发展产业的序幕。高原上的苹果种植多是世代相承,对于如何才能让果树结好果,他们具有独特经验。

2.气候。灵宝县位于秦岭东端,属暖温带大陆性半湿润季风型气候,气候温和、四季分明。境内多丘陵山地,气候差异较大。这样的气候能滋养苹果,带来了具有脆、香、甜特点的灵宝苹果。

3.土壤。灵宝位于黄河流域,黄河泥沙堆积带来肥沃的土壤,土层深厚,位于高原较为纯净无污染源,孕育出了优质的灵宝苹果。

4.生态。灵宝是首批生态原产地,生态环境好,产出的苹果质量有保障。

5.管理,灵宝苹果生产的管理十分严格,采用高标准把握生产过程中的每一个环节,精心挑选优果。

(五)品牌架构:三管齐下

在这方面主要做了三个方面的工作。

1.母子架构整合发展。一方面,壮大母品牌,以地理标志证明商标为管理品牌的法律依据,树立并壮大母品牌;另一方面,带动子品牌,在"灵宝苹果"

母品牌背书下,推动子品牌创建及整合发展。

2. 优质产区共同支撑。引入产区概念,将已具备影响力的优质产区纳入产区概念,建立产区认证体系,形成灵宝苹果多个优质产区共同支撑的架构。

3. 规划产品匹配渠道。在灵宝苹果的母品牌下,规划礼品苹果、商超产品、电商产品面向专卖渠道、商超或连锁店、电子商务等三大渠道。

三、深化"高原苹果"差异化定位的符号体系

灵宝苹果的品牌推广围绕"高原苹果"这一差异化定位展开,通过品牌符号、渠道陈列、产品包装、传播形象四部分的深度差异化,强化"高原苹果"定位。

（一）品牌主形象

"灵宝苹果"的品牌主形象为黄土高原形象和苹果形象的有机融合,紧紧围绕着灵宝苹果的高原特征,彰显出地理标志农产品的自然环境因素,以此对接消费联想,构成灵宝苹果独特的"高山苹果"形象。

主视觉为一个苹果中嵌入"灵宝苹果"四个大字,为红褐色,在与苹果做颜色上区隔的同时,显得大气稳重。在苹果的设计方面也颇具巧思,苹果的上半部分融入了高山高原纹理元素,突出了灵宝苹果与其他苹果的独特卖点——长于高原。在苹果的下半部分,添加了灵宝苹果的英文 LINGBAO APPLE,方便灵宝苹果的国际化传播。（见图 12-1）

图 12-1 "灵宝苹果"LOGO

（二）产品分级

根据不同的产品规格,采用不同的分级标准,让产品品相特征更易为消费者所识别。（见图 12-2）

图 12-2 "灵宝苹果"分级标准

（三）形象应用

1. 苹果生活伴手礼

不同于其他追求红火热闹的苹果包装,灵宝苹果生活伴手礼（见图 12-3）的容量较小,较为清新简约,包装表面留白较多,底色为洁净的白色。自上而下,首先是"灵宝苹果"的 LOGO,不同于原始以红色为主色的设计,此处将 LOGO 颜色调为金色,目的在于适应整体色调,不显突兀。下方的"苹果生活"四字为手写楷体字,右侧竖版小字为"一天一苹果,医生远离我",来自西方谚语的翻译,在妙趣横生的同时暗示了苹果对健康的正面影响。在包装的下部,是几个灵宝苹果的特写,色彩饱和度不高,适应整体风格。

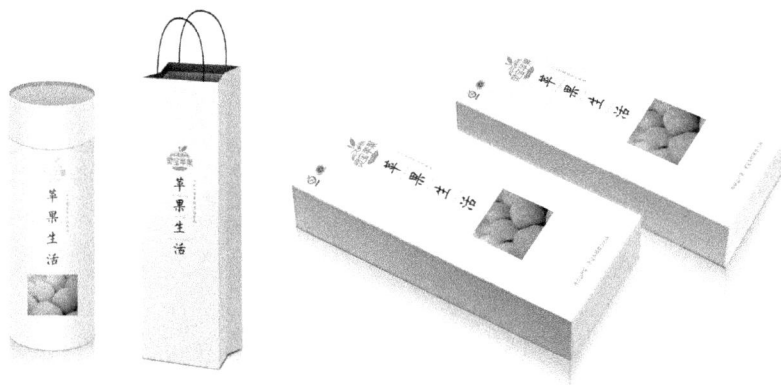

图 12-3 苹果生活伴手礼

伴手礼分为两类包装,一类为扁盒式,一类为手提袋式,送礼时平托或是手拎都是不错的选择。手提袋式包装内,是筒形的包装,富有新意。

2. "灵宝苹果"礼盒

"灵宝苹果"礼盒的包装主要有两类(见图 12-4、图 12-5)。

第一类的包装表面设有镂空的部分,使得消费者可以看见内部苹果的形态,让消费者放心安心的同时,也是灵宝苹果对自身品质自信的体现,不需藏着掖着,靠着外表即可打动消费者。

包装的主色调为金黄色,彰显苹果的品质感,也与黄土高原的黄土建立联系,给人以苹果生于沃土的联想。包装下部对金色区域进行演绎,以水彩画的形式勾勒出高原山脉,再次在包装上突出了"高原"要素,重申了"灵宝苹果"区别于其他苹果的特点。

镂空区域的左上方是巨大的灵宝苹果 LOGO,右下方是"灵宝苹果"的品牌口号,以红色的手写字体呈现,部分堆叠在苹果实拍图上,是富有层次感的排版。左下方是苹果的分级标与产地标,让消费者吃得放心。

运输纸盒的主色调则为红色,十分醒目吸睛,在正上方的封盒处呈现"灵宝苹果"的品牌口号。

图 12-4　第一类"灵宝苹果"礼盒与运输纸箱

第二类包装为手提装,增加了手提的把手,主色调同样为金色。

3. 吉祥物

"灵宝苹果"的吉祥物为一个以苹果为头部的大头娃娃,主要有两种形态。第一种娃娃的表情单眯一只眼,吐舌舔嘴,一手叉腰,一手向前举起大拇指,表现出灵宝苹果十分美味,其品质让人称赞。第二种形态的娃娃咧嘴大笑,双手高举,显得十分快乐。这样的两个娃娃拉近了苹果与消费者的距离,通过其诙

图 12-5　第二类"灵宝苹果"礼盒

谐可爱的形象,让消费者会心一笑的同时也增加了对品牌的好感度。特别是当大部分苹果品牌还未有品牌吉祥物时,能吸引消费者注意,占领消费者心智。

图 12-6　"灵宝苹果"吉祥物

4. 其他形态的广告

在"灵宝苹果"高炮、易拉宝中,画面主要由品牌标志、吉祥物、slogan 构成。在易拉宝上,还带有品牌的核心价值体系,原因在于消费者可与易拉宝进行近距离接触,能够细细品读上面的文字。

灵宝苹果高炮　　　　　　　　　　灵宝苹果易拉宝

图 12-7　"灵宝苹果"高炮与易拉宝

四、打响"灵宝苹果"知名度

在专业团队完成品牌战略规划后不久,2013 年 6 月,灵宝便召开苹果品牌建设动员大会,出台《灵宝苹果品牌建设实施意见》,加快了灵宝苹果品牌建设步伐。

值得一提的是,在品牌协同管理机制上,灵宝市成立灵宝苹果品牌建设领导小组,由市长亲自挂帅,四大班子主管领导具体抓,市直有关单位和各乡镇共同参与,定期研究品牌建设事宜,协调推进品牌建设工作。另外,有关乡镇和村也成立了相应的管理组织,形成了全市上下齐抓共管的工作推进机制。

在品牌构架上,灵宝市采取"母子品牌联动、核心品牌突出"的模式,全力打响"灵宝苹果"大品牌,同时积极推进"子品牌"培育工程,引导产业链上的各个企业建设"子品牌"。

灵宝苹果在以下三个方面的探索与实践,颇具借鉴价值。

(一)加强品质管控,提升组织化标准化水平

依托《灵宝苹果品牌发展战略规划》,灵宝市将苹果品质和质量放在首位,为了推动这项工作,灵宝市启动品牌苹果生产示范基地建设,对永辉果业有限责任公司、高山天然果品有限责任公司、鲁家果园有限责任公司等 20 家果品企业、电商、合作社进行品牌授权。

根据规划,灵宝市建立了灵宝苹果品质保障机制,引入第三方专业技术机

构,打造灵宝苹果质量追溯监管和信息平台。利用监管平台,实现对果园农事活动的实时监控。通过信息平台,消费者只要输入苹果身份码,或者用手机扫描果箱上的二维码,就可查询所购苹果的真伪,以及清楚掌握其生产记录,并实现流向的追踪、责任的追溯等。(见图 12-8)

图 12-8　"灵宝苹果"果贴

　　同时,依托国家级出口苹果及果汁质量安全示范区,灵宝市还加强示范区组织领导,建立了质量安全监控体系。按照三门峡出入境检验检疫局对外来有害生物监测要求,该市的果品重点乡镇已设立 8 个苹果实蝇监控点,67 个蠹蛾监控点,可实现早发现、早防控。

　　(二)"走出去"与"请进来"双线并行

　　灵宝市在苹果文化的深度挖掘上,一直探索不断,创意无限,曾经建设了全省第一个苹果博览馆,撰写全国第一部苹果志书《灵宝苹果志》,编曲全国第一部灵宝苹果赞歌《灵宝苹果甲天下》等等。那么在品牌规划后,灵宝苹果为了打响知名度,深化品牌传播,又做了哪些举措呢?

　　1. 农旅结合,建设苹果特色小镇

　　灵宝大力发展"苹果+"产业,打造以苹果为主,集特色餐饮、特色民宿、特色商业等于一体的特色小镇和田园综合体,建成全国首家苹果小镇、苹果文化主题公园、苹果文化展览馆及河南省中小学生学农研学基地(见图 12-9、图 12-10)。苹果特色小镇每年都能吸引到数量可观的游客前来游览并购买灵宝苹果,游客自发的打卡、拍照分享、编写游记等行为,能够形成口碑效应,形成自然流量,进一步吸引其他消费者前来旅游,对灵宝苹果在全国知名度和美誉度的提升有着重要作用。

　　2. 果业交流会,推介品牌并交流技术

　　从 2013 年开始,灵宝市果品产业协会与中国果品流通协会、中国果菜杂

图 12-9　"灵宝苹果"小镇

图 12-10　小镇标志性建筑苹果文化展览馆

志社等单位合作,举办果品产业盛会。参加者或为来自全国各地的果品经销商,或为行业相关单位的领导人、负责人,或为新闻媒体,果业展会形式多样,精彩纷呈,成功起到了"政府搭台、企业唱戏"的综合效应,既宣传推介了"灵宝苹果"品牌,提高对外知名度和影响力,又促进了果品产销对接,以及果品生产先进技术的推广交流。

3. 农事节庆活动异彩纷呈,获央视报道

2018 年以来,灵宝连续三年举办了苹果花节和中国农民丰收节暨灵宝苹果采摘季活动（见图 12-11、图 12-12），并于 2019 年重拾"金城果会"这块金字招牌，为种好优质苹果、讲好苹果故事、卖好灵宝苹果搭建良好的平台，加快数量规模型向质量效益型转变、果品生产大市向果业发展强市跨越，不断提升经济效益、社会效益、生态效益，实现果业强、果农富、果乡美的目标。

图 12-11　灵宝苹果推介会

图 12-12　2020 年第三届苹果花节现场照片

2020 年,第三届中国农民丰收节·灵宝苹果采摘季在灵宝市寺河山苹果小镇开幕,以"苹果园里庆丰收,黄河岸边迎小康"为主题,开幕式上分别举行了灵宝苹果品牌价值评估发布以及灵宝果品合作社同京东、正大集团战略签约等系列活动。灵宝苹果采摘季由 9 月 22 日持续到 10 月 22 日。期间还举办了第十四届金城果会(见图 12-13)、"庆丰收·迎小康"乡村歌舞会、"庆丰收·晒丰收·助丰收"职工徒步行等多项活动,助力丰收节。系列活动获中央电视台新闻频道报道。

图 12-13　灵宝市第十四届金城果会开幕式照片

第十四届金城果会(见图 12-14)的主题为"豫见金城 果色天香",旨在进一步扩大灵宝苹果品牌影响力和知名度,提升灵宝苹果产业总体水平。开幕

图 12-14　第十四届金城果会中国苹果产业高质量发展论坛

式上,中国果品流通协会会长鲁芳校公布了由浙江大学 CARD 农业品牌研究中心、浙江永续农业品牌研究院联合评估的中国苹果区域公用品牌"品牌声誉十强名单"。随后,本次金城果会还举办了中国苹果产业高质量发展论坛,邀请专家学者为灵宝苹果产业高质量发展把脉。

4. 线下广告投放,占领消费者注意力资源

除了旅游小镇、果业交流会和农事节庆活动外,灵宝苹果也广泛铺陈了线下广告,让未到灵宝的消费者也能感知到灵宝苹果的优势所在。在高铁人流量巨大的高铁干线如京广、京沪高铁进行广告投放,让人难以忽视灵宝苹果的身影,如 2020 年,灵宝苹果亮相郑州东站 LED 广告屏(见图 12-15)。

图 12-15 "灵宝苹果"在郑州东站 LED 屏上的广告

2013 年 6 月,灵宝在高招考点设立"灵宝苹果"考生服务站,在为广大考生和家长提供便利的同时,积极宣传展示"灵宝苹果"品牌传播形象和传播符号,进一步提高"灵宝苹果"品牌的公众认知率和视觉冲击力。

5. 宣传片登陆央视总台,辐射全国推介

2020 年 11 月,灵宝苹果登陆央视总台(见图 12-16),新版宣传片在 CCTV-1、CCTV-新闻频道并机播出的《朝闻天下》中插播以及 CCTV-新闻频道的《新闻 30 分》前等重点栏目的广告时段播出,持续向全国人民推介。灵宝苹果宣传片登陆央视总台是叫响苹果产业品牌的又一新举措。

由于推广有力,"灵宝苹果"获奖不断:中国十大名优苹果、中国果品区域公用品牌 50 强、中国生态原产地知名品牌、中国知名品牌、中国名牌农产品等荣誉接踵而至。2018—2020 年,灵宝苹果在中国果业区域公用品牌价值评估

图 12-16　"灵宝苹果"宣传片登陆总台央视

中均位于前十。目前,灵宝苹果品牌总价值已达 186.42 亿元,位居全国县级第一位。

2020 年,"灵宝苹果"入选《中欧地理标志协定》保护名录,在双方互认的各 275 个地理标志产品中,标志着中欧消费市场对灵宝苹果独特产区、优异品质及其在欧洲市场影响力的认可,将为灵宝苹果走出国门、加快进入欧盟市场创造重要商机和更加便捷的贸易条件,也有利于进一步提升灵宝苹果的产品竞争力、品牌影响力和产业带动力。

（三）线上线下拓展销售渠道

按照品牌管理有关规定,在对外传播上,所有加盟的子品牌实行统一包装、统一品牌形象。与此同时,灵宝市还通过果品线上宣传、重点市场专卖店门头统一工程以及灵宝苹果村媒体场营造工程、灵宝苹果移动售卖长廊示范点工程等,强化品牌全方位、多渠道的传播与推广。

在落地运行中,灵宝苹果很好地贯彻了线上线下联合的理念,打开了"线上线下,齐头并进"的局面。灵宝苹果与郑州思达超市建立了长期购销合作关系,与洛阳报业集团好来历食品公司搭建了优质生活必需品保障平台,实现商超对接、线上线下对接。

2015 年,灵宝市大力实施"互联网＋灵宝苹果"行动,全面推广新型营销模式,加强电商培训,策划宣传营销,引导销售主体加快发展果品电子商务,深化与果品包装、保鲜冷藏、物流配送合作关系,不断拓展销售市场的覆盖面。2016 年,灵宝在阿里巴巴、淘宝、天猫等注册果品电商 52 家,销售苹果 100 多万斤。永辉果业公司先后在苏宁易购和京东商城建立 2 个灵宝农产品特色馆,进一步拓展了电商销售渠道。为提高果品电商人员的营销能力,灵宝市邀请专家举办讲座,先后邀请浙江天演维真科技公司、三门峡金秋果业、"山果演义"电商等技术人员举办果品电商专题知识培训班,加强网络店面营销策划。

通过渠道拓展,让"灵宝苹果"走出去,从单一区域走向更广泛的市场,让全国人民都能吃上脆、香、甜的高原苹果。

五、当前问题与发展建议

灵宝市果品产业协会确定"灵宝苹果,天赐高原好果"为宣传口号,采取"统一品牌、商标各异、母子品牌联动、核心品牌突出"的办法,壮大"灵宝苹果"母品牌形象,带动旗下"寺河山""岭宝"等13个加盟子品牌发展。

尽管成绩不俗,但"灵宝苹果"在落地运行中也遭遇了不少困难。在第一个品牌五年规划实施后,"灵宝苹果"取得了较好的发展,但烟台、宝鸡等同类产品都相继开始实施品牌战略规划,并加强了营销传播攻势,因此灵宝苹果需进行新一轮的品牌规划,提升品牌形象,提高品牌消费关系,否则将落后于其他品牌。同时,果品产业协会作为品牌管理单位,在维护品牌和市场管理方面需加大力度,规范苹果销售市场部分品牌符号使用及包装印制。加强果农和果品销售企业的品牌意识,在"灵宝苹果"品牌树立、保护和使用方面提高品牌意识,开拓高端果品销售市场动力。接下去,灵宝苹果品牌建设将继续围绕果品质量管控、品牌传播力度、销售渠道拓展、完善配套服务等方面,进行精准施策。

第十三章　烟台苹果:坚守中国苹果品牌引领者地位

地标概况

烟台位于山东半岛东部,濒临黄渤海。烟台苹果栽培历史悠久,是中国苹果栽培最早的区域。1871年,西洋苹果引进烟台,成为中国第一个真正现代意义上的苹果,开创了中国现代苹果之源。烟台降水、日照充足,适合苹果生长,苹果的种植技术和管理水平高。在这里长成的烟台苹果皮薄肉脆,鲜香多汁,具有口感酸甜黄金比。

2014年,"烟台苹果"品牌战略规划编制完成,并发布了品牌新形象。2018年,中华人民共和国农业农村部正式批准对"烟台苹果"实施农产品地理标志登记保护(AGI02406)。"烟台苹果"农产品地理标志地域保护范围为:东经119°34′~121°57′,北纬36°16′~38°23′的烟台市行政区域内,包括芝罘区、莱山区、福山区、牟平区、开发区、高新区、蓬莱市、龙口市、莱州市、招远市、栖霞市、莱阳市、海阳市、长岛县、昆嵛山自然保护区等15个县市区,154个乡镇(街道办),6137个行政村。"烟台苹果"总生产面积18.8万公顷,年总产量464万吨。2019年,"烟台苹果"入选由中华人民共和国农业农村部推出的"农产品地理标志保护工程"。

截至2019年,烟台全市苹果种植面积达到282.6万亩,产量559万吨,产值达192.7亿元。"烟台苹果"内销29个省份,常年销售330万吨;出口遍及六大洲30多个国家和地区,常年出口60万吨,约占全国的50%。苹果已经成为烟台的特色和品牌之一,全市有60%的乡镇和50%的农户主要从事果业生产。果业已成为当地农业的支柱产业,成为农民收入的主要来源。在《2020中国果品区域公用品牌价值评估报告》中,"烟台苹果"以145.05亿元位列果品区域公用品牌价值第一名,连续12年蝉联中国果业第一品牌。

一、后生可畏,第一个苹果面临挑战

1871 年,苹果由美国传教士约翰·倪维思夫妇带入烟台,栽种于烟台毓璜顶南麓,创建"广兴果园"。从此,烟台成为中国现代苹果之源,成为中国现代苹果的发源地。至 20 世纪 80 年代,烟台培育的"青香蕉""红香蕉"苹果香飘祖国大江南北,并远销海外,年出口达 1 万余吨。20 世纪 80 年代初,从国外引进富士苹果,在烟台试栽成功并迅速推广到全国。在中国,历来有"中国苹果看山东,山东苹果看烟台"之说。

"烟台苹果"在早期便具有品牌经营的意识,2001 年开始拿出专项资金,在国内外开展"烟台苹果"的宣传推介工作。2002 年,成立烟台市苹果协会,把保品牌、树旗帜作为第一要义,主动担当起"烟台苹果"这一百年品牌的认证注册工作。同年,获得国家地理标志产品保护,并先后获得了国家地理标志证明商标和中国驰名商标。为了让"烟台苹果"更具象,烟台组织开展"烟台苹果十大品牌"评选活动,初步完成了"烟台苹果"母子品牌体系的搭建,让高高在上的区域品牌落了地。围绕苹果品牌文化建设,烟台市开展了苹果义卖助学和捐赠、举办"果香烟台"摄影大赛等一系列活动,发展独具特色的"苹果剪纸文化",凝聚"烟台苹果"的地域特色和城市特点。

2000 年,烟台栖霞果农王秀英利用着色原理把自己的剪纸作品和文字粘贴在刚摘袋的苹果上,十几天后,各种艺术图案和文字被阳光形象地"雕刻"在苹果表皮上,使苹果增添了新的文化艺术价值和情感色彩。这些苹果在烟台国际果蔬博览会亮相后,受到海内外客商的追捧。2002 年 10 月,在北京举办的首届栖霞苹果艺术节上,由 6000 多个书法苹果组成的《感恩农业赋》和 64 首《耕织诗》吸引着众人。2004 年 9 月,在烟台举办的第六届国际果蔬博览会上,16000 多个优质苹果组成了万里长城图案;2003 年在第八届国际果蔬博览会上,用艺术苹果雕塑的苹果巨龙以其磅礴的气势、生动的造型和交叉立体感,受到了与会人员的赞叹。苹果与艺术的结合,使苹果这种低质消费品,一跃变成了传递情感、传播文化的高档艺术品。

2014 年 7 月,中国第一枚《苹果》特种邮票在烟台首发,"烟台苹果"成为"国家名片"。

截至 2014 年,"烟台苹果"已发展成为面积 265 万亩、产量 452 万吨、产值 126.9 亿元的庞大产业。在《2014 年中国农产品区域公用品牌价值评估报告》中,"烟台苹果"品牌价值已达 101.05 亿元,占据果品类第一,远超第二名近一倍。这已是"烟台苹果"连续第六年蝉联桂冠。

然而，与诸多百年老品牌一样，新形势下，"烟台苹果"的品牌发展遭遇瓶颈。首先，形象老化、诉求模糊、传播乏力等农产品区域公用品牌发展的通病，在"烟台苹果"身上亦见一二；其次，洛川、灵宝、阿克苏等苹果后起之秀均凭借新的竞争优势，发展迅猛，给"烟台苹果"带来了诸多压力。

因此，2014年，烟台苹果协会与烟台市农业局决定，通过规划品牌发展的战略体系，顺应市场发展新形势、宏观政策新方向，突破自身发展的瓶颈，正视新兴产区围剿的挑战，推动大产业的升级转型，促进老品牌的焕然新生。

二、重新考量品牌资源价值

（一）区域地理资源价值

1. 以丘陵为主的地形，土壤肥力高

烟台地形属起伏缓和、谷宽坡缓的波状丘陵区，西部与胶莱平原相接，低山连绵，丘陵起伏，沟壑纵横；平原、洼地分布于河谷两岸及滨海地带。由于内外地质营力共同作用的结果，使市域内出现低山、丘陵、准平原、平原、海岸等多种地理地貌类型，以丘陵低山为主，丘陵占39.7%，低山占36.6%，平原占20.8%，洼地占2.9%。全市土壤划分为8个土类、18个亚类、40个土属、114个土种。其中棕壤土最多，占总土地面积的80.7%。烟台以丘陵低山为主的地貌，三面环海，造成昼夜温差适中；棕壤土土质细而松软，耕性良好，保水力强，土壤肥力较高。这样的地形和土壤条件适合苹果树的生长，造就了"烟台苹果"的优质品质。

2. 河流密布，流域面积广大

境内中小河流众多，长度在5公里以上河流121条，其中流域面积300平方公里以上的河有五龙河、大沽河、大沽夹河、王河、界河、黄水河和辛安河7条。河床比降大，源短流急，暴涨暴落，属季风雨源型河流，其冲积形成的小平原，沙土层厚而肥沃，非常利于"烟台苹果"的生长。

3. 烟台位于北纬37°，被史学家、地理学家称为"神奇的纬度"

这里背山面海，气候温润，资源丰富。数据显示，每年，烟台"蓝天白云"天数都保持在300天以上。

烟台市属暖温带大陆性季风气候，与同纬度内陆地区相比具有雨水适中、空气湿润、气候温和的特点。夏季来自太平洋的潮湿南风被崇山峻岭所阻挡，烟台少了夏日里雨雾般的潮湿，冬季来自西伯利亚的严寒掠过海面被大海所调节变得温和湿润，形成了独特的小气候。全市多年平均降水量为672.5毫米,年内分布不均,主要集中在 6～9 月,占年总降水量的 70%,此时正值苹果坐果和果实生长旺盛需水量较大的时期;待秋季苹果生长着色时降水量比较适中。多年平均气温 12.6℃,最冷的 1 月份,平均温度－1.2℃,能够满足苹果自然休眠对低温条件的要求;最热的 7 月份,平均温度 24.8℃,有利于苹果花芽分化和果实发育;特别是秋季具有适中的昼夜温差,有利于增进果实糖分的积累和促进着色。多年平均日照时数 2698.4 小时,多年平均无霜期约 210 天。

4. 生态环境优,植被类型丰富

烟台植被属暖温带落叶阔叶林区的胶东丘陵栽培植被赤松麻栎林分区,由于水、热条件良好,本区域的植被类型和植物资源都比暖温带落叶林区的其他处丰富和繁茂。全市现有植物资源 1349 种,其中木本和藤本植物 70 科 457 种,草本植物 120 科 742 种,栽培植物(不包括观赏植物)150 种。国家重点保护野生植物 9 种,其中国家一级 3 种,国家二级 6 种。"烟台苹果"产区的生态环境非常优越,适合植被生长,自然也能在此长成优质的苹果。

(二)苹果产业资源价值

1. 品种繁多,色味俱佳

烟台苹果具有果型端正、果面光、色泽鲜艳、汁多爽口、果肉松脆的特点,口味酸甜适口,且果肉硬度大,纤维少,质地细,果汁含量在 89% 以上。"烟台苹果"品种齐全,以红富士最负盛名,属于代表品种。红富士有"早熟红将军""晚熟条纹 2001"等,此外,"红星""红玉""黄魁""丹顶""瑞香""八月酥""白沙蜜"等品种,也都色味俱佳,各具特色。

2. 种植历史悠久,种植经验丰富

"烟台苹果"历史悠久,是中国西洋苹果栽培最早的地方,早在 1618 年以前就有苹果栽培。《中国福山县志》记载,明朝万历年间就有"花红"之称。1871 年,西洋苹果由美国传教士约翰·倪维思从美国、西欧等地引入,传教士引进以青香蕉、红香蕉两个品种为主,以后又发展了小国光、金帅,改革开放后引进了红富士、乔纳金等。

3. 种植技术先进,科研力量雄厚

在 20 世纪 80 年代,国外新品种纷纷上市,日本的红富士、美国的蛇果竞相占领国际市场。到 80 年代中期,"烟台苹果"出口量仅剩数百吨,面临着出口出不去,国内又大量积压的局面。

为此,烟台市铺开了苹果产业的提质升级工程,在 8 年时间内,实现了传

统品种向新品种的转变。选育出的烟富1~6号着色系红富士品种，品质明显优于日本同类品种。接着，烟台大力推广普及了苹果套袋技术、苹果病虫害防治体系和一套自主创新的果树修剪技术，于2000年从美国北卡罗来纳州立大学引进了一套世界先进的苹果保鲜技术。"烟台苹果"的种植和冷藏保鲜技术全面升级，达到了世界先进水平。

烟台苹果在品种更新、技术研发及精深加工等方面，一直引领全国苹果产业发展。烟台苹果产业科研体系健全，仅国家级平台就建有农业部苹果育种中心、农业部果品和苗木质量监督检验测试中心、国家苹果产业技术体系烟台试验站。在苹果高产措施中，业内常说的苹果套袋、转果、铺设反光膜等一系列高产优质集成技术，均由烟台研发并推广至全国各地。当前烟台正大力推进矮砧密植集约标准化示范园建设，在现代苹果栽培模式的变革与发展方面又走在了全国前列。

2014年，市政府下发《关于加快推进苹果产业提质升级的意见》，"二次革命"更加彻底，开启了刨根换种的品质革命，依托农业部果品和苗木质检中心、农业部（烟台）苹果育种中心等10余所科研机构，引进国内外优良品种和砧木500多个，培育出"烟富3号""红将军"等10余个优良脱毒品种，开发出富硒、SOD等功能性苹果。

（三）区域文化资源价值

非物质文化遗产丰富，文脉深厚。烟台还拥有一大批国家非物质文化遗产，如八仙传说、长岛渔号、海阳大秧歌、胶东大鼓、烟台剪纸、莱州草辫等等。这些凝结千年智慧的文化遗产，已融入烟台海岸生活的常态中，融汇到烟台旅游发展的脉络中，当然也融入烟台农产品的每一种味道之中。

三、诠释"第一个"的品牌内涵

（一）从资源价值到品牌价值

进一步研究"烟台苹果"的产品特质与资源价值，发现该品牌拥有"中国第一个苹果"的立体素质。

在口感方面，由于所处地理环境，烟台的昼夜温度无法像新疆地区那样差异巨大，因此"烟台苹果"不像阿克苏冰糖心苹果一样达到18°以上的含糖量，具有糖分结晶，而是在酸甜比方面恰到好处，满足了不喜过甜消费者的需要。

在种植水平方面，由于较早开始苹果种植，积累了丰富的经验，脱贫攻坚的需要也使得政府在此投入了相当大的重视，"烟台苹果"的种植技术和管理水平在全国乃至全世界都处于领先水平。

烟台所处纬度北纬 37°被史学家、地理学家称为"神奇的纬度",在这个纬度上盛产优质农产品,背山面海的地形和温润的气候带来了烟台优越的生态条件,可以比拟华盛顿、青森等世界知名苹果产区。

自 2009 年起,烟台连续多年蝉联中国农产品区域公用品牌价值评估果品类第一,本身就具有一定的品牌价值,享誉全国,是全国耳熟能详的苹果区域公用品牌。

最特别的是,"烟台苹果"是中国历史上第一个苹果,1871 年就已传入烟台,开创了中国苹果之源。

作为一个百年品牌,"烟台苹果"在产品品质、产业水平、生态环境、品牌溢价、历史文脉等方面具有突出优势,这些优势立体构成了"烟台苹果"的品牌价值支撑链:

口感酸甜黄金比:皮薄汁多,鲜香脆爽,酸甜比例恰恰好

种植水平优先级:种植技术、管理水平,国内领先、世界一流

生态条件世界级:生态条件比拟华盛顿、青森等世界著名产区

品牌价值第一高:多年蝉联中国农产品区域公用品牌价值评估果品类第一

中国历史第一个:1871 年由美国传入烟台,开创中国苹果之源

(二)从资源价值到品牌表达

价值支撑链中的五大支撑点,均是"烟台苹果"区别于国内其他苹果产区的独特优势,其中,最为突出的是"中国历史第一个"。如今发展迅猛的西北产区、西南产区等中国其余苹果产区,均是直接或间接从烟台引进第一棵种苗以启山林。烟台是中国苹果种植、中国苹果文化的根脉所在。基于此,"烟台苹果"决定彰显自己的产业地位和深厚的历史渊源,将品牌口号确立为:"中国第一个苹果,烟台苹果。"

品牌口号没有使用华丽的修辞手法,以平实但却精确的语言点出,"烟台苹果"是中国第一个苹果,寥寥数字,却尽显"烟台苹果"的地位和自信。数字的使用,能够给消费者留下足够深刻的印象。"第一"具有丰富的想象空间,第一个出现、排名第一、口味第一……这些都是可能的联想。

(三)从资源价值到品牌传播

"烟台苹果"品牌推广战略以品牌口号和品牌形象为核心,以基础升级和形象传播为重点,分三个阶段逐步推进,实现"烟台苹果"品牌的全面升级与市场突破。三个阶段的重点工作因循品牌传播规律有所不同。第一阶段:求新。即对果园、渠道、产品等基础内容进行优化升级,并全面更新重塑"烟台苹果"

品牌形象,以全新形象演绎品牌故事。第二阶段:求强。即进一步丰富品牌内涵与传播工具,增强与消费者沟通,并与关联产业开展深入互动。第三阶段:求稳。即加强品牌监管,稳固品牌美誉度,并在市场渠道、活动推广等方面进行多元拓展。

四、再现"第一"的符号体系与符号意义

(一)品牌主形象

"烟台苹果"的品牌主形象(见图 13-1),将世界范围内普遍表示认可的大拇指形象及苹果自身形象进行了巧妙结合,翘起的大拇指形似苹果梗,勾勒出专属烟台的"大拇指苹果"形象,与品牌核心价值诉求完全一致。"烟台苹果"与大拇指合二为一,这样的创意结合既让消费者会心一笑,从而留下深刻印象,又暗示了"烟台苹果"的品质让人称赞的特点,潜移默化地在消费者心中树立对"烟台苹果"的好感度。

大拇指苹果中有"烟台苹果"英文写法 YANTAI APPLE,同时大拇指也是全世界范围内普遍表示认可的手势,便于"烟台苹果"的国际化传播。

整体形象以圆滑线条一笔勾勒完成,简洁大方,便于品牌传播及消费者记忆;主形象下辅以品牌辅助口号,进一步丰富形象内涵及画面感。

图 13-1 "烟台苹果"品牌主形象

(二)品牌价值支撑图形

价值支撑图形以品牌主形象大拇指苹果为基础,将五大支撑点具象化,在大拇指苹果的内部加入代表着每一条价值支撑的图形,广泛用于产品包装、品牌推广等画面,强化消费者的品牌印象。(见图 13-2)

193

图 13-2 "烟台苹果"价值支撑图形

（三）传播辅助图形

传播辅助图形以文字和画面相结合的方式，描绘了"烟台苹果"的历史、环境、技术等价值，广泛用于宣传物料和办公物料画面中，以丰富传播形象，通过图像吸引消费者注意，再通过文字加以辅助说明，有理有据。在设计中融入了烟台特色的非物质文化遗产烟台剪纸元素，颇具巧思。（见图 13-3）

图 13-3 "烟台苹果"传播辅助图形

（四）品牌卡通形象

卡通形象以品牌主形象为基础，以拇指苹果为卡通形象的头部，创意出俏皮可爱的"拇指哥"，象征享受的小男孩、欣喜的小男孩、夸耀的小男孩，时而举起大拇指，时而举起苹果，并露出垂涎欲滴的神情。既是品牌代言，又是消费者的典型代表。卡通形象能够拉近品牌与消费者间的距离，便于记忆，利于在消费者心中根植品牌好感度。同时也与主形象、其他辅助传播图形形成一套体系，深化了"烟台苹果"是中国第一个苹果的核心价值，便于后续衍生宣传产品的制作。

图 13-4 "烟台苹果"品牌卡通形象

（五）品牌形象应用

1."烟台苹果"专卖店

主色调为饱和度较高的红色，在视觉上有吸睛的效果，店头为"烟台苹果"的 LOGO 与品牌名称，品牌名称的下方为品牌辅助传播口号。店铺内的海报上出现"烟台苹果"品牌口号与品牌卡通形象，从多个维度传达品牌信息。（见图 13-5）

烟台苹果专卖店　　　　　　　　烟台苹果专卖店

图 13-5 "烟台苹果"专卖店示意图

2."烟台苹果"包装

"烟台苹果"的包装盒同样以红色为主色调，吻合苹果的外形颜色特点，带来喜气洋洋的感觉，有助于提升品牌好感度。包装盒的中心位置是"烟台苹果"的 LOGO、品牌名称及辅助传播口号，画面下方以辅助传播图形作为装饰和进一步的价值说明，简明的排版有助于消费者了解"烟台苹果"的优势，使消费者在心智中给它留有独特地位。（见图 13-6）

"烟台苹果"的运输包装将品牌口号放在了箱子顶部，这样一开箱就能看

图 13-6 "烟台苹果"包装盒

见,同时重点强调了核心价值体系。(见图 13-7)

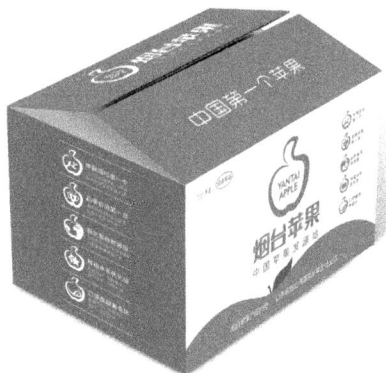

图 13-7 "烟台苹果"运输包装

"烟台苹果"的出口包装(见图 13-8)上有烟台剪纸的图案,采用传统元素展现文化自信,民族的就是世界的,图画比文字更能传递意涵。

(六)传播文案

从价值支撑的五个维度衍生传播文案,以接地气但饱含深情的语言向消费者传达出"烟台苹果"的优势。

主体文案之一:"烟台苹果,中国苹果的故乡。1871 年,传教士倪维思远渡重洋,将苹果苗带至烟台。苹果自此在烟台生根发芽,而后传遍神州。烟台是中国苹果的故乡,是中国苹果的根。欢迎你,常回家看看。"(见图 13-9)

图 13-8 "烟台苹果"出口包装

图 13-9 "烟台苹果,中国苹果的故乡"配图

主体文案之二:"烟台苹果,童年记忆里的第一口。那时过年,外婆小心翼翼削好一只苹果,递到跟前说,娃儿,烟台苹果喏,好吃着! 那是关于苹果的最初记忆,也是最深记忆。

烟台苹果,带你回到童年。"(见图 13-10)

主体文案之三:"烟台苹果,口感酸甜黄金比。咬一口烟台苹果,'咔滋'一声,汁润满口,甜中回酸,恰如人生百味,甘苦自知。不偏不倚,不盈不缺,好就好在刚刚好。烟台苹果,给你刚刚好的酸甜口感。"(见图 13-11)

主体文案之四:"烟台苹果,种植水平全国领先。不必懂矮化、育苗的专业技术,只需看那烟台果园里,一行行排列如线的苹果树就知道,烟台的果农倾尽心血,才有这领先全国的苹果产业。烟台苹果,用心种出的好苹果。"(见图 13-12)

主体文案之五:"烟台苹果,环境媲美世界著名产区。翻开世界地图,你会发现那些如雷贯耳的著名苹果产区:日本北海道的青森、美国华盛顿的卡斯克

图 13-10 "烟台苹果，童年记忆里的第一口"配图

图 13-11 "烟台苹果，口感酸甜黄金比"配图

图 13-12 "烟台苹果，种植水平全国领先"配图

德都与烟台处在同一纬度上,有着相似的海岸风光与温润气候。烟台苹果,来自媲美世界级产区的优美环境。"(见图 13-13)

图 13-13　"烟台苹果,环境媲美世界著名产区"配图

五、多条通路,巩固中国苹果第一品牌地位

农业品牌化是现代农业的重要标志,依靠品牌带动产业转型升级是烟台农业发展的必然趋势。烟台市不断加强苹果品牌建设,先后出台《关于加快推进苹果产业提质升级的意见》《烟台苹果品牌战略规划》,从政策、制度上为品牌发展明确方向。同时,通过开展"烟台苹果十大品牌"评选培育活动,组织果品龙头企业到国内外大中城市举办推介会、展销会,举办国际果蔬·食品博览会,重点宣传推介烟台果品,在中央电视台播放"烟台苹果"宣传片等,有力地提升了"烟台苹果"品牌的认知度和品牌影响力。

(一)农业交流会,异彩纷呈

2020 年,中国·山东国际苹果节(见图 13-14)在烟台国际博览中心开幕,线上线下展示活动同步拉开,来自国内外主要苹果产区及优质果品产区的 24 个展团参展,烟台八个苹果主产区在此亮相。

红色的富士、绿色的国光、黄色的金帅等各异果品,及苹果脆片、果汁、苹果酒等深加工产品亮相现场,10 个直播间的"网红"主播们准备就绪(见图 13-15),智慧苹果"云参观"、助农惠农线上平台和产销对接平台搭建完成,"烟台苹果"产业以全新的面目展现在世人面前。

(二)线上线下广告,辐射全国强势曝光

"烟台苹果"重视线上线下全渠道的曝光,在全国范围内提升品牌知名度。

图 13-14　中国·山东国际苹果节开幕

图 13-15　苹果节直播

其中既包含了诸如报纸、电视、广告牌等传统渠道,也包含了微信等新媒体渠道。

2016 年,《人民日报》刊登文章《烟台苹果:不俗口味,红遍全国》,展现了"烟台苹果"的优质品质与独特品种。"烟台苹果"在中央电视台、人民日报、新华社、《农民日报》等主流媒体发布高质量信息 700 余篇。

"烟台苹果"多次登上央视。2015 年 9 月 1 日,"烟台苹果"在中央电视台发布广告片(见图 13-16)。2016 年,央视一套《大美中国》播出烟台栖霞苹果(见图 13-17)。2019 年 9 月 9 日,免套袋苹果登陆央视新闻频道的景观直播特别节目《丰收季节》(见图 13-18),在上午 10 点及下午 3 点,进行了两次现场直播。

图 13-16　"烟台苹果"央视广告片

图 13-17　"烟台苹果"亮相央视一套《大美中国》

图 13-18　"烟台苹果"登陆央视新闻频道《丰收季节》

烟台委托国内知名广告公司,在市区主要道路及高铁站等窗口位置,树立"烟台苹果"公益广告、十大品牌广告牌。

同时,在微博、微信等新媒体开通"烟台苹果"官方微博(见图 13-19),在当地主要交通出入口、港航码头、火车站、AAAA 级以上景区等集中开展广告宣传。目前,烟台市正在开发苹果文化系列纪念品,争取将"烟台苹果"列入国家邮票发行范围。

图 13-19 "烟台苹果"官方微信公众号

(三)农旅结合,苹果产业提质升级

烟台政府推进产业与休闲观光、乡村振兴深度融合,拉长产业链和价值链,巩固提升"烟台苹果"中国果业第一品牌地位,实现果业强、果乡美、果农富。

具体的举措有:在苹果主产县规划建设各具特色的苹果主题公园、雕塑广场、博物馆(见图 13-20),展示烟台市苹果产业悠久的发展历史、丰富的种质资源和鲜明的品牌特色;大力发展生态休闲观光果业,扶持建设一批星级采摘观光果园;开展"烟台苹果"摄影大赛等活动,创作以"烟台苹果"为题材的文学艺术作品,利用歌曲、诗歌、书法、绘画等多种形式,加强苹果文化交流与合作,

图 13-20 "烟台苹果"文化博物馆

使"烟台苹果"产业真正实现提质升级。

2019 年 10 月 20 日，"烟台苹果"科技创新中心、大数据中心、展示交易中心和苹果文化博物馆"三中心一场馆"已全部建成运营。

（四）深加工与精加工，延长产业链创收

烟台不断加快推进苹果产业高质量发展，加速更新改造老龄低效果园，进一步提升优质果率，提高苹果的加工比例。2020 年，国家、省、市、县四级财政支持苹果产业专项资金累计达到 2.7 亿元，全市更新改造老龄果园 47.2 万亩，超额完成全年目标的 18%；建设市、县、镇、村四级标准化示范园区170 处。

除了改造低效老龄果园，烟台市加快品种创新、技术创新、装备创新，开发SOD、富硒、富硅等功能性果品苹果品种从以富士系列为主，向多品种多口味优质果品转型。目前示范园内苹果品种达到 60 多个，包括珊夏、华硕等红色果系，静香、瑞雪等黄色果系，岱绿、王林等绿色果系，实现了"早中晚、红黄绿、甜香脆"全覆盖，凡是市面上有的品种在种友基本都可以找到，成为优质苹果品种的展览园。

"烟台苹果"延伸拓展产业链，发展精深加工，开发生产果胶、果酒、果醋、果粉、膳食纤维、香精、籽油等系列深加工、高附加值产品，用新品种、新风味抢占中高端市场，推动"烟台苹果"的产业转型升级、多次转化增值、持续提质增效。如国内饮品醋行业标准制定者龙口市绿杰公司，不仅种出了有机苹果，还"种出了"营养丰富、口感独特的"液态苹果"——苹果醋。经过多年发展，绿杰已拥有 3 万吨苹果原醋发酵站，5 条世界一流的全自动生产线，年生产能力突破 10 万吨，苹果附加值可提高 6 倍以上。目前正与江南大学、济南果品研究院等合作进行益生菌发酵饮料等产品研发。

（五）全渠道覆盖，助力销量提升

"烟台苹果"巩固提升线下实体营销网络，2020年上半年在全国一二线城市建设100个"烟台苹果"品牌形象店。

2015年上半年烟台电子商务交易额达到928.6亿元，同比增长35.8%。烟台先后培植了包括莱阳市、栖霞市、福山区等在内的6个农村淘宝示范县，建设线上农产品电商平台——"烟台苹果"网（见图13-21），已有多家龙头企业开通了电子商务。

图13-21 "烟台苹果"网

未来，烟台将引导中小微果品企业、种植大户、家庭农场、合作组织以及批发市场经营业户，在淘宝网"特色中国—烟台馆"、中国苹果交易网等第三方电子商务平台开设网店，推动一批品牌企业开设"烟台苹果"销售旗舰店。

（六）积极投入公益活动，赢得美誉度

烟台积极组织义捐献爱心行动，疫情期间组织爱心企业开展"烟台苹果，驰援黄冈"爱心行动，累计向湖北黄冈捐赠苹果220多吨，有力支援了黄冈战"疫"，中央电视台《新闻联播》进行了专题报道。公益活动能够吸引到自然流量，有益于提升品牌的知名度，同时提升品牌在消费者心中的好感度与美誉度。

截至2019年，全市苹果种植总面积和总产量分别达282.6万亩、559万吨，均居全国地级市首位；全市苹果种植人员近100万人，产值达192.7亿元，居全国地级市首位。

"烟台苹果"内销29个省份，常年销售330万吨；出口遍及六大洲、30多个国家和地区，常年出口60万吨，约占全国出口量的1/2。

品牌价值从2009年初次公布的80.97亿元，到2014年突破百亿大关，达

图 13-22　"烟台苹果，驰援黄冈"爱心行动

到 101.05 亿元；而在 2015 年全新的"烟台苹果"品牌符号引领下，"烟台苹果"品牌价值强势增长，2015 年 105.86 亿元，2016 年 126.01 亿元，2017 年 131.95 亿元，2018 年 137.39 亿元，2019 年 141.48 亿元，到 2020 年已达 145.05 亿元。

六、未来发展建议

（一）开发农业生态体验园模式，借助现代化手段传播

在农旅结合方面，"烟台苹果"在农业生态体验园模式上有较大可提升空间。当前多数的果农在苹果收获的季节，将苹果直接卖给经营商或存入冷库等待出口，专业做苹果生态体验园的农户很少，因而苹果附加值较低，销售方式单一且没有品牌特色。

苹果生态体验园，应当把重心放在与其他园区果园的差异化与特色化上。将采摘、观赏、农事体验、亲子娱乐等根据目标客户群体需求加上自身优势，来确定具体的经营模式与发展方向。如开拓男性偏爱的能容纳多人垂钓的垂钓区，女性比较喜欢的"情境化体验"花卉观赏以及儿童喜爱的纪念品手工定制、趣味运动等来充分体现苹果休闲体验园的功能。

企业及果农应对现有市场营销的模式进行精准定位，借助互联网的大数据技术，对市场上消费者信息及偏好进行深入分析与研究，如利用流行度较高的"微商"理念，对微信朋友圈进行广告的投放，对市场进行提前预热，来实现"互联网＋"的精准营销。与此同时，在新媒体的迅速发展下，各类短视频网站及 APP 受到人们的广泛喜爱，成为娱乐消遣的一大主流。因此，通过抖音、快

手、微视等短视频 APP 进行视频营销，以实现低成本高效率营销。

（二）规范区域公用品牌使用，打造质量追溯监管平台

虽然已对"烟台苹果"区域公用品牌进行规划，但在实际执行上仍存在欠缺之处。在电商平台上，仍可见不少打着"烟台苹果"旗号的产品，并未使用统一的区域公用品牌标志与包装，这种现象将带来两大弊端：一是非"烟台苹果"以次充好，扰乱市场，降低"烟台苹果"在消费者心目中的好感度；二是缺乏区域公用品牌背书的"烟台苹果"难以得到消费者认同，从而形成销量低迷、打击果农信心的现象。为此，应建立起"烟台苹果"的品质保障机制，引入第三方专业技术机构，打造质量追溯监管和信息平台，同时提高"烟台苹果"的组织化标准化水平，以此让产品长期健康成长。

第十四章　武当道茶:基于文脉 对应现代

地标概况

　　茶,自神农发现和利用以来,在中国历史上已被吟咏了几千年之久。位于湖北省十堰市那古老而神奇的秦巴武当山区,是我国茶叶的主要发源地之一,"武当道茶"就生长于此。茶圣陆羽在其所著《茶经·一之源》中有记载:"茶者,南方之嘉木也,其巴山峡川,有两人合抱者",其中所指的巴山即指大巴山一带。"武当道茶"历史悠久,曾有梅子贡茶、太和茶等作为贡品敬献朝廷。

　　十堰市位于我国秦巴山区汉水谷地,与鄂、豫、陕、渝四省市交界,是著名道教圣地——武当山以及南水北调中线工程核心水源区——丹江口水库的所在地。这里群山环绕、汉江润养,昼夜温差大、阳光漫射时间长、云雾缭绕,生态环境极其优越,从而孕育了"武当道茶"那"形美、香高、味醇、有机"的茶叶品质。

　　2010年,中华人民共和国农业部批准对"武当道茶"实施农产品地理标志登记保护(AGI00393)。"武当道茶"地理标志地域保护范围为东经109°29′~111°34′,北纬31°31′~33°16′,涵盖湖北省十堰市所辖的竹溪县、竹山县、武当山旅游经济特区、房县、郧县、郧西县、丹江口市、张湾区、茅箭区共计9个县(市区)、104个乡镇,茶园保护面积约3万公顷。2019年,"武当道茶"入选由中华人民共和国农业农村部推出的"农产品地理标志保护工程"。

　　2016年,"武当道茶"农产品地理标志品牌重塑规划编制完成,并拍摄品牌形象片发布新形象。2017年,"武当道茶"品牌形象片获"金桂杯"广告大赛全场大奖;2019年,"武当道茶"品牌形象片获"中华茶奥会"品牌形象片唯一金奖;2020年,"武当道茶"的品牌价值达到29.69亿元,相较于2017年,整体提升了近32.90%。

一、"文脉"初探

　　据世贸组织知识产权协议《与贸易有关的知识产权协议》的定义,地理标志是指"证明某一产品来源于某一成员国或某一地区或该地区内的某一地点的标志。该产品的某些特定品质、声誉或其他特点在本质上可归因于该地理来源"。因此,得到登记、注册保护的地理标志农产品,一般都具有无法复制的地域以及文脉特征。聚焦到武当道茶我们可以有以下发现。

首先,在地域特征上,"武当道茶"茶产区属秦岭余脉和武当(见图 14-1)、大巴山系,这里地势起伏明显,高差悬殊,茶园大都分布在海拔 500~1200 米的中山、高山地区以及山间河谷盆地和丘陵低山带,植被丰富,土壤以偏酸性的黄棕土和沙质土为主,有机质含量高。长江最大支流汉江以及汉江最大支流堵河贯穿十堰全境,水资源丰富;这里气候湿润,光照充足,冬少严寒,夏少酷暑,温度年际变化不明显,气温年较差小。由于北有秦岭山脉对北方冷空气的阻挡和削弱作用,南有大巴山系对西南暖湿气流的阻隔和扰动影响,加之境内丹江口、黄龙滩等大型水库的"水体气候效应"及众多散落分布的山间河谷、盆地的"地形效应",使得"武当道茶"茶产区的气候既具有北亚热带季风气候的典型特征,又有相较于同类气候区域内其他地区所独有的个性特点。这些优越的地理气候条件,丰沛的优质水资源,广阔的山地面积,为"武当道茶"优质茶的生产提供了十分理想的生态环境。

图 14-1 武当山区

其次,在文脉特征上,"武当道茶"茶产区包含世界著名道教圣地武当山。武当山方圆八百里,横贯十堰全境,兼具泰山之雄伟、华山之险要,以"四大名山皆拱揖,五方仙岳共朝宗"的"五岳之冠"地位闻名于世。山上共有古建筑

53处,建筑遗址9处,早在1994年,武当山古建筑群便被列入世界文化遗产名录,2006年,整体被列入全国重点文物保护单位。自汉末起,武当山就已是求仙学道者的栖隐之地。唐代以来,历代皇室都对武当山有所封奖,至明代,武当盛名达到顶峰。明永乐皇帝命20万军民、工匠大修武当山,并封其为"大岳",居"五岳"之上,嘉靖皇帝更是将武当山尊为至高无上的"皇室家庙",列其为"天下道教第一名山"。

武当仙山,风景旖旎,群峰耸峙,飞云荡雾,古木参天,泉水潺潺,气候宜人,是道家修性养生的理想场所。据史书记载,中国古时植茶、制茶、饮茶多在道观寺庙风行,由此也出现了名山道观出名茶的现象。道茶出自道人,道人传承茶道,千百年来,经久不息,"武当道茶"正是以其独特的品质功效和浓厚的道教色彩,与西湖龙井、武夷岩茶、寺院禅茶并列为中国四大特色名茶。

可以看到,正是在适宜茶叶生长的地理环境以及道教圣地深厚历史文脉的滋养、熏陶之下,"武当道茶"得以成为地理标志农产品。但是,横向比较众多同样获得农产品地理标志登记保护的茶叶品牌,我们可以发现,虽然在具体地理特征上品牌之间各有差异,但是最终都是殊途同归,无非就是好山好水、优质土壤、适宜气候这几点地理特性,除非是位于极具特色、具有极高知名度的地理位置,否则通过诉求地域上的特征往往很难从众多茶品牌中脱颖而出,难以塑造独树一帜的品牌个性。但是,在文脉特征上,品牌通过深入挖掘与演绎各自独一无二的文化属性,往往可以打造鲜明的品牌形象。

中国是茶的故乡,四千余年的饮茶历史,形成了集茶道、茶德、茶艺等于一体的中国茶文化,并通过丝绸之路传向世界、影响世界。这片神奇而精巧的东方树叶,将中国文化中的儒、道、佛糅合其中,形成了独属于它自身的文化体系。所以,早在品牌营销以产品本身功能为诉求的时代,一些茶叶品牌的营销便超脱产品本身,尝试着进行品牌文化的表达,但是遗憾的是,许多中国茶品牌在文化诉求的表达中,仍然局限于茶本身,例如宣扬其作为贡茶、御茶的历史,彰显其复杂而精妙的工艺,传播其真实或虚构的趣闻茶事。这些虽是茶文化的重要组成部分,但作为品牌核心价值进行表达时,往往缺乏传播力、穿透力,茶品牌的塑造不该局限于此。

"武当道茶",仅从这四个字的品牌名称中,我们便能深切地感受到其在受道家名山的熏陶之下那闻道而长的深厚文化底蕴,因此,道教文化便成为"武当道茶"进行品牌发展的重要优势潜力资源。事实上,十堰市在前期建设"武当道茶"品牌的过程中,也注意到了此文脉优势,并试图借助当地得天独厚的道教文脉资源来将"武当道茶"品牌打出去。2009年10月,湖北省农业厅授

图 14-2 "武当道茶"获"中国第一文化名茶"称号

予武当道茶"湖北第一文化名茶"称号;2014 年,"武当道茶"获得了来自中国优质农产品开发服务协会授予的"中国第一文化名茶"称号(见图 14-2)。十堰市在品牌打造上的系列措施虽然一定程度上提升了"武当道茶"的知名度和影响力,但是,由于缺乏对道教文化的深入挖掘,缺少对消费者的"文脉心像"和"武当道茶"品牌文脉的关联度之间的洞察与沟通,没有将道教这拥有上千年历史的中国古代文化思想之大成与现代文化,尤其是与年轻消费群体的"文脉心像"进行深度链接,缺乏对品牌核心价值的提炼以及差异化品牌价值体系的建构,从而使得"武当道茶"在对接国际化、年轻化的消费市场时,略显乏力。

在此背景之下,2016 年,十堰市农业局邀请专业团队对"武当道茶"地理标志农产品开展了品牌重塑规划。

二、"文脉心像"挖掘

"文脉品牌"是指借助于有关品牌本身的联想、背景知识和信息以及有关品牌生产的地域背景、文化特色、价值独特性等资源而形成的品牌。因其对历史文化等文化性元素的依赖性,文脉品牌所拥有的文化性、故事性、独特性、无形价值溢价功能,是单纯从物性的角度强调产品物理功能的品牌所无法企及的。而打造"文脉品牌"的第一步便是探索消费者的"文脉心像",即去发现、挖掘品牌产品与消费者的潜意识、集体无意识、认知与经验之间的弥合程度。

探寻消费者"文脉心像"里的茶文化要素,链接消费者"文脉心像"里的多元文化需求,便要从由浙江大学胡晓云曾提出过的"消费八识"来入手。"消费八识"指眼识、耳识、鼻识、舌识、身识、意识、我识、藏识。以往,许多茶品牌在进行品牌传播时多是跟消费者讲"色香味形"的物质状态,再加上一些历史文化的追溯,即使在谈茶的文化性时,仍旧难以跳出千篇一律的"贡茶论"这一传统方式。虽然基于"眼识、耳识、鼻识、舌识、身识"的"五感沟通"再加上些许"意识"的传达,可以促使消费者对茶品牌形成基本的认知判断,但是在当下竞争激烈的中国茶市场中,一个品牌若没有挖掘出属于自身的"我识"与"藏识",往往很难获得消费者的本心认同与价值认同,进而无法促使消费者对品牌形成正向、浓烈的品牌态度、品牌意愿以及品牌忠诚。

此外,当下我国众多茶叶区域公用品牌的品牌名称的来源主要集中于以下四个方面:源于茶类,如安化黑茶、福鼎白茶等;源于茶种,如安溪铁观音、正山小种等;源于茶形,如信阳毛尖、蒲江雀舌等;源于产地,如西湖龙井、蒙顶山茶等。可见,虽然中国茶文化传承数千年,但是基于文化的茶叶区域公用品牌命名却并不多见,而"武当道茶",仅从这四个字,便能强烈感受到其与道家文化的渊源。与此同时,通过消费者调研可以发现消费者对于"武当道茶"的联想,亦是集中于其文化属性。因此,基于"武当道茶"自身独一无二的文化基因,为了承接中国数千年的茶文化渊源,填补中国茶叶区域公用品牌中的文化茶空间,"中国文化茶第一品牌"这一品牌定位对于"武当道茶"来说无疑再合适不过。

确定了"中国文化茶第一品牌"定位也即为挖掘"武当道茶"的"我识""藏识",去对接消费者的"文脉心像"奠定了基调,接下来就要通过具体的创意来进一步阐释、延伸与深化这一基调。打造地理标志农产品"文脉品牌"有不同的路径可循,浙江大学胡晓云曾提出过三个方法论:一是撷取地理标志产品的相关文脉元素;二是移植地理标志产品的相关文脉元素;三是改造地理标志产品的相关文脉元素。通过洞察"武当道茶"地理标志农产品我们可以发现,虽然其背靠道教圣地武当山,依附于道教文化这独一无二的文脉资源,但是道教文化作为中国古代文化思想之大成,其与当下的消费时代、消费对象、消费观念并不能产生直接链接,因此"武当道茶"适宜走地理标志产品相关文脉元素的改造之路,即基于"武当道茶"所依附的道教文化原义进行适当的文脉改造,从而达成良好的沟通的对接,实现与消费者"文脉心像"的同频共振。

在武当道茶的文化基因中,道家文化是基础,基于道家文化的辩证哲学,是此次文脉元素改造的切入点,也是其品牌价值表达的重点,而这一辩证,便体现在"武当"与"道"两个词上。经过调研发现,消费者对于"武当"和"道"两者产生了差异较大的认知联想:受武侠小说、影视剧及自然风光的多重影响,消费者对于"武当"的认知集中于洒脱、自在,本质是遵从主观意志,追求自由生活;而消费者对"道"的认知则集中于道法自然、自然规律,"道"即法则、规律,世间万物,从自然宇宙的运行,到社会生活的发展,都需要遵循规律。

一方面是追求自由,另一方面是遵循法则,二者如何实现统一的品牌价值表达?以追求自由为导向的自由主义思潮,是当今世界的一大主流思潮,它自17世纪诞生,在上世纪末蔓延全球,由此产生了上世纪末世界格局的巨大变化。自由主义的泛滥也为当代社会带来了一系列严重的负面事件,在每个人过分追求自我、崇尚自由的时候,社会的运行与发展都会出现问题。自由需要有前提、有代价,这个前提与代价便是规律与法则,以此为基础的自由才是理性的自由主义、积极的自由主义。从《汉谟拉比法典》开始,人类文明的数千年延续,也是遵循着法则得以为继,这就是自由的代价与前提。

由此,确立了"武当道茶"的品牌核心价值,即品牌口号为:

朴守方圆・循心而行

"方圆"即规律、法则,"朴守方圆"是天地万物对自然规律的遵循,是人类社会对公序法则的遵守;在此前提下,我们再依循内心的想法,进行个人价值的追求与释放,即"循心而行"。回归茶本身,武当道茶的生长状态是遵循自然规律,尽享武当山所孕育的生态环境;同时,每一叶武当道茶的嫩芽,在自然规律下自在生长,不人为添加剧毒农药、化肥,品质自然天成。因此,"武当道茶"和人类社会一样,遵循自然规律的洗礼,才能自由自在生长。

《庄子・养生主》有云:"臣以神遇而不以目视,官知止而神欲行",道家学者成玄英注解:"从心所欲,顺理而行",即遵循规律,才能从心所欲。"朴守方圆"与"循心而行"在此实现了辩证统一,这是对中国文化海纳百川、兼容并举的一个注解,也是"武当道茶"品牌自身的辩证哲学。

最后,"武当道茶"基于对自身区域生长环境、制茶工艺等方面的综合梳理,总结出了其品牌价值支撑体系,从而更进一步地丰富了"朴守方圆・循心而行"这一品牌核心价值内涵:

1. 法自然:500～1200米适宜海拔,高山云雾,与自然万物相偎相依。

2. 循心行:春雨温润,每一颗芽,经历风雨洗礼,芽叶肥壮,自由生长。

3. 静修炼:静谧山间,远离世俗凡尘,闻道而长,潜心积淀,散发回味醇香。

4. 严取舍:淳朴茶农,严格限制采摘时间,精挑细选,恪守品质优先。

5. 守方圆:杀青、过筛、烘焙、发酵,坚守制茶工艺方圆,承受更多锤炼。

6. 益众身:常饮此茶,修身养性,心平气舒,遇事宠辱不惊,闲看花开花落。

由此,当"朴守方圆·循心而行"品牌口号在与消费者的"我识"进行对接时,可以引导消费者对"武当道茶"产生"我即是茶、茶即是我"的心理对应代入关系,从而更进一步地激发消费者内心的"藏识",使其接受、认同"武当道茶"所传递的价值观,进而真正地实现"武当道茶"与消费者"文脉心像"的高度弥合与同频共振。

三、"文脉心像"视觉呈现

(一)品牌标志

在品牌标志的设计上,基于"朴守方圆·循心而行"品牌核心价值,进而将"武当""道""茶"各自所蕴含的文化基因进行融合表达,呈现如图 14-3 所示。

图 14-3　"武当道茶"品牌标志

该符号结合武当山茶园曲折回环的地形地貌、茶叶的形态、中国书法"道"字、道家太极双鱼图,从而构成"道"的抽象字形;"道"字底部似一条蛇,中间部分像一只龟,龟与蛇的组合暗合道教神明玄武的形象;在色彩搭配上,采用茶园绿和芽叶绿,体现茶园和茶叶本身的特点;整体造型具有强烈的现代感,个性鲜明,与以往传统茶品牌符号形成鲜明反差,利于形成差异化的品牌认知。

（二）品牌辅助图形

"武当道茶"辅助图形的设计以武当道茶特殊的文化内涵和生长环境为设计灵感，用茶叶的自由形态设计构成道教第一名山——武当山，再点缀上道教的经典象征仙鹤与袅袅氤氲的仙气，从而将武当的茶、山、道巧妙联结。整体设计规则整洁，同时又不失自由与灵动之感，进而向消费者呈现出一个道与茶有机融合的世界，"朴守方圆·循心而行"的品牌核心价值在画面中不言自明。（见图 14-4）

图 14-4 "武当道茶"品牌辅助图形

（三）品牌价值支撑图形

品牌价值支撑图形以前述梳理的品牌价值支撑体系为基础，是品牌差异化价值的视觉呈现，更是对地理标志农产品的区域地理、文脉等特征因素的集中提炼与表达。"武当道茶"的品牌价值支撑图形（见图 14-5）设计是在道教的传统纹样（山、水、云、莲花、阴阳鱼、人物）基础上进行演绎，将法自然、循心行、静修炼、严取舍、守方圆、益众生等"武当道茶"的价值支撑进行符号化表达，既保留了道教传统文化精髓，又兼具现代感，简洁之余又表达深厚的文化底蕴。

（四）品牌符号体系应用

为寻求品牌视觉形象识别系统的统一，"武当道茶"决定更换包装形象，图 14-6、图 14-7、图 14-8、图 14-9、图 14-10 是系列品牌包装设计的示例图。

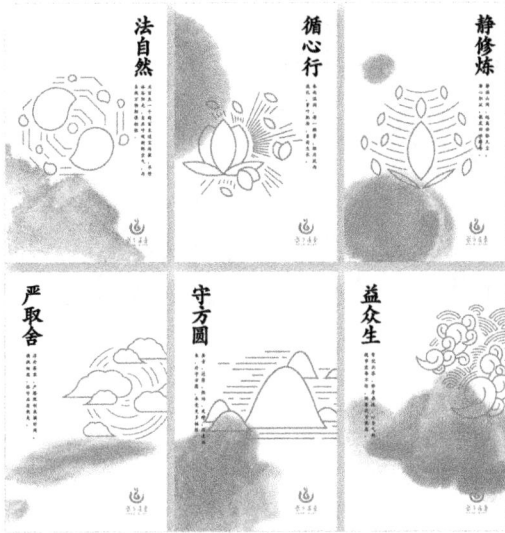

图 14-5 "武当道茶"品牌价值支撑图形

图 14-6 "武当道茶"品牌包装示例图

图 14-7 "武当道茶"品牌包装示例图

图 14-8 "武当道茶"品牌包装示例图

图 14-9 "武当道茶"品牌包装示例图

图 14-10 "武当道茶"品牌包装示例图

四、品牌化成效及未来建议

(一)品牌化成效

2017年4月,在汉江流域茶产业联盟成立大会上,"武当道茶"品牌新形象精彩亮相,这一以"道"为经络的"文脉品牌"正式"出道"。品牌的打造并非创意一个符号、一句口号就可以完成的,而是一个系统性的工程。三年以来,十堰市农业农村局为"武当道茶"做了大量的品牌建设工作。

1. 内部提升——茶园标准化

自品牌打造以来,十堰市坚持以高标准要求建园,强化各茶园基地管理,完善基地配套设施,加大低产低效茶园改造力度,在全市启动建设一批武当道茶标准化生产示范基地,全面提升茶叶基地整体素质和生产经营水平。

同时加强茶农、茶企技术培训,密切与科研院所、大专院校技术合作,对制约茶产业发展的技术瓶颈展开集中攻关,完善武当道茶生产技术规程和产品标准,用标准化推进产业化。长期稳定的产品质量使武当道茶产品收获了更多消费者的信任。

2. 外部推介——传播常态化

对农产品而言,各种类型的国际、国家、省级农博会、农展会、交易会等都是展现品牌形象、传播品牌内涵、对接销售渠道非常有效的平台。三年以来,"武当道茶"十分积极地参加各类展会,荣获各类奖项,极大地提高了"武当道茶"的品牌知名度与好感度,提升了品牌形象。(见表14-1)

表 14-1   2017—2020 年"武当道茶"参与过的系列会展

时间	地点	活动
2017 年 5 月	杭州	第一届中国国际茶叶博览会
2017 年 8 月	包头	第十八届绿色食品博览会
2017 年 9 月	北京	第十五届中国国际农产品交易会
2018 年 5 月	杭州	第二届中国国际茶叶博览会暨中国茶叶国际高峰论坛
2018 年 11 月	长沙	第十六届中国国际农产品交易会
2019 年 4 月	十堰	第三届新媒体融合创新发展高峰论坛暨武当道茶品牌推介
2019 年 5 月	武汉	第十九届中国武汉茶业博览交易会
2020 年 7 月	深圳	2020 中国(深圳)国际春季茶产业博览会

3. 借势名人——传播扩大化

2018年4月15日至19日,瑞典乌德瓦拉市代表团莅临十堰交流访问。在此期间,乌德瓦拉市议长英格玛·萨缪尔森一行在武当茶城品鉴了"武当道茶",并且购买了"武当道茶"。"武当道茶"给瑞典乌德瓦拉市代表团的十堰之行留下了深刻的印象。

4. 品牌形象片——传播深入化

当下是一个视频传播时代,视频在传播中占据着举足轻重的地位,其多感官的体验较文字能够更加引起受众情感上的共鸣,尤其对于品牌而言,视频是阐释品牌理念的绝佳载体。正因如此,"武当道茶"便邀请专业团队拍摄了一条区域公用品牌形象片深化品牌传播,该形象片分别从产品、产地以及人文三大角度去阐释"朴守方圆·循心而行"这一品牌核心价值理念。

品牌形象片通过剪辑将太极拳法与制茶工艺相融合,以传达武当道茶制茶工艺的讲究与高超,太极拳作为中华民族辩证理论思维与武术的结合,也正巧妙地呼应了"武当道茶"品牌核心价值中所蕴含的道家辩证哲学;通过展现山坡茶园、道观、古楚山河等极具道家文化意蕴的独特地理场景凸显"武当道茶"地理标志农产品的生长环境;通过男主开篇的意志消沉、丧失理想、隐约间想放弃追寻自己理想生活的向往,到中篇的品武当道茶、赏武当美景、悟道家文化,再到末篇感悟出"守方圆,循心行,伏久者,飞必高"人生真谛的心理路程,形象片升华了"朴守方圆,循心而行"主题诉求。(见图14-11)

图14-11 "武当道茶"品牌形象宣传片截图

独属"武当道茶"的品牌形象片,成为链接品牌与消费文脉心像的生动载体,进一步深入地传递了"武当道茶"的品牌形象。

5. 宣传推广——活动创新化

2017 年,十堰市整合本市现有资源,借世界道教论坛在武当山举办,来自全世界 40 多个国家和地区的宾客相约武当、问道天下的契机,十堰市将武当道茶打造为世界道教论坛官方指定茶叶,向世界各地的道教信徒、中外嘉宾展示武当道茶文化,进一步提升"武当道茶"的知名度和影响力。

2018 年 2 月 7 日,"武当道茶"杯中外拳王争霸赛暨纪念武当武术擂台赛 30 周年世界功夫春晚在十堰市举行,比赛以弘扬中华武术精神及金庸先生的侠客文化为宗旨,同时通过武当武术的展示,体现武当特色。依靠冠名此次比赛,武当道茶再次推动了自身品牌形象的树立。

6. 携手电商——渠道多元化

如今随着电商的发展,其对品牌的重要性已不言而喻。电商平台是重要的宣传渠道,它能够立体、全面地向消费者传播品牌形象。

2017 年 6 月,在十堰新外贸生态峰会中,武当道茶与阿里巴巴十堰 LBS 服务中心签署战略合作意向书,将武当道茶、武当茶城、汉江网络、阿里巴巴十堰 LBS 服务中心强强联合,结合阿里巴巴的平台优势、渠道优势、服务优势,为武当道茶提供销售、金融等全方位综合服务,以帮助提升武当道茶的品牌形象和销售规模,共同努力将武当道茶品牌打造成"世界第一文化名茶"。

2020 年 7 月 10 日,"武当道茶"作为扶贫助农产品正式上线"学习强国"强国商城,在助农扶贫专区积分兑换优惠券进行线上销售,这是首个上线全国性学习平台的茶叶品牌。

"武当道茶"作为十堰市的农产品区域公用品牌,在十堰市农业农村局的精心建设下,目前已先后荣获了湖北第一文化名茶、湖北省著名商标、中国第一文化名茶、中国驰名商标、第四届国际道教论坛指定产品、中国优秀茶叶区域公用品牌、第十八届中国绿色食品博览会金奖、第十六届中国国际农产品交易会参展农产品金奖、2018 年湖北省二十强农产品区域公用品牌等殊荣。

品牌价值是品牌建设成效的综合体现,根据由浙江大学 CARD 中国农业品牌研究中心主导评估的《中国茶叶区域公用品牌价值评估研究报告》显示,2017 年至 2020 年期间,"武当道茶"的品牌价值呈逐年上升的态势(见图 14-12)。2017 年,"武当道茶"的品牌价值为 22.34 亿元;2020 年,"武当道茶"的品牌价值达到了 29.69 亿元,相较于 2017 年整体提升了近 32.90%,品牌价值位列 2020 年有效参与价值评估的 98 个茶叶区域公用品牌的第 21 位。可见,"武当道茶"在品牌重塑后的整体建设成效表现较佳。

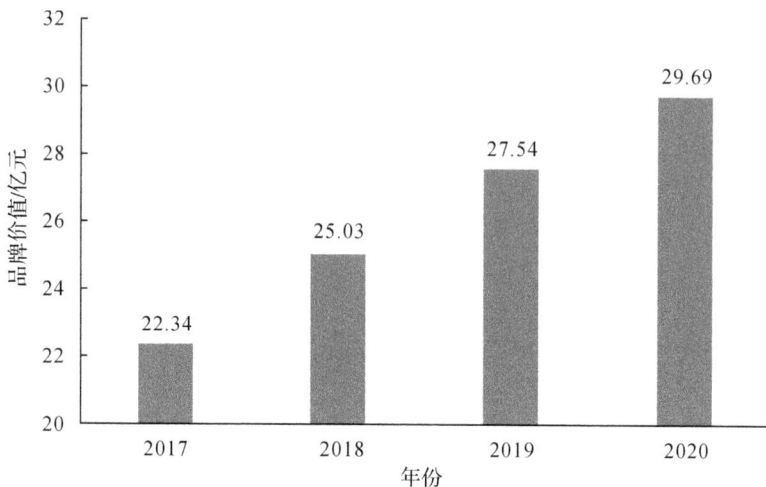

图 14-12　2017—2020 年"武当道茶"品牌价值

（二）未来建议

虽然"武当道茶"的品牌价值每年都在提升,但通过比较历年的品牌价值增长率可以发现,在"武当道茶"完成品牌重塑之后的 2017—2018 年度,其品牌价值增长率较上年度有所提升,但此后其品牌价值增长率却开始逐年下降。2019—2020 年度,"武当道茶"的品牌价值增长率为 7.81％,较 2017—2018 年度下降了 4.23 个百分点(见图 14-13)。此结果固然是由许多因素所共同影响造成的,但是结合"武当道茶"过去的品牌建设举措来分析,我们可以发现,"武当道茶"在传递其品牌核心价值、传播自身这一文脉品牌形象上还有所欠缺。

综合分析近三年来"武当道茶"的系列品牌传播措施,可以看见,其着重于通过各种推介会、农展会等常规方式来提升品牌知名度,但是在传达其作为文脉品牌所拥有的核心价值以及对接年轻消费群体方面的努力却远远不够,"武当道茶"那"朴守方圆·循心而行"的品牌核心价值并没有很好地传达、对接给消费者群体。没有传播,就没有品牌,尤其是对于"武当道茶"这一文脉品牌来说,如何通过恰当、精准的传播手段,去共鸣消费者的"文脉心像",引导消费者来认识、理解、认同"武当道茶"所蕴含的品牌价值观是其未来发展的关键所在。

特别是在当下后疫情时代,面对新冠肺炎疫情对于社会体系以及对人们价值观的冲击,今后"武当道茶"应去审视、洞察自身品牌与时代的关联之处,并且通过系列创新型的传播形式与手段,来将"朴守方圆·循心而行"品牌价

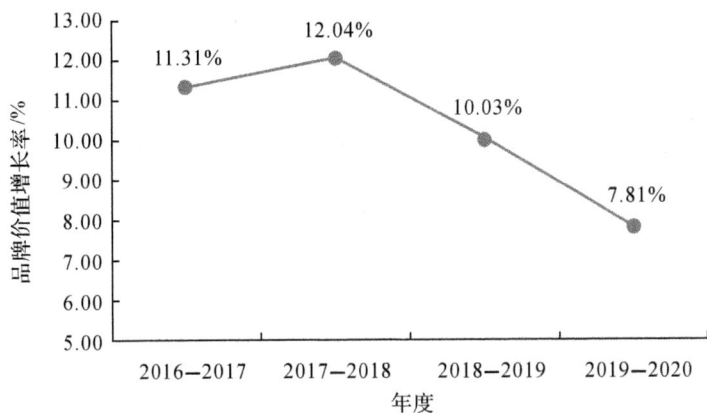

图 14-13　2016—2020 年历年年度"武当道茶"品牌价值增长率

值观完美地切入融合进社会意识、消费者意识之中,从而充分地释放"武当道茶"这一茶叶文脉品牌所特有的文化魅力。

第十五章　宜昌宜红：天下正宜红

地标概况

宜昌市地处湖北省西南部，是长江上游与中游的分界点，西、南、北三面环山，中部丘陵起伏，东部与江汉平原相连，为鄂西山地向江汉平原的过渡地带。其地形复杂，高低相差悬殊，整个地势由西向东倾斜，境内溪河密布，山峦层叠，因而诞生了三峡中最险峻的西陵峡，同时其所蕴藏的丰富水利资源，使得这里成为三峡大坝、葛洲坝等大国工程的选址地。"橘红汤、果蜜香、味醇爽"的"宜昌宜红"便出产于这片壮丽秀美的山水之间。

2019年，"宜昌宜红茶"品牌战略规划编制完成，并拍摄品牌形象片，该片获得第六届"中华茶奥会"品牌形象片优秀奖。

2020年4月30日，"宜昌宜红"登记为中华人民共和国农业农村部的农产品地理标志（AGI02938）。

"宜昌宜红"地理标志地域保护范围为东经110°15′～112°04′，北纬29°56′～31°34′，涵盖湖北省宜昌市境内的夷陵区、五峰土家族自治县、宜都市、长阳土家族自治县、秭归县、兴山县、远安县、当阳市、点军区等9个县市区的74个乡镇和街道办事处，茶园种植面积约88.8万亩。2020年，"宜昌宜红"入选由中华人民共和国农业农村部推出的"农产品地理标志保护工程"。

一、昔日名茶再出发

湖北宜昌地区是我国古老的茶区之一，"茶圣"陆羽曾在茶叶专著《茶经》中记述："山南，以峡州上"，说明宜昌不仅产茶历史悠久，而且质量上佳。清道光年间，广东茶商携大批江西制茶技工到宜昌五峰渔洋关设茶号精制红茶，然后运往汉口再转广州出口。因交通关系，由宜昌转运汉口出口的红茶便取名为"宜昌红茶"，宜红因此而得名。

在英国下午茶的消费模式引领下，宜红销路大畅，尤其是1876年宜昌被列为对外通商口岸后，宜红出口量与日俱增。1886年前后系宜红出口的最盛期,据中国茶叶公司资料显示:1886 年,宜昌红茶输出量在 15 万担左右,作为宜昌红茶的重要集散地,五峰渔洋关一度成为与湖北省内两大茶叶市场羊楼洞、汉口齐名的鄂西南最为著名的红茶市场之一。另据《湖北省茶叶产销状况及改进计划》记载:1937 年前后全省收购、精制、运销茶叶较大的 24 家厂商中,五峰渔洋关就占有源泰、恒信、民生、华民等 8 家。1888 年汉口口岸出口量达 86 万担,占当时全国茶叶出口量的 40%,其中就以红茶为主。后由于历史原因,宜红一落千丈,1949 年中国茶叶出口仅 19.84 万担,其中红茶出口只有 1.65 万担,只有 1886 年的 0.825%。茶园荒芜,宜红茶几乎全面停产。

新中国成立后,经过 70 多年的恢复与发展,宜昌市先后于 2013 年、2014年获得了"五峰宜红茶""宜都宜红茶"两个农产品地理标志认证。截至 2018年底,宜昌全市有较大规模红茶加工企业(合作社)137 家,红茶产量 1.27 万吨,年产值 5 亿元。

我国作为多品类茶叶消费市场,长久以来绿茶一直占据国内茶消费的半壁江山,但近年来,茶叶消费呈现出年轻化、多元化趋势,国内红茶消费市场逐渐兴起。据统计,2019 年中国红茶产量约为 30.72 万吨,同比增长 17.3%,红茶内销量约为 22.6 万吨,同比增长 19.6%。宜昌红茶迎来较好的发展机遇,但也充满挑战。

一方面,当下我国红茶品牌竞争焦灼。《2020 中国茶叶区域公用品牌价值评估研究报告》显示,"祁门红茶""坦洋工夫""滇红工夫茶""英德红茶""正山小种"均进入茶叶区域公用品牌品牌价值排名前 50,品牌价值分别达到 34.32 亿元、32.53 亿元、30.15 亿元、27.88 亿元、24.00 亿元(见图 15-1)。"宜昌红茶"没有参与此次价值评估,但作为曾经与"祁门红茶""滇红工夫茶"并称为我国三大传统工夫茶并享誉国内外的"宜昌红茶"也确实感受到其所面临的竞争压力。在茶叶消费年轻化、多元化、情感化的趋势下,众多年轻消费者消费茶叶时往往更注重个性化、差异化、情感性的需求,这就需要"宜昌红茶"具有区别于众多竞争者的独特品牌价值内涵。

另一方面,宜昌市虽有"五峰宜红茶"和"宜都宜红茶"这两个地理标志农产品,但是品牌化程度较低,没有对其独特的价值进行挖掘、重塑与传播,甚至存在着自相竞争、内耗的尴尬局面。多年来宜昌市红茶生产企业大都忙于企业品牌和产品品牌的塑造,诉求、使用区域公用品牌的意识不足,导致宜昌红茶在竞争日益激烈的国内外茶叶市场中缺乏竞争力,红茶产业发展受限。

为了适应国内红茶消费市场兴起的潮流,再现"天下正宜红",在相关专业团队的助力下,宜昌市委市政府决定打造涵盖"宜都宜红茶"和"五峰宜红茶"

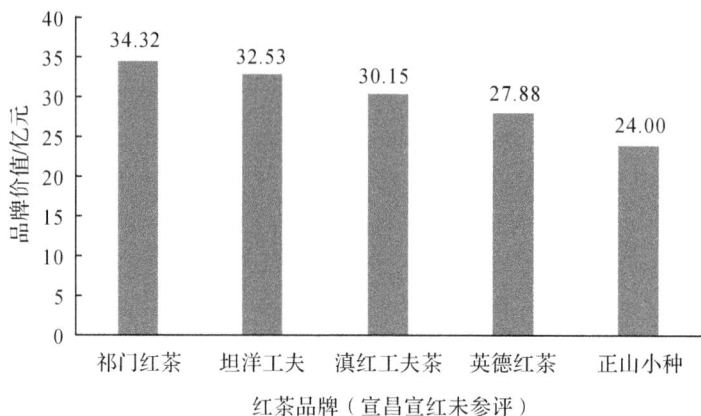

图 15-1　2020 中国茶叶区域公用品牌价值排名前 50 的红茶品牌价值

两个地标产品地域范围的"宜昌宜红"茶叶区域公用品牌,宜昌红茶的品牌化进程开始提速。

二、宜山宜水出宜红

得到登记保护的农产品地理标志,都具有独特的产品品质,而这些产品品质主要是受到当地的自然环境因素或人文特征的影响。这些特征构成了地理标志农产品品牌化的价值基础。聚焦到"宜昌宜红"可以发现以下几点独特之处。

宜昌有好山。作为我国地势第二大阶梯向第三大阶梯的过渡地带,宜昌市地形奇特复杂,高低悬殊,自西向东呈逐级下降的态势,由此形成了山地、丘陵和平原三大地貌,具有"七山二丘一分平"的特征。素有"四百里天然立体画廊"之称的长江三峡两岸到处是崇山峻岭、悬崖绝壁,风光旖旎。自青藏高原浩浩荡荡逶迤而来的长江,冲破群山峻岭的阻碍,流经四川盆地东缘时劈山切谷,夺路奔流,形成了三峡两岸立体画廊。三峡中最险峻秀美的西陵峡就坐落于宜昌市境内。"斯境胜绝,天地间其有几乎?"一千多年前白居易与友人在西陵峡江边酒酣之际留下这样的佳句。

宜昌有好水。长江,中国第一大河,自唐古拉山脉奔流而下,在奔腾过航道曲折、滩多水急的西陵峡(见图 15-2)后,落至宜昌陡然变平缓,也自此结束了她澎湃的上游之旅,这一线时而汹涌浑浊时而静谧清澈的江水,让宜昌既有着傲骨嶙嶙的豪放又有着柔情似水的婉约。长江三峡之外,宜昌还有"八百里

图 15-2　西陵峡

清江美如画"盛誉的清江画廊(见图 15-3)。由于其水色清明十丈,人见其清澄,故名清江。除了水的清澄外,清江画廊还具有独特的喀斯特地貌,这里峰峦叠嶂,岛屿星罗棋布,树木如翡翠般苍郁翠绿,因而获得兼具长江三峡之雄、杭州西湖之秀的盛誉。

图 15-3　清江画廊

宜昌出好茶。宜昌得天独厚的好山好水,孕育出宜红好茶。宜昌红茶主产区分布于夷陵区、五峰土家族自治县、宜都市、长阳土家族自治县、秭归县等9个县市区,地形均以400至1000米的山地丘陵为主,可谓高山出好茶。宜昌境内拥有长江、清江两条河流以及三峡大坝、葛洲坝两大水利工程,因此形成极具地域特性的水文气象效应:江面上大量的水气,沿着陡崖向上攀爬,逐渐凝结成浓雾,经久不散,从而孕育出高山云雾这一十分适宜茶叶生长的小气候。宜昌茶区土壤大多属微酸性黄壤、红壤及黄棕壤,土质肥沃疏松,有机质含量丰富,保水保肥性能好,因此生长出的茶叶鲜嫩而质厚,属于茶叶中的上品。宜昌红茶外形条索紧细匀整,乌润带金毫;果蜜香浓郁持久;汤色橘红明亮;滋味醇爽;叶底细嫩匀整红亮,可以概括为:"橘红汤、果蜜香、味醇爽。"

宜昌古茶道。19世纪开始,宜昌红茶逐渐成为当时国内重要的出口茶之一。彼时,五峰渔阳关成为宜昌红茶集散、精制、包装、运输的重要关口。《五峰县志》中就以"鼎盛时,茶工万计,骡马千匹,木船百只,街市热闹,通宵达旦"描述当时繁盛的宜昌红茶出口贸易景象。在渔阳关繁华的背后,形成了一条源源不断输送好茶的古茶道——五峰古茶道。如今,五峰古茶道已没落,但从依旧坚挺跨立的汉阳桥以及依稀可循的古茶道遗迹中,仍可以真切感受到宜昌红茶曾经有过的辉煌。(见图15-4)

图15-4 古茶道——汉阳桥

基于上述资源禀赋的梳理,宜昌红茶构建了五大品牌价值支撑体系。

1. 宜山宜水:宜昌的武陵山水、清江画廊所营造的立体气候,加之以弱酸性为主、富含锌硒等微量元素的种植土壤以及400～1000米的种植海拔高度,共同成就了适宜红茶生长的绝佳地理环境。

2.活态申遗：始于19世纪中叶的宜昌宜红茶产业，在百年的发展历程中，率先采用机械化制茶生产线。它是中国现存制茶生产线中最为古老的活遗产，也是中国罕见的工业活态遗产。

3.万里茶道：作为万里茶道的"主力军"，"宜昌宜红"是为万里茶道而生的茶，是东西方文明交流的重要载体，更是历久弥新的民族骄傲。

4.天下正宜：19世纪中叶，"宜红"作为"宜昌红茶"的简称，正式出现在历史记载中，从此谱写了"宜红茶"在宜昌大地上的辉煌篇章。

5.四海皆宜：顺应消费需求和消费偏好的变化，下足无数功夫的宜昌红茶，拥有四海皆宜、老少皆宜的上等品质。

在品牌名称上，宜昌红茶决定沿用自产品问世以来、因红茶出口演变而来的"宜红"二字，同时强调其地理区位，由此，确立宜昌红茶区域公用品牌名称：

宜昌宜红

宜昌宜红首先点出了品牌的地域特征和品类特征，"宜红"是宜昌红茶农产品地理标志的简称。其次"宜"可以用做适宜、应该之意，"宜昌"表达出对宜昌红茶重拾辉煌的祝愿，也是消费者所希望的繁荣昌盛，而"宜红"则传达出正是喝红茶的好时机，建立起红茶与繁荣昌盛之间的情感纽带。

品牌口号是对品牌核心价值的进一步诠释和通俗表达，"宜昌宜红"之所以能被批准为地理标志农产品，其根基正是来自于其茶产区优异而独特的自然生态环境，因此"宜昌宜红"通过撷取其茶产区的地理特征，构建出品牌口号：

宜山宜水宜红茶

品牌口号从宜昌山水生态角度出发，着重凸显"宜昌宜红"茶产区的地理地貌特色，形成相较于其他红茶品牌的差异化特征，读起来朗朗上口，传达出品牌独有的价值内涵。具体而言，可从三个层面来阐释"宜山宜水宜红茶"。

其一为"好山好水出好茶"。剑指宜昌千里巴山、巍巍武陵、西陵山水、清江画廊所构筑的宜昌红茶优异的生长环境，正因宜昌的好山好水，才有宜红这一好茶。因此，这一口号是对"宜昌宜红"地理标志农产品地域特征的直观表达。

其二为"适宜山水出好茶"。显然，只有"好山好水"是不够的，还需要强调匹配性和适宜度，即适宜茶叶生长的好山好水。宜昌有九种类型土壤，大多是

pH值在4.5～6.5之间的弱酸性土壤;同时,加上长江及其水系所构成的水文气象效应,使宜昌生长优质茶的水土条件更加优良。因此,这一口号是对宜昌宜红茶产区地理优势的价值刻画。

其三为"宜昌山水出品的才是正宗宜红茶"。品牌口号强调"宜昌宜红"的正统地位,并巧妙地将宜昌山水融合进品牌口号中,在消费者心目中植入"宜昌"与"宜红"的正向关联。因此,这一口号是对"宜昌宜红"强势回归的自信宣告。

三、雕刻百年宜红的气韵

(一)品牌标志

"宜昌宜红"的品牌主形象整体形似一片叶,在组成这片红叶的众多图形元素中,可以提炼出山与水的元素,从而将"宜山宜水"这一品牌地域特征融入其中。设计中的负形,是青铜器中的"回纹"样式,巧妙地将"宜昌"二字植入其中,凸显其地理区位。在一片红叶的下方,是宜红二字的古朴书法体,中英文兼具。品牌名称中间镶嵌"宜昌1824"印章纹样,进一步传递出"宜昌宜红"品牌悠远的历史底蕴,强化地理标志品牌更加深层的文化内涵。(见图15-5)

图15-5 "宜昌宜红"品牌标志

(二)品牌辅助图形

"宜昌宜红"的品牌辅助图形以中国传统文化符号"玉璧"为形象基础,在此基础上融入"渔洋关码头""茶古道""汉阳桥""屈原""王昭君"等宜昌特色历史文化元素(见图15-6)。中华传统文化里,玉璧有"圆满、幸福"的寓意,诠释品牌核心价值的繁荣昌盛之意,为"宜昌宜红"注入深厚的文化底蕴,寄托对于品牌未来的美好祝愿。

此外,辅助图形配合"宜山宜水宜红茶"品牌口号,能够加深品牌与消费者之间的沟通,使其成为实现与消费者沟通的视觉符号。

图 15-6　"宜昌宜红"品牌辅助图形

（三）品牌符号体系应用

　　基于品牌主形象和辅助图形，"宜昌宜红"开展品牌相关包装、传播、终端、文创等系列符号体系的应用设计，以求建立统一的视觉形象识别系统，助力"宜昌宜红"品牌化升级迭代。（见图 15-7、图 15-8、图 15-9、图 15-10）

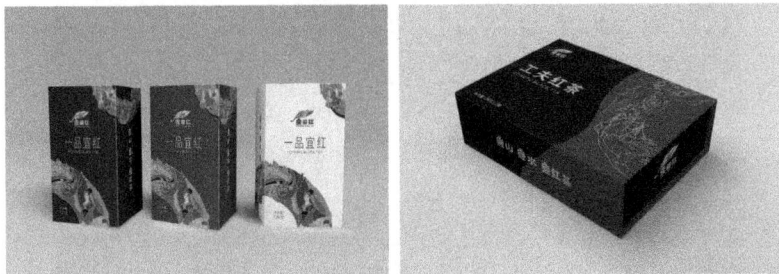

图 15-7　"宜昌宜红"常规包装设计

四、品牌化成效及未来建议

　　地理标志农产品品牌的打造不能止于一套视觉符号的设计，还要在此基础上开展系列资源整合与品牌传播。"宜昌宜红"品牌战略规划完成后，宜昌

图 15-8 "宜昌宜红"高端包装设计

图 15-9 "宜昌宜红"传播应用设计

图 15-10 "宜昌宜红"终端应用设计

市农业农村局做了大量品牌落地工作,助力品牌快速崛起。

（一）内部整合

首先,宜昌市农业农村局通过产品、产业力量的整合,强化品牌内在凝聚力,来促进"宜昌宜红"产业内部整合。

早在品牌战略规划编制期间,宜昌市农业农业村局就已经开始为品牌打造严格的产品标准,例如:完成宜昌宜红、宜昌绿茶加工试验生产流程;深入企业开展加工技术指导;编写《宜昌宜红》《宜昌宜红加工技术规程》团体标准,并征求各方意见;完成《宜昌宜红》《宜昌宜红加工技术规程》团体标准专家评审等等。其中,宜昌市茶产业协会成立后,重点开展了"宜昌宜红"茶叶区域公用品牌注册和规范管理工作,团结会员,统一标准、统一质量、统一品牌、统一标识、统一宣传,共同维护"宜昌宜红"区域公用品牌的优良品质,开拓国际国内市场。这一系列的产品生产和加工标准为宜昌红茶的产品品质保驾护航,为品牌建设打下坚实的产品基础。

针对以往宜昌市红茶生产企业各自为政导致的在竞争日益激烈的茶叶市场上缺乏竞争力的问题,宜昌市农业农村局致力于整合市内茶业品牌力量,于2019年设立了品牌准入标准与品牌使用管理办法。截至2019年底,共计19家被授权的宜昌茶叶企业使用"宜昌宜红"品牌形象手册中的符号体系。为了照顾各企业的实际情况,管理办法允许各企业在遵循VI手册对于版式应用、颜色应用要求的同时,可根据自身产品特色、企业包装样式,进行针对性的包装调整,构建基于弱链接关系的母子品牌体系,形成"宜昌宜红"与各企业品牌之间母子品牌共荣的品牌生态。

（二）外部推广

其次,宜昌市农业农村局通过系列品牌营销传播手段,来推动"宜昌宜红"品牌的对外传播。

没有传播,就没有品牌认知。日本神户大学名誉教授田村正纪在《品牌的诞生:实现区域品牌化之路》中认为"商标注册并非已经品牌化,只有当地方特产商标与消费者发生了特殊的关系,品牌才能诞生"。为了使"宜昌宜红"真正实现与消费者的链接,"宜昌宜红"开展了系统性的品牌营销传播。

1. 积极举办、参加展会活动

2019年6月26日,在宜昌市举办的"2019年宜昌茶叶品质鉴评暨'宜昌宜红'区域公用品牌发布会"上,"宜昌宜红"区域公用品牌全新形象正式对外发布。此后,"宜昌宜红"通过积极举办、参加系列推介会、展销会来逐步建立在消费市场的品牌知名度与美誉度。（见表15-1）

表 15-1　　2019—2020 年"宜昌宜红"相关传播推介活动

时间	地点	活动
2019.11.23	武汉	第十届汉宜农商农超对接暨"宜昌宜红"品牌推介会
2020.9.11	武汉	第 21 届中国武汉茶叶博览交易会
2020.12.9	武汉	第 29 届中国食品博览会暨中国(武汉)国际食品交易会

　　可以看到,"宜昌宜红"在品牌战略规划完成后的初期,围绕圈定的核心消费圈层,主要在省会城市武汉开展相关品牌传播活动。武汉作为中国中部地区的中心城市以及重要的综合交通枢纽,是"宜昌宜红"品牌高质量的潜在消费群体聚集场域,还能辐射到周边消费群体,有利于拓展产品销售渠道和流通渠道,为今后"宜昌宜红"走向全国、走向世界夯实品牌基础。

　　2. 常态化品牌传播

　　除积极举办参加各种推介会、博览会之外,"宜昌宜红"也正努力实现常态化、持续性的品牌传播。目前,"宜昌宜红"已在三峡机场、宜昌东站、高速 T 牌、国贸楼顶户外大屏、武汉 LED 终端媒体以及三峡电视台、"宜昌发布"微信微博、三峡宜昌网、新浪宜昌等媒体开展了全面立体的品牌传播(见图 15-11、图 15-12),有效提升了"宜昌宜红"品牌的曝光率。

　　3. 拍摄品牌形象宣传片

　　此外,"宜昌宜红"还邀请专业团队拍摄了一条区域公用品牌形象宣传片用于品牌的影像传播。该形象片全片以"碰撞"作为核心表达思路,通过影像画面展现宜昌好山好水,传达"山水碰撞出好茶";再以外籍男主的视角,重走

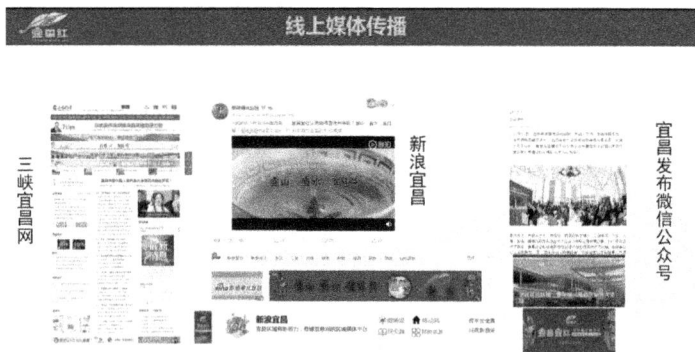

图 15-11　"宜昌宜红"线上媒体传播

图 15-12　"宜昌宜红"线下媒体传播

宜昌古茶道，去感受中外茶叶贸易与文化融合的过往，传达"古今中外碰撞出好茶"；最后通过外国友人与中国茶艺师的对坐场景，运用一个长镜头的巧妙转场来传达"茶艺碰撞出好茶"。品牌形象片的结尾回归到宜昌的山、水、交通，与"宜山宜水宜红茶"的品牌口号相呼应。（见图 15-13）

图 15-13　"宜昌宜红"品牌形象片截图

4. 巧借热点，借势传播

值得一提的是，在新冠肺炎疫情期间，蒙古国为支援中国抗疫，向中国捐赠了 3 万只羊。12 月 4 日，这 3 万只羊顺利抵达武汉。为感谢蒙古国"千里送暖羊"的深情厚谊，12 月 8 日，湖北省向蒙古国回赠抗疫物资和生活物资，其中就包括"宜昌宜红"（见图 15-14）。此次"羊来茶往"获得了媒体的广泛关注与大量报道，社会反响热烈。"宜昌宜红"在向国际展现品牌形象的同时，也呼应了"宜昌宜红"过去作为我国传统三大出口红茶之一的辉煌过往，极大提升了"宜昌宜红"的品牌知名度与品牌好感度。

图 15-14　湖北省回赠蒙古国"宜昌宜红"

（三）未来建议

从"宜昌宜红"的整体品牌落地情况来看，虽然品牌发布仅一年多，但是已经做了大量品牌工作，夯实了未来发展产品基础与产业基础。需要点出的是，品牌战略是一项长期工程，前期的工作只是万里长征的第一步，在未来的品牌发展过程中，宜昌市农业农村局应通过更为强大的内部整合力量与更为全面、系统的外部推广策略，将"宜昌宜红"进一步打造为湖北省乃至全国著名的茶叶区域公用品牌，实现其"天下正宜红"的长远目标。

曾经，借助宜昌作为通商口岸拥有的便利交通资源，自身拥有的卓越产品品质，"宜红"辉煌一时。如今，适逢农产品地理标志的品牌化阶段，"宜昌宜红"如能再次抓住机遇，御风而起，也一定能再次红遍中国，走向世界。

第十六章 江华苦茶:瑶族的文化印记

地标概况

江华瑶族自治县(以下简称江华县)隶属于湖南省永州市,地处湖南省最南端的湘、粤、桂三省(区)交界处,位于南岭山脉中心。这里大山绵延不绝,常年云雾缭绕,是湖南省规划的优质茶优势产业区域之一。瑶族是一个热爱饮茶的古老少数民族,在数千年前的迁徙过程中,瑶族人发现了江华瑶山中藏着的珍稀野茶,于是依山建寨,采茶炒制,久之便形成了那茶味浓郁、香气高长的"江华苦茶"。

2013年,"江华苦茶"登记为中华人民共和国农业部的农产品地理标志产品(AGI01326)。

"江华苦茶"地理标志地域保护范围为北纬 24°38′35″~25°19′43″,东经 111°25′25″~112°12′35″,涵盖江华瑶族自治县河路口镇、涛圩镇、白芒营镇、大石桥乡、桥市乡、未竹口乡、贝江乡、大锡乡、务江乡、湘江乡、花江乡、大圩镇、小圩镇、码市镇、水口镇、沱江镇、东田镇、江华国有林场等乡、镇、场。

2019年,"江华苦茶"品牌战略规划发布;2019年,其品牌形象片,获得"中华茶奥会"品牌形象片铜奖;2020年,"江华苦茶"品牌形象片获得"金水滴奖创意大赛"的"影视商业类"铜奖,大大提升了江华苦茶在本地市场之外的品牌影响力。

一、曲折发展的千年古茶

江华苦茶是湖南省茶叶四大珍稀地方群种之一,其历史可追溯到两千多年前的西汉时期。20 世纪 70 年代,在长沙马王堆汉墓的考古挖掘中就发现了一箱苦茶,与苦茶一同出土的还有两张地图,分别是帛书《地形图》和《驻军图》。据相关学者考证,《地形图》绘制的是长沙国南部地形图,而《驻军图》绘制的是长沙国南部的一个局部地区,主区就在今天江华县的潇水上游,地图上标注的"深平城",就是如今江华县的沱江镇。这两张古地图和后来考察发现的江华苦茶资源分布图神奇地叠合在了一起，为我们还原了两千多年前山中瑶族人运用制茶技术炒制的一箱箱苦茶翻山越岭来到古长沙城的历史画面。

古老的瑶族在江华县的好山好水中代代相传，江华苦茶野茶树以及苦茶炒制技艺也因爱喝茶的瑶族人而传承下来。顶着千年古茶的光环，20世纪70年代，江华县利用大叶苦茶成功试制省内唯一达到国家二套样标准的"红碎茶"，以此出口创汇；80年代江华被确定为外贸定点茶叶基地；1986年起"江华苦茶"连续多年被评为省级名茶；1987年，"江华苦茶"成为湖南省认定的优良地方群体品种。但是在20世纪末全国茶叶"红"改"绿"的潮流下，"江华苦茶"一度陷入困境，全县25家茶厂相继倒闭，茶叶发展进入低迷期。

近年来，江华茶产业得到了省委省政府的高度重视，迎来前所未有的发展机遇：从省政府出台的《关于加快茶叶产业发展的意见》到《关于进一步加快茶叶产业发展的意见》，江华均被列为湖南省优势产茶区域县之一。2018年湖南省"乡村振兴战略"中提出要重点扶植"茶叶、油茶"两大经济作物；在湖南省启动的"湖红"品牌建设中，江华县成为永州市唯一入围的重点发展县。

面对如此大好形势，江华县政府迅速响应、开展行动，将茶叶产业列为全县重点发展产业，同时把发展名优茶叶产业列入"十三五"期间的战略规划。良好的政策环境极大助力了"江华苦茶"产业的振兴发展，2015—2017年为江华县茶产业发展高峰期，茶园面积增至7.5万亩，其中江华苦茶种植面积达4.93万亩，千亩以上规模连片茶场8个，初步形成了以江华县冯河大龙山农业开发有限公司、江华县瑞鑫源生物科技有限公司等4家市级龙头企业、16家茶叶专业合作社、43家种植大户组成的产业集群。

政策扶持对产业的激励效果立竿见影，"江华苦茶"近年来获得了一系列荣誉，品牌建设逐步走上正轨。2013年"江华苦茶"获得中华人民共和国农业部的批准成为地理标志农产品；2015年，"江华苦茶"入选全国名特优新农产品目录；2016年"江华苦茶"成功申报地理标志证明商标；2017—2018年，"江华苦茶"连续两年参加"湖南茶业博览"，引起广泛关注；2018年，"江华苦茶"走出国门，荣获中澳茶博会金奖。

虽然以上系列举措一定程度上提升了"江华苦茶"的知名度，但是我国茶叶品类众多，茶叶品牌更是数以万计，对于普通消费者而言，他们选择购买何种茶品牌的意向，很大程度上受以往所接收到的相关品牌营销信息的影响，因此，尚处于品牌初探期的"江华苦茶"在竞争激烈的茶品牌市场中亟待突围。制定并且实施具有针对性、可行性的品牌化战略，建构品牌价值支持体系，提炼品牌核心价值内涵，成为"江华苦茶"的迫切需求。2019年，江华县农业农村局在专业团队的助力下,开启了"江华苦茶"这一地理标志农产品的品牌化之路。

二、探寻古茶的民族印记

江华县素有"中国天然氧吧"之称。这里地处湖南、广西、广东三省交界处,五岭山脉之一的萌渚岭山系盘桓在江华县境内,县内南、北、东三面地形海拔高度在600米以上,以高山为主;西面海拔高度在200～400米,以盆谷丘陵为主,加上亚热带湿润季风气候带来温和的气候与充沛的雨量,使得这里森林覆盖率极高,植被茂盛,土壤肥沃,进而形成了完美的绿色自然生态系统。湖南省最大河流湘江的东源——潇水贯穿江华县境内,《水经注·潇水》中记载:"潇者,水清深也。"因其中上游两岸树木葱绿,水流清澈幽深,故名"潇水"。山高谷深的地形、温和湿润的气候、疏松肥厚的土壤以及清泉叮咚的潇湘源头,共同造就了江华县绝佳的生态环境,孕育了"江华苦茶"这一上好的自然香茗。

江华县素有"神州瑶都"之称,作为湖南省唯一的瑶族自治县,它在全国13个瑶族自治县中瑶族人口数量位居第一。瑶族是中国最古老的民族之一,其先辈传说是古代东方"九黎"中的一支,原始社会时期曾生活在黄河流域,之后由于部落、诸侯割据以及朝代变迁,瑶民逐步向南迁徙。瑶族人认为万物皆有灵,对自然抱有虔诚膜拜之信仰,因而江华县境内那云雾缭绕、延绵不绝的瑶山所具备的优异自然生态,便吸引了众多瑶族人在此依山建寨,繁衍生息,代代相传。与瑶族宗脉一同流传的还有那民族色彩浓烈的瑶族文化,不论是服饰、建筑、音乐还是舞蹈,都无不透露着江华瑶族人在历经千年变迁后对于自然、生活仍旧抱有的坚韧之性格,也见证着"江华苦茶"的浓郁滋味。

"宁可三餐无酒,不可一日无茶"是对钟爱饮茶的瑶族人最生动的写照。由于江华地区多高山深谷,雨雾缭绕,因此湿气、寒气较重,有时甚至还有瘴气,瑶族人在与自然相处的过程中发现,饮用由生长于当地野茶树所炒制的苦茶能够去湿、祛寒、祛瘴,于是,江华苦茶便成为瑶族人居家生活的必备品,还被誉为"瑶都神草"。"江华苦茶"原种多是上百年不修边幅的古茶树,采茶时瑶族人往往需要爬到树干上(见图16-1)。为减少危险,聪慧的瑶族人还学会了训练猴子采摘茶叶。古法制茶的方式亦是简单,鲜茶叶稍加晾晒后放入热锅内炒制,后用双手把茶叶揉搓成条索后再晒干,用纸包好,吊挂在厨房的灶台上,这样做出来的茶,人间烟火气中带着淡淡的药香。瑶族的发展虽几经磨难,但瑶族同胞们却始终乐观开朗,十分热情好客。"进屋就是客",无论是否相识,瑶族人均会为来客敬上大碗茶,盛情款待。正如瑶族典籍《盘王大歌》中唱道:"写信回家禀大姐,人来客往要煮茶,莫说亚六不在家。"可见煮茶待客是瑶家的传统礼节之一。相比于延续千年的茶道与人们对茶艺的敬重,瑶族人对喝茶并没有复杂的讲究,就是把茶叶放进热水壶里泡开,倒出茶水直接喝便是。一碗"苦后回甘"的"江华苦茶"尽显瑶族人那质朴、率真的民族魅力。

图 16-1　瑶族人爬树采茶

正是"江华苦茶"在地理环境和文脉上的独特性,形成了它的五大方面的品牌价值基础。

1. 好生态:藏于岭南瑶族深山,高山云雾,自在生长于天然氧吧之中;

2. 好茶种:延续了两千多年的珍贵古老野茶树,省级认定优良地方群体品种;

3. 好品质:茶多酚在 15% ~30% 之间,氨基酸在 2% ~4% 之间,水浸出物 ≥38%。

4. 好传承:上古瑶都神草,伴随着古老瑶族的制茶技艺与历史脉络代代相传。

5. 好口感:滋味浓郁、香气高长、耐冲泡——"头碗水,二碗茶,三碗、四碗尽量呷!"

纵观"江华苦茶"这一地理标志农产品的独特之处,可以发现,瑶族是一条中心脉络,其将江华县的自然生态与当地的瑶族文化共同链接到"江华苦茶"这一片叶子之上。"江华苦茶"是瑶族人民在生态优异的江华县境内世代相传的民族茶饮,与苦茶相关的瑶族神话传说、民俗资源均十分丰富,民族色彩浓烈。由此,瑶族的少数民族特色成为"江华苦茶"打造品牌差异化价值的底色。

探寻"江华苦茶"的瑶文化与消费者"文脉心像"的链接,可以追溯到苦茶名字的由来。苦茶之名,源于一个值得细细品味的误会。江华瑶族人民热情好客,当远方贵客到来时,主人便会煮茶待客,敬上一碗江华苦茶。客人笑问:"这是什么茶?"瑶家人便用瑶语答:"苦茶。"因瑶语"好"与汉语"苦"谐音,便被大家叫成了"苦茶"。所以,江华苦茶,即为江华好茶。为凸显瑶山的地域背书、生态环境和民族风情,"江华苦茶"将品牌口号(见图16-2)锁定为:

江华苦茶，瑶山好茶

图 16-2　"江华苦茶"品牌口号

"苦茶"与"好茶"呼应了瑶族语言与汉语言的奇妙谐音,蕴藏着瑶族与汉族爱茶人的缘分故事,是瑶家人热情好客的体现,同时也巧妙地传递了"苦即是好"的寓意,在联系瑶族这一古老民族的历史脉络给人无限遐想空间的同时,传达出"江华苦茶"的优异品质。另一方面,"名山出好茶"的传统认知在消费者心目中根深蒂固,对于"江华苦茶"而言,"瑶山"就是其强有力的生态环境背书。

三、瑶族印记的现代表达

(一)品牌标志

"江华苦茶"的品牌主形象以瑶族服饰上的"八角纹"为创意元素,形成一个"茶"字。八角纹传承自瑶族古老的图腾文化,象征太阳,隐含对品牌未来发展蒸蒸日上、一片光明的美好祝愿。细节处提取了瑶族织锦元素,用几何图形的方式绘就三条不同的织锦,每一条的纹路均有细微变化,体现瑶族文化的多样与璀璨。红底黄白线是瑶族服饰常用的搭配色调,民族感强烈,图形亮眼夺目。(见图 16-3)

(二)品牌辅助图形

"江华苦茶"的品牌辅助图形采用版画形式,描绘瑶族姑娘爬到一人多高的野茶树上采茶的画面,重现了古法采茶的情景,展现出"江华苦茶"好茶种、好传承的品牌基因;此外,树上挂着一只充满灵气的猕猴,既反映出"江华苦茶"生态优异的生长环境,也呼应瑶族人训猴采茶的技艺。画面中瑶族姑娘、古茶树、猕猴三种元素和谐统一,传达出人与自然和谐相处的美好寓意,呼应

图 16-3 "江华苦茶"品牌标志

瑶族人对于自然所抱有的虔诚敬畏之信仰，有利于消费者在内心中建立产地与产品之间的美好联想。（见图 16-4）

图 16-4 "江华苦茶"品牌辅助图形

（三）品牌符号体系应用

基于品牌主形象和辅助图形，"江华苦茶"决定统一包装设计，并且将品牌符号体系应用于各种传播场合之中，以求建立统一的品牌视觉形象识别系统，实现与消费者的便捷沟通。（见图16-5、图16-6、图16-7）

图 16-5 "江华苦茶"品牌包装示例图

图 16-6 "江华苦茶"品牌包装示例图

图 16-7 "江华苦茶"品牌传播物料设计

四、瑶族印记的媒体传播

没有传播就没有品牌。品牌的打造远不止于品牌名称、品牌口号、品牌符号的设计创意,更在于对于品牌形象、品牌理念的全方位立体传播,只有当产品与消费者发生了特殊关系之后,品牌才算真正形成。为此,"江华苦茶"在品牌战略规划完成后,随即进行了系列品牌传播举措,通过品牌赋能、数字驱动的双引擎推动,很好地提升了"江华苦茶"的知名度、认知度与好感度。

(一)积极亮相博览会,提升品牌曝光度

各类博览会往往是科技交流、项目洽谈、品牌展示、贸易订货和商品销售于一体的大型综合平台,是农产品品牌形象传播、销售渠道对接的重要载体。"江华苦茶"自品牌规划完成以来,积极参加各类博览会,极大地提高了品牌曝光度,为自身积累了一定的品牌知名度与好感度。

表 16-1 2019—2020 年"江华苦茶"参展博览会汇总表

时间	地点	活动
2019.4.26	江华	江华瑶族自治县首届茶博会
2019.9.6	长沙	第十一届湖南茶业博览会
2019.10.25	长沙	第二十一届中国中部(湖南)农业博览会
2020.9.11	长沙	第十二届湖南茶业博览会
2020.10.31	长沙	第二十二届中国中部(湖南)农业博览会

可以看到,目前"江华苦茶"参展各类博览会的范围主要集中于湖南省内,尤其是省会长沙。作为刚完成品牌重塑一年多的"江华苦茶",其在品牌传播战略上选择首先立足于省内,提升在省内的品牌知名度与市场占有率,进而为后续拓展全国乃至世界市场打下坚实的基础。这正体现了"江华苦茶"稳扎稳打的品牌建设作风。

(二)借助农事节庆,提升品牌认知度

2019 年 4 月 27 日,江华首届神州瑶都(中国·江华)茶文化旅游周在涛圩镇牛牯岭省级现代化农业示范园正式开幕(见图 16-8)。来自省市县新闻、文艺、摄影界的专家名人及社会各界人士近万人欢聚牛牯岭,大众通过"沉浸式"的茶文化体验,共享江华茶园美景,豪饮瑶家大碗苦茶,赏鉴热情豪迈瑶歌对唱,品读瑶族特色文化,从而全方位地了解"江华苦茶"这一区域公用品牌的独特魅力。

图 16-8　江华首届神州瑶都(中国·江华)茶文化旅游周开幕式

当天下午,江华苦茶产业发展高峰论坛在神州瑶都大酒店举行,来自湖南省茶业界的专家、学者们云集江华,就江华苦茶产业发展、市场营销、品牌建设、茶旅融合、茶与文化等话题开展交流和发言,为"江华苦茶"的发展壮大和品牌建设贡献专业智慧。

(三)赞助赛事,提升品牌好感度

江华瑶族自治县"江华苦茶"杯暨第十二届篮球联赛于 2020 年 8 月 16 日至 9 月 13 日举行。通过赛事的赞助,"江华苦茶"极大提高了在当地的品牌美誉度,尤其是在茶叶消费年轻化的趋势背景下,通过此次活动,"江华苦茶"很好地培育了这一区域公用品牌在青少年群体中的知名度与好感度。

(四)拍摄品牌形象片,深入阐释品牌形象

为进一步深入阐释品牌形象,"江华苦茶"请专业团队拍摄了一部区域公用品牌形象片。该形象片分别以江华县广袤的原始森林与清澈的山间溪流来表现好的自然环境、人文历史孕育好的江华苦茶;以瑶族制茶人传统的制茶手艺来呈现好的加工工艺制作品质上乘的江华苦茶;以瑶族人喜庆的婚嫁场景、热闹的民族舞蹈以及丰盛的瑶族婚宴来表达美好的瑶族生活方式与江华苦茶的消费场景。形象片最后分别用普通话和瑶族方言朗读"江华苦茶,瑶山好茶"这一品牌口号,通过不同语言发音的对比,直观地传达"苦茶"即"好茶"的寓意,加深消费者对"江华苦茶"品牌的理解。(见图 16-9)

图 16-9 "江华苦茶"品牌形象片截图

（五）书籍出版，助力产业发展

2020 年 6 月 1 日，由湖南省农业科学院学术委员会委员、中南大学硕士生导师粟本文和江华县农业农村局茶叶高级农艺师李端生共同主编的《江华苦茶》一书由中国农业出版社正式出版。

《江华苦茶》分别从江华苦茶的茶史茶源、自然生态、资源品种、茶树种植、茶叶采摘加工、品质特征、茶艺茶道、瑶乡茶俗、诗词联赋等方面较系统、全面地介绍了江华苦茶，是一部内容丰富、兼具科学性和实用性的著作，极大地丰富了品牌文化内涵。可供从事江华苦茶生产、加工、销售的茶叶企业、专业合作社、茶农及茶叶科技工作者参考，也可供广大茶叶爱好者、消费者阅读。

（六）数字驱动，紧跟电商直播热潮

当下正迎来电商直播的热潮，直播这一互动性强、高效益的营销形式可以在短期内迅速帮助品牌扩大知名度、提升销售量。在此背景下，"江华苦茶"抓住机遇，打出了一系列电商直播组合拳，推动了"江华苦茶"品牌的数字化、电商化发展。

2020 年 4 月 17 日，在第二届神州瑶都（中国·江华）茶文化旅游节上，江华县委副书记、县长龙飞凤化身"直播达人"，通过芒果扶贫云超市平台向广大网友和观众推介当地特色茶叶品种——"江华苦茶"。观众可以一边欣赏瑶山美景、感受瑶族热情，一边手机下单、购买"江华苦茶"，实现了特色农产品消费端"最后一公里"和原产地"最初一公里"的无缝链接，此次直播仅仅 1 个半小时就吸引了 56 万多人在线观看。

5 月 1 日，仅仅时隔半个月，"江华苦茶"再次搭上直播顺风车（见图 16-10）。当天，"芒果扶贫云超市"在湖南广电前坪开设直播间，湖南卫视主持人联合江华瑶族自治县两位 80 后副县长及江华扶贫引路人共同化身带货主播，向广大

图 16-10　直播带货

消费者推介江华特色农货,其中就包括"江华苦茶",当天该直播微博话题阅读超 1800 万人次。在"芒果扶贫云超市"的带动下,"江华苦茶"进一步拓展其他线上销售平台,并联动线下销售渠道,不仅摆脱了因疫情影响销售不利的处境,相较去年销售额还提高了 30%。截至 7 月底,全县茶叶销售额接近 2 亿元。

8 月 19 日,江华瑶族自治县电子商务公共服务中心组织了直播带货 PK,"村播带货"培训的 45 名学员通过快手 APP 平台直播销售当地的"江华苦茶"等特色农产品,通过将前期村播带货培训的理论知识运用到实际直播操作中,更快地提高学员自身的直播带货水平,为今后常态化的直播带货储备人才。

五、品牌建设成效及未来建议

作为昔日的贫困县,江华瑶族自治县坚持产业引领,品牌赋能,将"江华苦茶"作为"一县一特"的主导特色产业进行培育发展,助力品牌精准扶贫。通过对域内野生古茶树的保护、开发与利用,江华县打造"江华苦茶"农产品区域公用品牌,让昔日种在深山只能"自饮自乐"的瑶山"树叶",就地化身为群众脱贫致富的"黄金叶"。通过农业供给侧结构性改革,江华县每年整合资金不少于1000 万元助力发展茶产业,实施茶园"百千万"工程,新建百亩江华苦茶良种繁育基地,千亩标准化示范茶园,万亩生态高效茶叶产业带,从而为"江华苦茶"的品牌建设打下扎实的产品基础。

截至 2018 年底,江华县通过不同合作模式发展茶叶产业贫困户 354 户,茶产业带动贫困人口 6900 人,茶企、合作社招收贫困户用工带动贫困人口 5600 人,每年有 10 万农民受益,农民收入增加 1 亿元以上,户均增收 3000 元。2019 年 4 月 16 日,江华瑶族自治县正式脱贫摘帽。"江华苦茶"产业发展极大地推动了江华县的经济发展,今后,"江华苦茶"品牌建设将进一步为区域发展转换新动能,确保经济发展的稳定性和可持续性。

品牌价值是一个品牌建设成效的综合体现,根据浙江大学 CARD 中国农业品牌研究中心评估的《2020 中国茶叶区域公用品牌价值评估研究报告》,"江华苦茶"的品牌价值达 2.18 亿元,较 2019 年的 1.91 亿元增长了 14%(见图 16-11)。可见,"江华苦茶"在地理标志农产品品牌战略规划完成后的营销传播为品牌积累了大量资产。

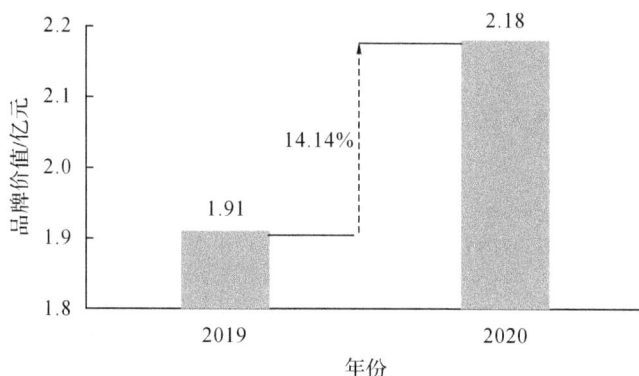

图 16-11　2019—2020 年"江华苦茶"品牌价值比较

品牌的根基在于产品,产品品质的保证离不开标准化建设。对于品牌重塑不久的"江华苦茶"来说,一方面,应继续坚持对产品品质的把控,建立一套规范化、标准化的茶叶生产、加工体系,不断巩固"江华苦茶"品牌发展的基石;另一方面,应进一步完善针对品牌体系的标准化建设,在茶企业产品品牌中积极导入品牌包装的规范化应用。此外,还要通过系列常态化的彰显瑶族文化、凸显品牌个性的传播举措向外界统一传达鲜明的品牌形象,不断提升"江华苦茶"的品牌知名度与美誉度,并且通过渠道的拓展与整合,提高"江华苦茶"的市场占有率。

"那谈笑之中的苦,终会变成心底回甘的甜。"期待这一杯蕴含着江华瑶族人民生活方式的"江华苦茶"能在未来大放异彩,成为中华民族茶品牌中一颗带有瑶族文化印记的璀璨明珠。

第十七章　象山柑橘:橘生山海间味道自然甜

地标概况

象山是著名的柑橘之乡,拥有悠久的柑橘种植历史,属于著名的柑橘产业带——三门湾产业带的核心地区,是"柑橘黄金生长带"。该区域位于北纬30°,冬无严寒,夏无酷暑,滩涂肥沃。"象山柑橘"是多个柑橘品种的总称,包括红美人、春香、晴姬、甘平、大分、宫川等。其中,"象山红美人"因出众的品质感与高昂的销售价格,被称为柑橘中的"爱马仕"。

2011年,由象山县象山红柑桔专业合作社申报的"象山红柑桔"农产品地理标志申请成功,登记编号为 AGI00749,保护地域范围为中华人民共和国浙江省宁波市象山县特定生长区域,位于东经 121°34′~122°20′,北纬 28°45′~29°49′,地理标志登记实施核心区主要在晓塘乡 19 个村、高塘乡 18 个村、定塘镇 25 个村、新桥镇 28 个村、石浦镇 16 个村以及鹤浦镇 21 个村。

2016年,"象山柑橘"品牌战略规划编制完成并发布新形象;2017年9月20日,由县林业特产技术推广中心申报的"象山柑橘"成功通过国家工商总局地理标志证明商标的审核,成为象山县第 7 个获得国家地理标志证明商标的农产品。

2019年,象山全县柑橘总面积约为 11.6 万亩。2020 年,主栽品种"象山红美人"栽种面积达到 3.3 万亩,投产 1.5 万亩,产值超 5.5 亿元。2020 年中国果品品牌价值评估报告中,"象山柑橘"排名第 39 位,品牌价值达到 24.55亿元,品牌收益为 15810.13 万元。

一、回望来时路:建立"四独特"的产业价值

(一)生态环境:橘生山海间,天然优生带

象山县介于北纬 28°51′18″~29°39′42″、东经 121°34′03″~122°17′30″之间,位于浙江省东部沿海中段,宁波市的东南部,在象山港与三门湾之间。其

地理位置北临象山港,与鄞州区、奉化区隔港相望,东北遥对舟山市普陀区的六横岛和宁波市北仑区的梅山岛,东濒大目洋、南接猫头洋、隔三门湾与台州市的三门县相峙,西连宁海县,象山半岛自宁海县紫溪、梅林至一市东延入海。该县处于象山半岛的东部,由象山半岛东部本土和沿海600多个岛礁组成,具有"三面环海,一线穿陆"的地理特征,是天台山余脉向海洋延伸的一部分,全境以丘陵为主,有"七山一水二分田"之称,属丘陵地带,"丘多、山低、坡缓"区域。

全境属亚热带海洋性季风气候区,四季分明,冬无严寒,夏无酷暑,无霜期长,光照充足(年平均气温为16～17℃),温和湿润,雨量丰沛(年平均降水量1400毫米以上)。但台风活动频繁,常伴有狂风暴雨。

(二)品种研发:十年磨一剑,修成正果

早在宋代时,象山县的柑橘已作为贡品上贡。《道光志》中,有"树高一二尺,结子繁密,宋时入贡,象山特产也"的记载,南宋《橘录》中也有类似记载,明代嘉靖《浙江通志》和清代《康熙县志》《乾隆志》中均有相关描述。据《象山县志》记录,象山境内有柑橘品种10余个,民国初期已开始规模化栽培。

1991年,象山开始实行赴外研修生制度,每年都会选派2到10名技术干部和橘农,前往国外学习柑橘先进栽培技术及市场运作模式。当时,象山县有本地柑橘、大叶张、宫川橘和温州蜜柑等柑橘品种,但品质都不算出色,橘农决心寻求更好的柑橘品种。

2001年,一位叫顾品的橘农,被象山县农林局选派到日本学习柑橘种植技术,回国时,带回了十几株柑橘枝条,带回柑橘的品种时称"爱媛28"。橘农将"爱媛28"与象山本地柑橘品种进行杂交,种植了象山的第一棵"红美人"。刚开始,种植有些成效,但好景不长,"红美人"不适应当地气候,挂果率低,容易腐烂,难储存,碰到大雨或严寒霜冻,就会掉果。几年下来,想尽办法,不断改进,但不见起色。2008年,转机出现。象山县林特中心的工作人员经过研究后发现,把"红美人"品种种植到大棚里,种出来的柑橘品质更佳。于是,橘农开始尝试大棚栽种,柑橘的品质终于得到了改善,"象山红美人"也成为当地重要的柑橘品种。2012年,顾品的32亩地一年就收入了350多万元,创造了柑橘界的"神话"。

2013年,经过13年的探索与推广,象山县决定在境内定塘镇建立30亩"红美人"标准化栽培基地,这是全国第一个"红美人"规模化栽培基地。2014—2018年,一位象山橘农种植的1.7亩"红美人"柑橘,曾连续四年卖出20万元的"天价",也让"象山红美人"拥有了"橘中爱马仕"的美名。2015年,随着"象山柑橘"尤其是"象山红美人"的名气越来越大，全国陆续有 12 个省到象山参观并引种果苗。截至 2016 年，"象山柑橘"已在柑橘界小有名气，拥有一定数量的消费群体。

"象山红美人"（见图 17-1）是"象山柑橘"的主栽品种，这一品种的特点鲜明：果型圆润，果皮光滑，果皮细薄，颜色橙黄，味浓甘甜，且因其柔嫩多汁，无核无渣，可以用吸管吸食，也被称为"可以吸的维 C"，这区别于一些柑橘分瓣明显、少汁多渣、滋味酸涩的特点。经过多年的升级改良，"象山红美人"的品质可以保持稳定，尤以当地种植的柑橘品质最佳，难以取代。象山橘农十分注重品种单一可能带来的"品种危机"，当初与"象山红美人"同批试验的品种就有近 30 个，每个品种每年需进行 10 次、近 20 项数据观测与测定，以选育期10 年测算，所积累的原始数据就有近 6 万个，一旦"象山红美人"遭到威胁或者失去品种优势，后备军就可以"上场"，这些品种和数据的累积，使"象山柑橘"拥有难以比拟的品种优势。（见图 17-2）

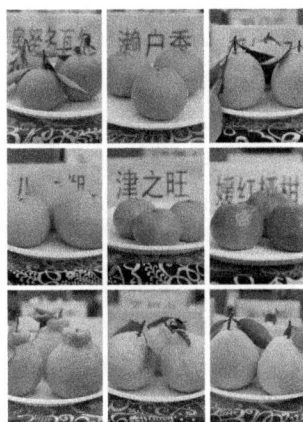

图 17-1　不同品种的象山柑橘

图 17-2　"象山红美人"

（三）栽培技术：探索大棚种植，抗台风抗病害

在"象山柑橘"产业发展过程中，象山县委县政府十分重视技术的提升。先后与华中农大、省农科院等院校合作交流，建立了邓秀新院士团队专家工作站、省柑橘研究所象山分所。象山柑橘研究所的技术人员从 2004 年开始探索大棚栽培柑橘技术（见图 17-3），成为全国的先行者。台风灾害一直是象山柑橘生产的短板，经过攻关，象山先后发明了大棚升温法和抗风技术，有效解决了因寒流和台风造成的低温与设施损毁，使产品的成熟时间提前了四个多月。

图 17-3　大棚栽种

在抗病虫害、安全运输等方面,橘农和合作社共同合作攻关,也取得了许多成效。

（四）组织建设:建立产业联盟,规范经营发展

2016 年,象山县成立柑橘产业联盟,该联盟为县内种植优质柑橘的农户自愿加入组成的行业性社会组织,象山县柑橘产业联盟内,成立了全国为数不多的县级柑橘研究所。产业联盟的出现,不仅使象山柑橘生产的组织化程度提升,而且能够促成生产的标准化,更好地协调生产者,让组织成员共同面对生产、销售过程中可能出现的问题,维护共同权益。该联盟的存在与服务,为保证"象山柑橘"地理标志产品的生产、种植、销售环节的规范性、标准化提供了组织保障。

从区域独特的生态环境,到品种研发、栽培技术探索、产业联盟建设,象山柑橘产业建立了"四独特"的产业价值。但是,象山柑橘产业如何在竞争格局中进一步脱颖而出,获得产业的长效发展? 新的命题出现了。

二、品牌化引领:升华竞争意识,提升品牌价值

（一）竞争挑战与竞争决策

在 2016 年的中国柑橘市场,提及柑橘,知名者众多。象山柑橘产业面临着巨大的挑战。在象山临近地区,就有世界宽皮橘始祖地——黄岩及其黄岩蜜桔,盛名在外,临海蜜桔"忘不了"等后来居上,占据了消费者心智。而赣南脐橙、广东四会沙糖桔、秭归脐橙等外地柑橘,以大产区、规模化种植、品牌知名度高,形成了强大的市场优势,还有国际柑橘品牌如"新奇士",又占领了中产阶级的高价市场。

而在当时,象山柑橘产业虽然有上述"四独特",但还存在着一些问题,主要表现为:品牌形象不统一,价值核心比较模糊,品牌战略不能得到有效实施,品牌溢价提升受限。"象山柑橘"在当时,虽然已有象山县柑橘产业联盟这一组织保障,但是相比于其他知名柑橘品牌,存在精品柑橘品种量少、橘农组织化程度弱、生产管理的标准化程度低、营销途径单一等问题,这些致使产品价值与价格不符,带动橘农增收致富的能力不强,制约着"象山柑橘"品牌联动区域经济的能力。同时,"象山柑橘",尤其是"象山红美人",因其品质优良、销路渐好而为消费者喜爱,一些橘农看到了商机,进行广泛种植,加以售卖,但因种植技术不熟、种植环境不达标等,产出的果实存在品质不达标、品种混淆等问题,"象山柑橘"品牌因之声誉受到影响,销售市场混乱。

因此,虽然经过不断突破,象山红美人品种从一棵小树苗逐渐成为当地橘农的"金名片",为当地的经济发展带来了一定的贡献,但象山县委县政府并不满足于已有的"小成就",决定打造"象山柑橘"区域公用品牌。

2016年8月,受象山县农林局委托,浙江大学CARD中国农业品牌研究中心团队接过了这一重要任务,为"象山柑橘"开展品牌战略规划,构建象山柑橘产业与消费者的新型关系。从产业发展走向品牌引领,走向更远的品牌竞争,发展更具溢价可能的品牌经济。

(二)品牌价值表达:橘生山海间　味道自然甜

根据"象山柑橘"拥有的"四独特"产业价值,研究消费者的柑橘消费偏好,专业团队总结出"象山柑橘"的六大价值特征。

地理:依山傍海,肥沃滩涂;气候:阳光充足,温和湿润;历史:商业种植,渊源流长;品质:亦香亦甜,口感惊艳;品种:良种丰富,推陈出新;技术:远赴海外,学习借鉴。

"正是这一区域不可复制的自然资源如地形地貌、气温、水质、土壤、光照、昼夜温差等因素和特有的人文特征如种植模式、管理技术、加工工艺等因素,共同决定了地理标志产品的'特定质量、信誉或者其他特征'。"地理标志产品之所以能够与其他产品形成区隔,非常重要的两点就在于其区域性、独特性,这也是它们能够形成品牌的基础特质,核心价值也必须从此提炼而得并进行演化。对于"象山柑橘"来说,产品特点和区位优势是它区别于其他柑橘最重要的两点,是其进行品牌升级的"金钥匙",而产品特点中又以"渣少味甜"最为突出,所以品牌核心价值和品牌口号需从中深挖。

品牌升级还需要考量的一个维度就是消费群体的消费偏好,要促成消费者购买,就要链接消费者心智,融入消费者消费习惯。因此专业团队开展了柑

橘消费心理调研,最终发现三个有价值的信息点:

第一,消费者对柑橘生长地域认知较深,"南橘北枳"的观念根深蒂固;第二,消费者对柑橘口味的追求,甜度远远胜过酸度;第三,消费者对象山的山海地貌印象非常美好,能够产生"好产地好味道"的自然逻辑。

调研所得的三点柑橘消费倾向,让专业团队对"象山柑橘"所要走的方向有了明确的认识:必须要通过品牌定位和口号契合"南橘北枳"的印象;要让消费者通过品牌口号明白"象山柑橘"甘甜的特点,并以文字触发感官体验,激发消费欲望;充分利用象山作为柑橘核心生长区的区位优势。

由此,专业团队依据"象山柑橘"自身特点与消费者心理的最佳契合点,决定融合"山海"这一地理区位元素和"甜"这一味觉的消费者预期元素,让消费者一联想到"象山柑橘"就能感受到来自山海之地的清甜香味。最终,团队将"象山柑橘"的品牌口号凝练为:

橘生山海间 味道自然甜

(三)产品系列化设计

产品是基础。生产、销售与消费者对路的产品是重点。根据"象山柑橘"一年四季均有鲜果的特征,专业团队将其产品划分为春、夏、秋、冬四个系列,分别对应"象山柑橘"的四个特色精品:春香、晴姬、红美人、甘平。并且,专业团队为每一款特色精品柑橘品种设计单独包装和辅助口号,以彰显不同的产品不同的品质特点。(见图 17-4)

图 17-4　四个特色精品的包装

（四）品牌形象及其符号设计

想达到有效的传播，除了要有品牌口号和价值支撑，还需要有鲜明的形象和独特的符号。符号体系的核心是品牌主形象，即品牌标志。品牌符号的设计要力求贴近品牌形象及产品本身的特点，同时需要能够抓住消费者眼球，为其留下深刻的印象。基于此，专业团队为"象山柑橘"构建了一套专属的符号体系。

1. 品牌主形象及设计解读

以"象山柑橘"的品牌名称、山海地貌、出众品质、消费体验等为创意原点，选取了象山、橘瓣、笑脸等元素，抓住"山海""甜""笑脸"这三个价值点，通过抽象、演绎、组合、搭配，创制出"象山柑橘"的品牌主形象。（见图 17-5）

图 17-5　"象山柑橘"品牌主形象

"象山柑橘"品牌主形象中图形的上半部分是象山的变形，"W"形的山恰好可以通过两片橘子叶构成，配以"象山柑橘"的嫩绿色，清新明丽。下半部分结合了大海的视觉形象和质感饱满的橘瓣形象，像是一汪大海，但又是一片饱满的柑橘；渐变的橘黄色增添了图像的动态感，更有一种"开口欢笑"的视觉感受，且笑容的"甜美"与柑橘的"甜蜜"相呼应，容易让消费者产生美好的联想。上下两部分的结合完美契合了"象山柑橘生于山海间"的特点。中间两颗圆圆的小眼睛，增加了形象的可爱感。这种拟人化的处理可以带来一种交流感，增加了品牌的亲近性。同时，这个 LOGO 很国际化，具有很强的跨文化传播素质。

2. 产品包装及设计解读

产品包装设计的重要程度仅次于品牌主形象设计。好的品牌包装能够直接引发消费者的购买欲,还会塑造消费者对品牌的第一印象,影响品牌整体的形象。

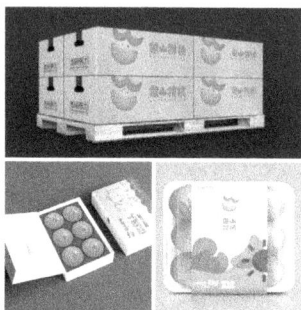

图 17-6　不同的品牌包装

"象山柑橘"的包装按照销售场景、产品数量分为 3 种不同的类型。图 17-6 中,左上方为"象山柑橘"电商包装,采用长条形纸盒包装的形式,相对轻便,适合快递运输。右上方为"象山红美人"四只装包装,为硬质纸盒包装,相对精致,上面有吉祥物形象;礼盒样式适合作为果品尝鲜。右下角为"象山柑橘"普通包装,12 只一盒的规格适合喜欢吃"象山柑橘"或是已经形成一定消费黏性和忠诚度的消费者购买,同时手提的包装样式也方便携带。左下角是"象山柑橘"单个包装和外标签。另外,上文也提到了,根据四季有果的特征,还设计了四种不同的品牌包装。

3. 辅助形象及设计解读

(1)品牌吉祥物

专业团队设计了"象山柑橘"的品牌吉祥物(见图 17-7),根据"象山柑橘"中特色精品的女性化命名,以及电子商务渠道消费的年轻化趋势,"象山柑橘"被卡通化为一个甜美可爱、自信满满的女孩。女孩的形象有两种表现形式,一个是绿色头发、穿着橘黄色衣服、戴着橘黄色发带的纯卡通形象,这一形象拥有多种不同的表情模式,适合进行宣传时情绪的表达;另一个版本是更为具象化的女孩形象,更加贴近"生于山海间的橘子女孩"的形象,印于包装之上也会更加精致、有趣。

图 17-7 "象山柑橘"品牌吉祥物

(2)传播辅助图形

在研究"象山柑橘"生长、生产过程后,团队提取出橘瓣、太阳、山丘、大海四个传播辅助元素,演绎出四种传播辅助图形。四种图形的颜色各有其意义:橘瓣为秋之橙色、太阳为夏之红色、山丘为春之绿色、大海为冬之蓝色,橘生山海经四季,春夏秋冬皆有意,一颗橘子蕴藏了四季的精华,自是甜美无限。(见图 17-8)

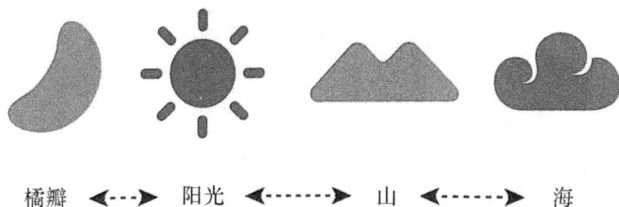

橘瓣 ◀---▶ 阳光 ◀-------▶ 山 ◀------▶ 海

图 17-8 "象山柑橘"传播辅助图形

(3)传播系统形象

形象宣传片与主题曲。"象山柑橘"有一支 2 分钟左右的形象宣传片,宣传片可以分为产品地理区位介绍,产品特征介绍,产品消费场景介绍,生产、包装过程介绍等部分。整支影片虽然只有 2 分钟左右,却很好地将"象山柑橘"的产品特点与品牌形象呈现出来,使观看者对品牌的整体形象有了较为完整的认识。(见图 17-9)

"象山红美人"还有主题曲《橙红色的海》:"母亲河大塘港,灵岩山橘子黄,橘生山海间,味道自然甜,雨霁绿新妆,橘花吐芬芳,待到秋果黄……"歌词引人联想,悠扬的女声让听者仿佛看到了"象山红美人"成熟时果园的盛况。

线上与线下广告。线上广告主要是利用互联网的高曝光率、高到达率来

图 17-9　品牌形象宣传片中品牌口号的呈现

实现品牌和产品的宣传,专业团队为"象山柑橘"设计了一组海报(见图 17-10),这组海报由品牌标志和产品形象两个部分组成,具有冲击力的橘黄色可以瞬间"吸睛",个个圆润饱满的象山柑橘,能够让看到的人都有种想要买来一尝的冲动。线下广告的作用主要是通过在人流量大的场所设置广告牌以增加品牌曝光率,这在产品宣传过程中有着重要的作用。

图 17-10　产品海报

三、新品牌落地运营:将象山柑橘文化传递出去

2016 年 12 月 16 日,"象山柑橘"与"象山梭子蟹"(上海)推介会隆重开幕,这是"象山柑橘"品牌在品牌升级后的首次露面,此次推介会上,"象山柑橘"以全新的形象出现在大众面前,自此"象山柑橘"走上了品牌建设的新台阶。

"象山柑橘"注重品牌宣传与经营,其主要以"柑橘文化"为支点,通过将柑橘文化和自身的价值内涵植入宣传活动中,吸引人们注意力并引发共鸣。根据渠道差异,"象山柑橘"品牌营销活动大致可以分为媒体宣传与曝光、展销会及博览会、公益活动等。

(一)善用媒体力量,树立品牌形象

从 2016 年品牌建设开始,"象山柑橘"就十分注重媒体宣传与品牌曝光率。对外,"象山柑橘"善于利用产品推介会、博览会等露面吸睛,获取更多消费者资源。如 2017 年,浙江(上海)名特优新农产品展销会上,"象山柑橘"与"象山梭子蟹"又一次联合举办推介会,与大型电商平台和顺丰物流合作,助力线上线下同时同步推介销售。同时,作为当地的"致富果","象山柑橘"也得到了央视的注意。2018 年 12 月 30 日,CCTV2《对话》栏目播出《青山变金山》节目,介绍浙江"千万工程"实施以来农村发生的巨变,其中,"象山红美人"作为"青山绿水变成金山银山"的典型,登上央视,向全国推广象山县发展现代农业,走出一条致富路的经验。2019 年 12 月 18 日央视 2 套《生财有道》节目播出了《浙江象山:橘生山海间,生财味道甜》(见图 17-11),花 23 分钟报道了"象山红美人"柑橘的种植、培育、销售等过程,这对于一个农产品区域公用品牌来说,是十分难得的。

图 17-11 "象山红美人"登上《生财有道》节目

对内,"象山柑橘"积极利用已有的微信公众号(见图 17-12)进行日常传播,推送"象山柑橘"在品牌维护、生产技术指导、品牌活动、产品销售等方面的信息,帮助橘农解决生产过程中遇到的困难,协助品牌相关者了解品牌建设相关信息,并为消费者提供产品动态。每当象山柑橘到了上市季节,当地政府和合作社成员也会联系当地媒体平台进行预热,持续跟踪柑橘生长情况,为柑橘上市销售做好准备。

一系列对内对外的传播活动,创造了多个触点,让人们可以从产品特质、

图 17-12 "象山柑橘"微信公众号

品牌特性、品牌形象、地域特色等多个不同的角度认识"象山柑橘",形成一个立体的"象山柑橘"品牌形象。

（二）政府支持与扶持

当地政府在政策上的支持与重视也使得"象山柑橘"能够拥有"绿色通道",实现稳步发展。"象山红美人"被市场认可之后,象山县人民政府迅速出台政策,设立专项基金,鼓励农户改造橘园,实行产业升级,提升产品产量;2018 年启动实施了"甬品千创""品牌农业＋互联网"三年行动计划,所选的 30 个宁波特色农产品互联网品牌中就有"象山柑橘"的主栽品种"象山红美人";2019 年,在"象山柑橘"申请地理标志证明商标成功后,象山县人民政府就印发了"象山柑橘"地理标志证明商标和区域公用品牌使用管理办法的通知,助力"象山柑橘"进行品牌维护等等,政府的这些措施为"象山柑橘"竖起了坚实的后盾,助力其进行品牌建设与升级,同时也形成了政府—联盟—龙头企业—橘农协力发展的格局。

（三）利用农事节庆植入品牌与传播

为了推动"象山柑橘"走出去,自 2017 年 12 月 23 日开始,"象山柑橘"经营者每年都会联合政府与当地生产者开展象山柑橘文化节,至今已连续举办了四届。每届象山柑橘文化节的主题都不一样,但都有一个核心点,那就是"柑橘文化"。通过采摘柑橘、听取讲座、参与交流、购买产品、观看表演等活动,"象山柑橘"将独具特色的"柑橘文化"传递给大家,让人在潜移默化之中爱上这颗"有文化"的柑橘,创造出有关"象山柑橘"的共同回忆,以后人们只要想到柑橘,就一定能想到这颗鲜甜多汁的"象山柑橘"。象山当地有著名的象山影视城,借助于这一优势,象山柑橘文化节常常会邀请影视明星、导演、主持人等来参加柑橘文化节,如近几年就邀请了胡玫、张纪中等人为其宣传。

象山柑橘文化节自开办以来,就为"象山柑橘"带来诸多惊喜。以 2020 年第四届象山柑橘文化节(见图 17-13)为例,这届柑橘文化节运用"掌上云节庆"新型传播模式,通过云直播、云游览、云互动、云推介,促进农产品销售与相关企业间的交流合作。举办当天,有新华网、人民日报、中央电视台、中央人民广播电台、中国新闻网、浙江日报、宁波日报等 30 多家中央和省市级媒体聚焦报道。开摘仪式的云直播环节,新华社、今日头条、优酷视频等新闻门户网站

图 17-13　第四届象山柑橘文化节活动安排

全网联播,观看量高达 80 万人次。

"象山柑橘"运营者还主动开展"全域旅游"战略,深挖柑橘文化,建成了象山柑橘博览园,并集中打造了一批柑橘休闲观光体验基地和风景线,形成"橘旅融合、以旅促销"的良好局面。每年柑橘上市的季节,都会有柑橘爱好者或者游客到数个柑橘园来采摘,边摘边品尝。

从一颗柑橘、一棵橘树、一场柑橘文化节到满园柑橘爱好者,"象山柑橘"最大程度发挥了柑橘本身的魅力,让人们可以从味觉、嗅觉、视觉、听觉、触觉和心理等多个角度认识"象山柑橘"的品牌文化。

(四)线上线下联动营销

线上,2016 年 11 月 20 日,"象山柑橘"微信公众平台上线,这是象山县柑橘产业联盟经营的官方自媒体平台,平台上会发布生产技术指导、柑橘生长状态、农事节庆活动等有关"象山柑橘"(主要是主栽品种"象山红美人")的相关信息。自媒体加上其他官方媒体的报道让"象山柑橘"拥有相对基础的传播矩阵,同时,"象山柑橘"品牌运营者积极利用互联网进行销售,大力发展电子商务,通过淘宝象山馆、象山"半岛味道"微商城、中国象山港网站等线上平台进行宣传,还组织策划网红直播带货、明星体验等。线下,随着交通运输的不断发展,"象山柑橘"可以在全国范围内进行销售,"象山柑橘"运营者也十分注重网购消费者的购物体验。如 2020 年 9 月 29 日,"2020 象山柑橘鲜果运输产品"推介会在浙江象山举办,活动就象山柑橘运输问题、德邦快递解决方案等事项作了详细介绍。在转运环节,德邦快递为柑橘产品开通了绿色通道,以确保优先转运,这让线上购买有了更好的保障,让远在千里之外的人们也可以吃上美味的象山柑橘。

(五)热心公益助力抗疫

2020 年初,新冠肺炎疫情暴发,象山柑橘产业联盟考虑到"象山柑橘"富含维 C 和维生素,有助于增强抵抗力,决定无偿捐赠。联盟结合产业优势,广泛动员成员单位以及爱心果农捐赠柑橘到一线,接到通知的成员单位和果农都选择捐赠自家最好的柑橘到抗疫一线,给医护人员、公安干警、记者编辑带去温暖。据报道,捐赠的柑橘价值近 20 万元。(见图 17-14)

四、品牌化成果与未来发展建议

(一)品牌化成果

经过品牌升级之后,"象山柑橘"也经历了一次"脱胎换骨"。2017 年,尚在成长过程中的"象山红美人"柑橘拍出了每公斤 123 元的史上最高单价;

图 17-14 无偿捐赠柑橘到抗疫一线

源自网络:www.cnxsg.cn/6118995.html

2018 年,象山县柑橘栽培总面积达 11.2 万亩,全县柑橘总产量约 11 万吨,其中"红美人"栽培面积 1.5 万亩,产量约 4300 吨;2019 年,象山县柑橘栽培总面积达 11.2 万亩,品牌收益为 15810.13 万元;2020 年,象山县仅"象山红美人"全县栽培面积就达到 3.3 万亩,投产 1.5 万亩,产量达到 1.5 万吨,橘农亩均收入达到 5 万～10 万元,有些种植精品柑橘的农户甚至每年可以收入 20 多万元,实现了"一亩田十万元,一株树万元钱"目标。

"2020 中国果品区域公用品牌价值评估报告"结果显示,"象山柑橘"品牌价值达到 24.55 亿元,在 150 个参评的果品区域公用品牌中排名第 39 位。

经过近几年的品牌建设,"象山柑橘"区域公用品牌已经取得了众多成效,消费者黏度有一定程度的提高,也能够在柑橘市场找到属于自己的位置。

但是,要想取得长足的发展,"象山柑橘"还需要保持优势并寻求突破。

(二)未来发展建议

1. 坚守核心价值,保持产品品质

象山柑橘已经形成了成熟的柑橘质量分级制度,根据果径、品质和外观,橘农会将柑橘标定不同的级别,这是从产品本身的品质上进行质量把关。

同时,为了保证地理标志产品的"原生性",当地政府及企业积极应用地理标志溯源系统(见图 17-16),为区域公用品牌保驾护航。这一地理标志溯源系统以"互联网＋农业"为手段,构建服务于企业、公众两个层面的地理标志产品追溯平台,使得每一颗"象山柑橘"都"有根可循"。

可以看到,"象山柑橘"对于品质维护非常重视,这也符合消费者对品质生活的追求,当前,越来越多的消费者的消费理念是产品价格可以高,但产品品

象山红美人柑橘商品果质量分级标准

象山县柑橘产业联盟制定-2018

表1 果径标准

评价指标	级 别		
	一级果（8只装）	特级果（12只装）	优等果（15只装）
横径范围（mm）	88～95	75～82	82～88	68～75
单果重（g）	280-350	180～240	240-300	150～180

表2 品质标准

评价指标	特级果	优等果	一级果
可溶性固形物/%	≥13.0	≥12.0	≥11.0
固酸比	≥16.3	≥13.3	≥11.0

表3 外观标准

评价指标	特级果	优等果	一级果
果形	端正、整齐、果蒂完整。	较端正、整齐、果蒂完整。	无畸形果、果蒂完整。
果面	整果无明显伤疤、无明显黑点病。	果面无明显伤疤、无明显黑点病。	少量伤疤、少量黑点病。
色泽	橙红色，着色均匀	浅橙红色，着色均匀	橙黄色，着色较均匀
种子	无核	无核	3粒以下
香味	有浓郁香味	有香味	香味较淡

图 17-15　象山柑橘质量分级标准

质也必须好,并且口感方面也必须符合新生代、新兴中产阶级的个性化需求。柑橘消费市场竞争激烈,品质优良、可供消费者选择的柑橘不在少数,"象山柑橘",尤其是主栽品种"象山红美人",能够为大众所认知并形成良好口碑,其重要的一点就在于产品本身的品质,所以要想能够保持"一骑绝尘"的状态,除了上述分级制度和地理标志溯源系统的建设,日后"象山柑橘"仍需不断跟进产品质量提升技术和品牌保护技术。

图 17-16　可追溯防伪信息系统

（源自网络）

2. 重视品牌宣传，助力地标建设

"象山柑橘"近几年非常注重品牌建设，品牌的溢价能力大幅提高，现今维持着高于一般柑橘五六倍的售价，并持续位列柑橘领域领先者行列。但是在这个品牌竞争的时代，运营者还需要进一步关注行业形势，在已有的品牌活动和农事节庆活动的基础上，更加注重品牌的曝光和营销，抓住交流推介的机会，推动"象山柑橘"走出去。

2020 中国果品区域公用品牌价值评估报告的数据显示，在 27 个柑橘类区域公用品牌中，"象山柑橘"的品牌传播力虽然高于平均值，但与最高值（秭归脐橙为 91.58）仍有 6.63 的差距，造成这结果的原因可能有两点：一方面，"象山柑橘"的品牌传播仍需扩大受众面、增加传播形式、拓展传播渠道，这一点从"象山柑橘"的品牌传播费用远低于平均值（见图 17-17）可以推测；另一方面，从影响品牌传播力的三要素可以看到，2020 年"象山柑橘"知名度提升快，认知度其次，好感度提升较低（见图 17-18），这可能是由于"象山柑橘"在旺季销售时单价会达到 20~30 元一斤，消费者未能接受"象山柑橘"的高价，仍处于认知转换期，需要一个适应过程，这也是未来"象山柑橘"在品牌传播时需要注意的问题。

同时，在进行品牌宣传建设时，"象山柑橘"还需要注重同时打响母子品牌，重视"象山柑橘"母品牌的品牌建设，谨防因"象山红美人"子品牌的迅猛发展而带来的"象山柑橘"母品牌萎缩，当地政府及品牌经营者应该为除"象山红美人"之外的优势品种建设好销售通路，保证母子品牌在强弱链接下的共同发展。

品质是一个"杀手锏"，但是缺少宣传建设，品牌也会面临危机。品牌经营

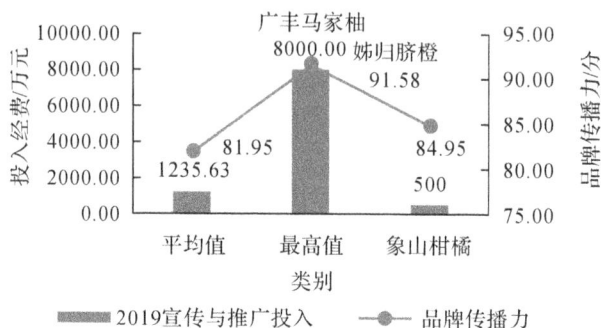

图 17-17 2019 年象山柑橘的品牌传播费用远低于平均值
（27 个柑橘区域公用品牌比较）

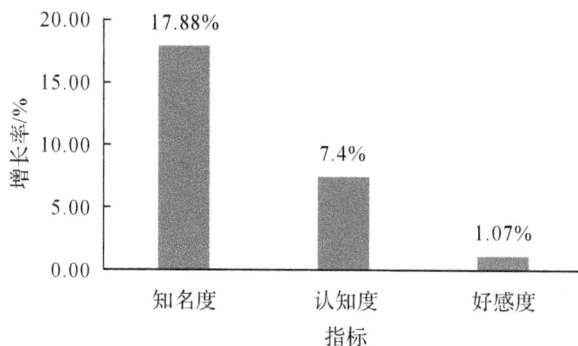

图 17-18 2020 年评估,象山柑橘的知名度提升快,
认知度其次,好感度提升较低

需要顺应 3B(品牌消费、品牌竞争、品牌经济)时代,不断探索,不断吸纳新思维、新形式、新方法,域内各地也要高度重视品牌经营、协同合作。

3. 延长品种红利,注重线上销售

前文提到,经过海外引进和多年探索、培育,当地已经拥有 150 多种品质卓越、性状鲜明的良种"后备军",这是"象山柑橘"下的"一手好棋"。但近几年,越来越多的橘农加入了种植大军,这带来了一些问题。以"象山红美人"为例,2020 年浙江省红美人栽培面积达到 10 万亩,全省 11 个地级市均有种植,全国总栽培面积超 50 万亩,且仍在快速增长,四川、湖南、湖北、江苏、上海,甚至吉林都有红美人种植。在种植过程中,橘农因生产技术不足、定价不当、品牌维护意识缺乏等,可能会导致"象山柑橘"声誉受损,这就需要当地政府、产业联盟及其生产者能够做好引导,在平时持续为橘农提供生产指导、课程培训,做到全域生产者和管理者的规范生产、经营。虽然好的事物值得大家共享,但是作为地理标志产品,重要的就是"生长于原产地",外地种植与销售对本地品牌维护来说,是一个很大的威胁,所以应该更加注重新品种的持续推出与更新,未雨绸缪。

　　另一个需要注意的是网络销售。"象山柑橘"已有线上和线下的销售渠道,相对来说,线下渠道会更加完善,线上渠道则需要升级。以淘宝店铺为例,当前,在搜索栏中搜索"象山柑橘",显示的大都是"象山红美人"这一产品。且搜索"象山红美人旗舰店"可以发现,有非原产地经营者申请并运营的淘宝店铺,消费者在购买过程中可能会误以为是官方店铺而产生购买,这可能会对原产地产品线上销售造成威胁。因此,"象山柑橘"在未来发展过程中也需要注意品牌维护,并实现"多品种线上销售",为品牌的长期发展做准备。

　　从2001年种下第一棵"象山红美人"到如今,20年过去了,"象山柑橘"实现了产业发展、橘农富裕、品牌成长。品牌建设新的五年即将拉开帷幕,进一步发展需要新的顶层设计、新的品牌规划,更需要持续、系统地强化品牌,科学地运营品牌,这样才能让"象山柑橘"成为象山人民永久的"富民果"。

第十八章　大佛龙井:错位竞争,
凸显独特品牌价值

地标概况

新昌县地处四明、天台、会稽三山交汇之处,山高雾浓,气候温和,雨量充沛,土地肥沃,丘陵山区多玄武岩台地及略带酸性的红黄土壤,适宜种茶,自古即为产茶名区。1994年,依托于县内远近闻名的大佛寺,"大佛龙井"品牌应运而生。

2019年,由专业团队编制的"大佛龙井"品转牌规划完成,并于2020年发布品牌新形象。2020年,中华人民共和国农业农村部批准对"大佛龙井"实施农产品地理标志登记保护(AGI02850)。"大佛龙井"地理标志地域保护范围坐标为东经120°41′34″~121°13′34″,北纬29°13′55″~29°33′52″,涵盖浙江省绍兴市新昌县的儒岙镇、镜岭镇、回山镇、双彩乡、东茗乡、城南乡、澄潭镇、大市聚镇、梅渚镇、小将镇、羽林街道、巧英乡、七星街道、新林乡、南明街道、沙溪镇,共16个乡镇(街道),涉及415个行政村,保护面积约8500公顷。

2010年至2020年期间,"大佛龙井"的品牌价值从2010年的20.38亿元上升到了2020年的45.15亿元,增加了24.77亿元,整体涨幅高达121.54%。

一、龙井家族出新秀

(一)事件营销十多年

新昌产的茶叶曾经主要为珠茶,20世纪80年代,珠茶出口受阻,效益下降,新昌开始试制名茶,当时适逢龙井茶效益高,新昌茶叶便开始探索"圆"改"扁"的发展之路。1986年,新昌从杭州请来师傅传授龙井炒制技术,一斤珠茶改成龙井后,身价陡增十倍,由此茶农纷纷效仿学习,龙井炒制工艺逐渐在新昌县兴起。1994年"大佛龙井"品牌建立后,更是由政府主导从技术上开展推广培训,推动全县茶叶"圆改扁"。在品牌运营管理上,"大佛龙井"所采取的

"以政府为主导，以品牌为主线，以市场为主体"的"新昌模式"广为人称道。近20多年来，"大佛龙井"在品牌营销传播上战绩不菲，新昌县凭借敏锐的"热点"思维与"借势"思维，不断地通过低成本、高效益的事件营销迅速提升"大佛龙井"的知名度。

1. "绿茶进京"：敲响京城第一锣

1995年，国内名茶产业市场化运营刚刚起步，各种名茶销售供不应求，新昌名茶协会未雨绸缪，早早开始做事件营销策划。"大佛龙井"于当年5月9日"中国名茶之乡春茶展示会"上亮相，得到了来自农业部、中国农业科学院等单位专家的参观以及十几家中央媒体的报道。借助参展春茶展会，"大佛龙井"得到了较高的媒体曝光，敲响绿茶进京第一锣。

2. "万人品茶"：万众瞩目进济南

2000年，为助力"大佛龙井"进入济南市场，新昌县政府与济南茶叶市场达成合作，在济南泉城广场联合举办"品茗赏泉暨新昌'大佛龙井'名茶品牌推介"活动。活动当天，泉城广场人头攒动，万人品尝大佛龙井，使得"大佛龙井"一夜之间在济南家喻户晓，成为媒体争相报道的话题，成功打入茶叶市场重镇济南。

3. 联姻老舍茶馆，借势名店

"大佛龙井"虽已于1995年就打入北京市场，但一直没机会和北京高端茶庄合作。因此，2002年春，"大佛龙井"广发英雄帖，邀请北京的老字号茶庄和新闻记者前往新昌考察。其中，老舍茶馆总经理尹智君在实地考察后，被"大佛龙井"茶产地优美的山水风光、良好的生态环境和精深的制茶工艺所触动，当即与新昌县签订长期供货合同。自此，"大佛龙井"正式入驻京城著名文化茶馆——老舍茶馆。"大佛龙井"借助老舍茶馆这一北京对外文化交流的重要窗口，策划了一系列吸引媒体和公众眼球的事件。

4. 庆"五一"大佛龙井献劳模活动

2004年4月，在老舍茶馆举办的"老舍茶馆·大佛龙井茶文化节"上，新昌县领导为在京的全国劳模与英模代表敬献"大佛龙井"茶，并与他们一起观看了"大佛龙井"茶艺表演，这一活动经由媒体报道传播，在京城引起广泛关注。

5. 献茶连战夫妇，见证非常时刻

2005年4月28日，老舍茶馆迎来时任中国国民党主席的连战及夫人一行。在"品大佛龙井，尝古风国粹"活动中，连战一边品着"大佛龙井"，一边聆听京韵乐曲。晚会结束时,连战先生欣然挥笔题词:"振兴茶文化,祥和两岸情"。此事获得了海内外众多电视、报刊的争相报道,"大佛龙井"因见证这一非常时刻而蜚声海内外。

6.馈赠名人,借道奥运,放大传播效应

"大佛龙井"进入老舍茶馆后,不但深得顾客喜爱,而且还成为馈赠外宾与传播文化的使者。2003年7月14日,塞尔维亚和黑山共和国久卡诺维奇总理接受老舍茶馆赠送的"大佛龙井"礼盒;8月29日,"大佛龙井"被作为礼物赠送给匈牙利总理迈杰西;2004年2月23日,"大佛龙井"成为赠送给苏里南费内西恩总统的礼物。久而久之,通过老舍茶馆,"大佛龙井"与许多名人结缘,并经由他们走向世界各国市场。

2006年4月,老舍茶馆举办了第三届茶文化节暨"五环茶·迎奥运"活动,将我国六大茶类拼制成奥运五环旗,其中白茶作为底色,"大佛龙井"茶代表绿(茶)色占据了五环中的一环,此活动得到人民日报、新华社、中央电视台等媒体的聚焦报道。

7.热心公益,提升品牌口碑

2003年非典期间,新昌县通过老舍茶馆将50公斤"大佛龙井"赠送给抗击"非典"第一线的白衣天使,这一事件得到《光明日报》《北京日报》等10多家媒体的报道。

2007年4月26日,新昌县和老舍茶馆在奥运工程建设工地联合举行了"大佛龙井向奥运建设者献爱心"活动,将2007年的第一批大佛龙井新茶送到鸟巢建设工地现场,为工地辛劳的建设者们送上一缕缕清香。

8.巧借热点新闻,扩大品牌影响

2006年10月2日,瑞典仿古商船"哥德堡"号复航广州,作为一项具有国际影响的大型经贸文化交流活动,"大佛龙井"成为"哥德堡号"百年盛宴唯一指定绿茶。同时,"大佛龙井"还参加了"第七届广州国际茶文化博览会",不但荣获"绿茶茶王"金奖,而且还成为赠送给瑞典国王与王后的礼物。此次借势使"大佛龙井"名满羊城,进一步扩大了"大佛龙井"品牌影响力。

通过对以上种种"大佛龙井"事件营销案例的梳理,我们可以真切感受到,长久以来,"大佛龙井"在品牌传播上十分努力,并因此赢得了相当的知名度与一定的美誉度。但是,品牌最终的战场不在媒体,而在消费者心目中。

长久以来,"大佛龙井"的品牌传播往往局限于事件营销领域,而对于"大佛龙井"品牌内涵的阐释还远远不够深入,缺乏系统的品牌价值挖掘、价值发

现、价值再创、价值延伸，没有形成鲜明的品牌个性，使得"大佛龙井"在面对
"西湖龙井"的重压以及云贵川等地茶叶上市早、售价低的冲击时显得十分
乏力。

（二）成就斐然有短板

"大佛龙井"虽然只有20多年的发展历史，但是在新昌县政府的高度重
视、大佛龙井协会与茶企、茶农的不懈努力下，已经拥有与百年甚至千年发展
历史的名茶平起平坐的资本。近年来，"大佛龙井"跻身中国茶叶区域公用品
牌价值评估前十。《2020中国茶叶区域公用品牌价值评估研究报告》显示，
"大佛龙井"品牌价值高达45.15亿元，位列品牌价值排名第五位（见表18-1）。
大佛龙井取得了非常了不起的成绩。

表18-1　2020中国茶叶区域公用品牌价值评估前十排名

排序	省份	品牌名称	品牌价值/亿元
1	浙江	西湖龙井	70.76
2	云南	普洱茶	70.35
3	河南	信阳毛尖	68.86
4	福建	福鼎白茶	49.74
5	浙江	大佛龙井	45.15
6	浙江	安吉白茶	41.64
7	四川	蒙顶山茶	37.14
8	湖南	安化黑茶	37.13
9	安徽	六安瓜片	35.69
10	贵州	都匀毛尖	35.28

但是，与同为龙井茶的"西湖龙井"相比，"大佛龙井"在消费认知上还存在
着较大差距。"大佛龙井"不论是在生长环境还是茶叶品质、文脉特征上，其实
都不输龙井茶第一品牌"西湖龙井"。对于普通消费者而言，"大佛龙井"售价
远低于"西湖龙井"，性价比较高，按理应会成为广为消费者认知、接受、购买的
产品。然而现实却是，一提到龙井茶，众多消费者第一想到并且认可的仍是
"西湖龙井"。短期内，"大佛龙井"要想赶上甚至超越"西湖龙井"在消费者心
目中的固有认知是非常不现实的。因此，从长远来看，"大佛龙井"的未来发展
之路应是制定相较于"西湖龙井"的错位竞争品牌战略，借助"西湖龙井"极高
品牌声誉进行宣传的同时，避开"西湖龙井"的锋芒，采取系列差异化的品牌传
播措施，形成自身的品牌个性，从而在消费者心目中占据一席之地。

为应对上述所面临的问题与挑战,2019 年 10 月,新昌县政府邀请专业团队开展"大佛龙井"品牌战略规划编制工作。

二、立足生态谋新篇

(一)决策错位竞争,凸显独特生态价值

作为农产品地理标志产品,"大佛龙井"具有生产区域性、品质差异性、工艺传承性、文脉悠久性、命名地缘性、使用公共性、两权分离性等特征,但并未具有品种独特性、特色显著性等差异。而品牌竞争从本质上讲就是差异化竞争,力图从符号、个性、文化、品质、渠道、定位、人格等一个或多个方面去塑造、传播差异性,以形成消费者的差异化认知。由此可见,农产品地理标志凭借其先天具有的多方面差异化特征,拥有选择差异化竞争战略的基本条件。地理标志农产品的品牌化其实就是一个"有中生有"的过程,即通过挖掘提炼地理标志农产品在区域、文脉等方面的特征,并运用符号系统来传递表达品牌差异性价值所在,实现差异化竞争,与消费者产生紧密的联系。

"大佛龙井"的品牌化战略必定绕不开相距仅 100 多公里的龙井茶第一品牌"西湖龙井"。如何通过挖掘、演绎其在区域、文脉等方面的独特元素,形成蕴含其作为地理标志农产品唯一性的独特品牌符号体系,与"西湖龙井"展开错位竞争,成为"大佛龙井"品牌建设必须解决的课题。

得到登记、注册保护的地理标志农产品,一般都具有无法复制的地域以及文脉特征。聚焦"大佛龙井"地理标志农产品可以发现:一方面,在地域特征上,地处北纬 29°13′55″~29°33′52″的"大佛龙井"茶产区拥有得天独厚的自然地理生态环境。北纬 30°是一条奇特的纬度带,这里是地球六大板块的缝合交接线,在漫长的地质运动和板块漂移过程中,逐渐演变出高山深谷。盘桓在新昌县境内的天台山、四明山、会稽山就由此而来。"大佛龙井"生长在海拔 500~800 米的山谷沟壑之间。这里远离城市喧嚣,降水充沛,常年云雾缭绕,充分的漫反射使得茶叶香气前体物质、鲜味物质氨基酸充分积累。高山香灰土、砂质石英土透气性良好,有机质转化合理,为茶叶的生长提供了充足的养分。明前茶时期,"大佛龙井"茶产区日均温 7~14℃,昼夜温差大,降水充足,且无持续多雨天气,干湿交替频繁,光照适度,无大风,雨后利于山间雾气聚集。俗话说"高山云雾出好茶",新昌县优异的生态环境自然而然地孕育出香气馥郁、滋味鲜爽、回甘生津的"大佛龙井"。

另一方面,在文脉特征上,"大佛龙井"茶产区所处的新昌县自古就与"佛"有着不解之缘。新昌建县于五代后梁开平二年(908),唐后从剡县划出成新昌

县(五代十国之前属剡县),距今已有1100多年历史。白居易《沃洲山禅院记》曾记载东晋王朝十八名士、十八高僧在剡或隐或游、剡地佛学盛行、般若六家七宗剡有其五的盛况。新昌的佛缘便开启于这一时期,高僧开山立学,众多寺院相继建成,如元化寺(今千佛禅院前身)、栖光寺以及石城寺,也就是大佛寺。现今寺院、佛像等遗迹均位于大佛寺风景名胜区内,景区位于新昌县城西南,隐秀于车水马龙之间。禅茶之祖支遁就曾在新昌"买山而隐",品茶于沃洲,提出"禅茶一味",被奉为禅茶之祖,新昌因此成为禅茶的发源地。新昌县境内被誉为"江南第一大佛"的弥勒石像镌造于南朝齐梁年间(486—516),僧护、僧俶、僧佑三代僧人相继雕凿于悬崖绝壁中,历时三十年建成,世称"三生圣迹"。此佛像秀骨清相,方颐薄唇,两耳垂肩,气度闲雅,透露着佛陀沉静、智慧、坚定、超脱的内心世界。仔细观瞻佛像,使人悚心静虑、意境深沉,若用一字概括,那便是"禅"。"禅"也正是新昌县历史文脉的基调。

综合上述针对"大佛龙井"地理标志农产品的价值梳理,可以明显感知,相较于生长在喧闹繁华城市旁的"西湖龙井","大佛龙井"是生长在山里的茶。在远离城市喧嚣的山谷里,在"禅茶一味"历史人文底蕴的熏陶下,大佛龙井茶树浸润着清流净水,自在生长在富含有机质的土壤中。"大佛龙井"确立品牌定位为:"生长在山里的茶。"

打造文脉品牌是地理标志农产品品牌化的一个重要路径,通过探索消费者的"文脉心像",去发现地理标志产品与消费者的潜意识、集体无意识、认知与经验之间的弥合程度。基于品牌定位,"大佛龙井"确定其品牌核心价值:

1:首先在地域上,"大佛龙井"生长自在:深山无喧,净水清流。

2:其次在文脉上,"大佛龙井"欢喜自在:弥勒佛佑,茶道传承。

3:最后在心像上,"大佛龙井"悠享自在:精心品茗,醇厚甘爽。

通过撷取以上"大佛龙井"地理标志农产品所具有的独特地域、文脉元素,来进行品牌口号的创意,可以很好地实现与消费者"文脉心像"的同频共振。

(二)品牌价值表达:居深山,心自在

"大佛龙井"名称早在1994年就开始使用,彰显的正是新昌县远近闻名的大佛寺及源远流长的佛文化,其本身就蕴含独特的地理及文脉元素。基于"大佛龙井是生长在山里的茶"这一区别于"西湖龙井是生长在城市旁的茶"的品牌定位,结合大佛龙井生长的山水环境和禅宗真义,大佛龙井确立品牌口号:居深山,心自在。(见图18-1)

品牌口号一方面直观展现了大佛龙井生长环境的生态地理优势,表达了

居深山 心自在

图 18-1 "大佛龙井"品牌口号

相较于西湖龙井的差异化价值,呼应其品牌价值定位;同时也链接地域佛文化,诉求消费者的情感需求,为消费者营造消费场景想象,实现品牌与消费者之间的深层次链接。

为了适配各个传播途径,提升传播效果,基于品牌文脉故事,"大佛龙井"还进行了品牌辅助口号的创意。新昌好茶最初源于佛寺僧人的教授传承,才成就了新昌的"兴昌"。一直以来,大佛龙井品牌对外传播也是以传递祝福为主要消费利益诉求点。好茶源于新昌,好茶成就新昌,好茶传递新昌,大佛龙井也想把这份"新昌"的喜庆和美好祝愿传递给消费者。因而,大佛龙井将品牌传播辅助口号确定为:一杯好茶,万事新昌。(见图 18-2)

一杯好茶 万事新昌

图 18-2 "大佛龙井"品牌辅助口号

"新昌"二字,一语双关,既指产茶之地新昌,强化消费者对于品牌的区位印象,同时也是对买茶之人、喝茶之人的美好祝愿,融入了佛教文化为苍生祈福的美好心愿,口号朗朗上口,易于传播。尤其是在新冠肺炎疫情肆虐的大背景下,这一口号更是给予了受众一种无限温暖美好的祝福想象。受众看到这句口号,就仿佛被暖暖地治愈。

三、再造山形水趣禅意

(一)品牌标志

"大佛龙井"的品牌主形象似一尊正在修禅打坐的佛像,颇具禅意,在呼应"大佛"名称的同时,也融入禅茶之祖支遁在新昌"买山而隐"、品茶于沃洲、提出"禅茶一味"的历史文化典故。佛形品牌标志的每个部分都是由茶叶元素构成,佛头为一滴茶水,佛身是一片茶叶,佛座是茶叶入汤水荡起的茶波纹,佛身与佛座亦是由"昌"字演变而成。符号整体集合大佛、龙井、新昌于一体,素雅别致,禅意浓厚,大佛龙井品牌调性呼之欲出。

图 18-3　"大佛龙井"品牌标志

（二）品牌辅助图形

"大佛龙井"辅助图形以一杯好茶的茶雾水汽延展开来，氤氲茶香中浮现出新昌的地理风貌、山水风光以及文脉遗址，如李白心向往之的天姥山、连绵奇特的穿岩十九峰、佛光普照的大佛寺等，山间点缀着寓意祥瑞的飞鹤……一杯好茶散发出来的氤氲茶香里，隐藏着新昌的山形水趣禅意，茶山在云海中若隐若现，从而使"居深山，心自在"之意趣充分流露。整体风格清新素雅，禅意十足，给人带来无限遐想。（见图 18-4）

图 18-4　"大佛龙井"品牌辅助图形

（三）品牌价值支撑图形

品牌价值支撑图形以前述梳理的品牌价值核心为基础，是品牌差异化价值的视觉呈现，更是对地理标志农产品的区域地理、文脉等特征因素的集中提炼与表达。价值支撑图形配合细部文案可以更好地与消费者对话，传达品牌利益点，集中展现地理标志农产品的独特性，为消费者提供购买理由与决策依据,可广泛应用于广告海报、宣传手册、会场展台中。

图 18-5 "大佛龙井"品牌价值支撑图形

（四）品牌符号体系应用

通过上述符号体系的组合应用,可以多渠道接触消费者,传达品牌理念与产品信息,构建统一的品牌形象,传递一种声音,使消费者接触到的信息单一、明晰,从而更好地助力"大佛龙井"品牌营销传播。（见图 18-6、图 18-7、图 18-8、图 18-9）

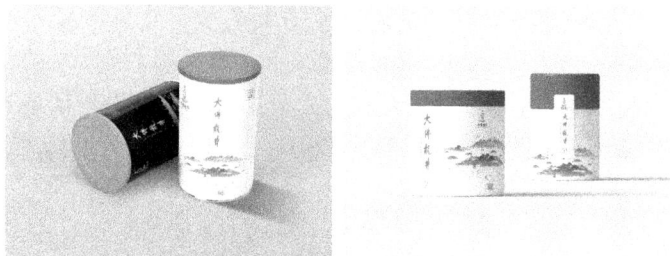

图 18-6 "大佛龙井"罐装包装、瓷罐包装

图 18-7 "大佛龙井"电商袋装、电商罐装

品牌周边衍生品可以成为品牌传播的绝佳载体。将品牌形象元素与人们生活中的日用品相融合,可以潜移默化地实现品牌形象的传播。"大佛龙井"

图 18-8　"大佛龙井"灯箱广告、道旗

图 18-9　"大佛龙井"专卖店设计

的品牌形象主色调素雅清新,较符合大众对江南的印象认知。雨伞、行李箱、抱枕、手机壳、双肩包等"大佛龙井"的品牌周边衍生品(见图 18-10、图 18-11、图 18-12)能够提供一种日常的渠道,吸引消费者去感受体会"大佛龙井"的独特魅力。

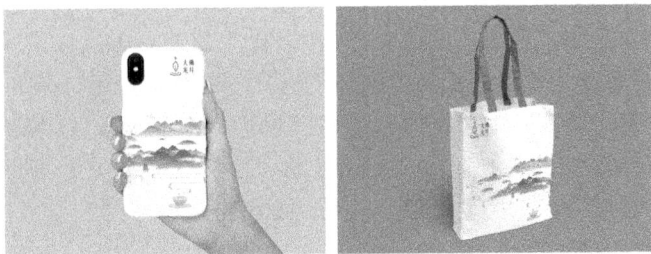

图 18-10　"大佛龙井"手机壳周边、帆布袋周边

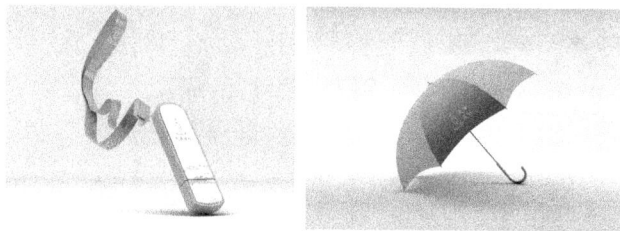

图 18-11 "大佛龙井"U 盘周边、雨伞周边

图 18-12 "大佛龙井"抱枕周边、双肩包周边

四、数字化赋能品牌传播

自 2006 年以来,新昌县每年都要举办一场十分盛大的农事节庆活动——"大佛龙井茶文化节"。但是随着互联网时代以及品牌竞争、品牌消费时代的到来,这一传统的农事节庆也面临着新挑战与新机遇。一方面,传统的线下"茶文化节",不仅投入财力、物力、精力巨大,而且传播受众较为有限,难以很好地触及终端消费者,尤其是难以触及年轻消费群体;与此同时,数字互联网时代为消费者带来了多渠道的消费体验、多样化的消费方式以及丰富的消费情景,联动消费与体验消费成为数字经济时代的趋势与机遇。另一方面,当下众多茶品牌纷纷转变以往传统的营销路径以适应品牌竞争、品牌消费时代的新变化,"大佛龙井茶文化节"虽然已有连续十多年的举办历史,但是在新形势下,如何扩大其影响力、实现品效合一仍是亟待解决的问题。

(一)转为危机,节庆数字化转型

"大佛龙井"的品牌重塑完成于 2020 年初,适逢新冠肺炎疫情肆虐,因此"大佛龙井"品牌重塑后的第一次茶文节无法如期在线下举办。"大佛龙井"不得不思考新环境、新挑战下的营销传播之路,探索品牌化与数字化"双轮驱动"

的新型品牌营销之路。正如新昌县县长吕田所说："一方面，数字化为品牌提供质量保障和产品背书，也让营销变得更加低成本和高效化；另一方面，品牌化则通过概念传播提升竞争优势，让数字化体现应有价值，从而形成可持续动力。两者缺一不可，只有相得益彰，才能推动产业不断向前发展。"

2020 年 4 月 15 日，"2020 中国茶叶大会暨第十四届新昌大佛龙井茶文化节"在新昌大明园正式举行（见图 18-13），本届茶文化节以"一杯好茶，万事新昌"为主题，采用"七朵云"的方式，将线下节庆转至线上为主。本次茶文化节的所有内容集成在 H5 页面中，向受众进行云传播，打造了"地理标志农产品品牌—农事节庆—线上云直播"的全链条营销传播模式。

图 18-13　"大佛龙井茶文化节"会场照

（二）"七朵云"，创造传播奇迹

云上节庆的"七朵云"分别指云直播、云游览、云互动、云发布、云观点、云连线以及云消费。其中，云直播、云游览和云互动很好地实现了"大佛龙井"的线上品牌传播，有效地对接了年轻消费群体。

1. 云直播

此次大佛龙井茶文化节启动地点设置在新昌大明园，素雅的会场搭建在绿葱葱的茶园中，品牌之色、茶园之色、天空之色自然和谐地融为一体，构成了天地间一幅"最春天"的画，禅意之中尽显生机，将"居深山，心自在"的品牌调性诠释得淋漓尽致。受众可以通过 H5 页面（见图 18-14）、新华网、今日头条等多个直播入口进行观赏，多架无人机、多个摄影机位为受众提供了全方位、多角度的视觉享受。

图 18-14 "大佛龙井茶文化节"H5 直播界面

2. 云游览

即使是线上的云游览，也可以获得沉浸式的美好体验。H5 页面中绘制了大佛寺、茶园等新昌县内的自然人文风光，每个景点又可以链接到二级页面。用户在滑动 H5 页面时，只需轻轻一点就可以获得与之相对应的各类风光大片，可以在"云端"游览新昌大佛寺、茶园等景点，欣赏茶道表演，或通过 VR 体验大佛龙井品牌馆，沉浸式地体验"大佛龙井"独特的人文元素。（见图 18-15）

图 18-15 "大佛龙井茶文化节"H5 界面

3. 云互动

交互式体验能够吸引用户全身心地投入其中，从而高效率获取信息。此次 H5 页面完美地将采茶、鲜叶摊放、青锅、摊凉、辉锅、茶叶整理等制茶工艺融合进入其中。用户可以在进行趣味小游戏的互动中更加全面、深刻地了解"大佛龙井"的独特加工工艺。（见图 18-16）

图 18-16　"大佛龙井茶文化节"H5 界面

此外，考虑到当时新冠肺炎疫情的严峻形势，"大佛龙井"拍摄了一条茶文化节预热短视频宣传片，通过展现疫情背景下教师、环卫工人、医护人员、执勤交警等群体的日常生活状态，将"一杯好茶，万事新昌"的美好祝愿传达出来，抚平疫情给消费者带来的忧伤，温暖而又治愈。（见图 18-17）

开幕当天，"大佛龙井"还在微信朋友圈广告、抖音开屏页等线上渠道投放短视频，开启社交玩法，引发热门话题，借助互联网进行高效精准的传播，品牌曝光量达千万级。

除了线上曝光之外，"大佛龙井"投放渠道也充分考虑线下社交场景，通过杭州武林广场地标 LED 大屏进行品牌传播，借助著名商圈的超大人流量，向线上活动导流，进一步提升品牌知名度，扩大活动影响力。（见图 18-18）

截至 2020 年 4 月 20 日，H5 页面有超过 1800 万参与量，10000 份大佛龙井茶叶体验装产品全部售罄。

图 18-17 "大佛龙井茶文化节"主题海报

图 18-18 杭州武林广场 LED 大屏广告投放

五、品牌建设成效及未来建议

（一）四大注重，构建品牌独特价值

近 20 年来，农产品地理标志产品"大佛龙井"，不断进取，在品牌理念引领下，产生了有目共睹的创新业绩。

注重科技竞争力。通过科技赋能提升竞争力，先后与浙大茶学系、中茶所、中茶园等科研院所达成合作，注重推广先进技术，推动茶园良种化、生产标准化以及传统技艺的升级与完善。

　　注重标准化建设。标准化是品牌打造的基石,在产品品质标准化方面,"大佛龙井"经过近 20 年的发展已经有了较好的基础,例如其早在 1995 年就制定了《大佛龙井茶综合标准》,1999 年成立名茶质量监督站,2000 年成立大佛龙井品牌管理委员会等茶叶监督管理机构,2012 年出台了《关于进一步加强茶叶质量安全管理的意见》等等。"大佛龙井"现已通过了有机茶、绿色食品、无公害农产品、ISO9001、HAC-CP、QS 等认证,切实以优质品质来保护品牌价值。据了解,未来两年内,"大佛龙井"将会投入两亿元资金,打造茶叶全产业链数字化平台和质量安全区块链追溯系统,探索建立以数据应用为关键、以制度创新为动力的茶产业高质量发展体系。

　　注重流通渠道建设。"大佛龙井"于 2008 年建成了中国最大龙井茶交易集散中心"中国茶市",并且在全国 20 多个城市设立了品牌专卖店 90 多家、专柜 350 多个。

　　注重品牌战略布局。2006 年起,"大佛龙井"每年都会举办"大佛龙井茶文化节";2009 年,推出"沃洲茶乡"文旅线路;2010 年,新昌茶文化展览馆开馆;2013 年,《新昌县茶文化旅游专项规划(2012—2020)》发布。2020 年,《大佛龙井品牌战略规划(2020—2025)》发布,以云上节庆为契机,引进数字化全链路布局。

　　目前,"大佛龙井"已获得中国著名品牌、全国农产品名牌、浙江省著名商标等荣誉。在新昌农业版图中,"大佛龙井"地位举足轻重:其产值占到农业总产值的 1/3,农民一半收入来自茶叶,全县 43 万人口中有 18 万人涉茶。数据显示,2019 年,新昌茶叶总面积近 15.3 万亩,全年产量 5030 吨,一产产值超过 12 亿元,全产业链产值达到了 86.2 亿元。

　　品牌价值是一个品牌建设成效的综合体现。浙江大学 CARD 中国农业品牌研究中心主导评估的《中国茶叶区域公用品牌价值评估研究报告》显示,2010 年至 2020 年期间,"大佛龙井"的品牌价值从 2010 年的 20.38 亿元上升到了 2020 年的 45.15 亿元,增加了 24.77 亿元,整体涨幅高达 121.54%。

　　在品牌收益数据方面,近三年"大佛龙井"的品牌收益也呈逐年上升的态势,2020 年,其品牌收益达 23744.25 万元,较 2018 年上涨了 13.35%。

　　(二)未来建议:坚持品牌战略,深耕品牌价值

　　未来,"大佛龙井"在继续深耕品质标准化的同时,应更加重视品牌标准化的建设,即力求落实品牌的统一包装、统一表达,向外界传递一种声音。品牌化建设不仅要有符号体系设计,更要开展对这一整套符号体系的系统性、常态化传播应用。对一个刚刚完成品牌重塑的品牌来说,"云节庆"的举办为其后

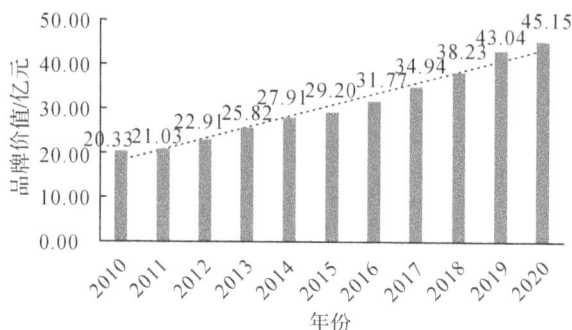

图 18-19 2010—2020 年"大佛龙井"茶叶区域公用品牌的历年品牌价值

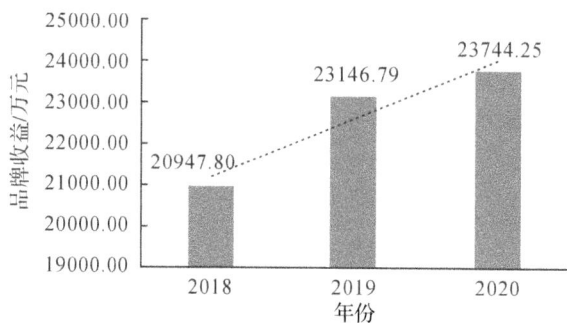

图 18-20 2018—2020 年"大佛龙井"茶叶区域公用品牌的历年品牌收益

续的品牌传播开启了一个完美的示范。今后,"大佛龙井"在立足品牌定位的基础上,应坚持品牌的常态化传播,形成不同于"西湖龙井"的品牌利益诉求和品牌传播体系,深耕品牌价值,以建构与消费者之间独特的、牢不可破的关系。

让我们期待"大佛龙井"这一杯好茶,能坚守龙井茶中仅次于西湖龙井的、具有独特生态价值的龙井茶品牌,在品牌赋能之下,真正成为"生态龙井茶"的第一品牌。

第十九章　井研柑橘:千丘藏一果 一果尝千秋

地标概况

井研县隶属于四川省乐山市,位于四川盆地西南部。优越的地理环境和勤劳的井研人民,成就井研柑橘之乡的美誉。

2017 年始,井研县启动实施"井研柑橘"品牌战略规划。截至 2019 年,井研全县柑橘种植面积 22 万余亩,投产面积 11.05 万亩,柑橘总产量达 11.53 万吨,柑橘产业从业人员 10 万人,柑橘产业年综合产值超 15 亿元。井研柑橘产业不断壮大,品牌价值不断提升,井研县被评为全国柑橘产业 30 强县,成为乐山现代农业发展新的名片。

2020 年,"井研柑橘"登记为中华人民共和国农业农村部的农产品地理标志(AGI2020-01-3027)。入选由农业农村部推出的"农产品地理标志保护工程",井研柑橘农产品地理标志保护区域范围包括井研县千佛镇、研城镇、集益乡、纯复乡、三教乡、高滩乡、宝五乡、研经镇、东林镇、高凤乡、马踏镇、四合乡、王村镇、磨池镇、黄钵乡、三江镇、竹园镇、胜泉乡、石牛乡、门坎乡、周坡镇、大佛乡、金峰乡、分全乡、镇阳乡、天云乡、乌抛乡共 27 个乡镇、199 个村。地理坐标为东经 103°52′~104°15′,北纬 29°27′~29°53′。

一、千丘之上

井研县属四川盆地中亚热带湿润气候区,年平均气温 17.2℃,年平均日照时数 1134.6 小时,年均降水 1025.8 毫米,全年无霜期 334 天。冬无冻害,夏无酷暑,土壤矿物质含量丰富,无重金属污染,无大型工业企业,空气自然清新,是我国柑橘生态区域规划中杂交柑橘栽培最适宜区。

井研有着悠久的柑橘种植历史。据《唐志》记载:"柑有 21 种,有成都平蒂柑、大如升、色苍黄,犍为南安出好黄柑。"犍为郡,领十二县,井研县正是其属地。两千余年的柑橘种植经验,让井研人积累了丰富的种植经验,更是与柑橘结下了不解之缘。解放前,井研就凭借梅湾台柚和大红袍红桔深受消费者喜爱,自 20 世纪 70 年代开始,陆续引进椪柑、脐橙等新品种,改革开放后又与日本合作建立"中日友好果场",引进日本的温州蜜桔,极大促进了井研柑橘产业发展。

近年来,随着消费者倾向变化与种植技术的改进,柑橘品种的更新速度越来越快。井研县亦顺应时代潮流,种植市场反响热烈的杂交柑橘品种,以满足消费者多样化的需求。

在农旅结合方面,井研县着力培育特色镇、特色街、特色村等乡村旅游度假新业态,围绕柑橘之乡打造特色旅游景点。作为柑橘之乡的"招牌",现代休闲农业产业园项目"橘梦园"集智能循环农业、柑橘文化博览等为一体,并结合一年一度的"采橘节"开展活动。

至 2016 年末,井研全县柑橘种植面积达到 17 万亩,柑橘产业年综合产值达到 4.6 亿元,柑橘产业成为农民增收的主导产业。

尽管如此,井研柑橘的发展仍存在瓶颈,这阻碍了产业的进一步发展。其一,品牌知名度低。尽管在标准化、规模化、组织化等方面,井研柑橘已取得长足进步,但在后端营销环节,由于品牌缺乏知名度和影响力,品牌认知局限在本地和乐山市场,品牌信息与品牌知识仅限于对产品来源地的描述。其二,产业化程度弱,尤其是产业园区建设水平不高,整体带动能力不强。产业同质化现象突出,高附加值产品少,商品化不足,全县电子商务起步晚,目前大多数柑橘仍是通过批发市场进行销售,附加值低下,对农业增效和农民增收带来了一定障碍。其三,标准化水平低。井研柑橘农业设施配套不足,现代装备不强,信息化水平不高,传统生产模式占比较大,特别是部分农业经营主体缺乏大局意识,滥用化肥农药,生产管理、产品销售等各自为政,这严重制约了现代农业的可持续发展。

农业品牌化逐渐成为中国现代农业发展的新方向,各地都在探索适合自身的新战略。井研县委、县政府敏锐察觉到品牌化趋势中的机遇,将井研柑橘作为县农业品牌化的突破口,以此促进全县农业的转型升级。

二、一果,融山水人情

(一)井研精华,汇于一果

(1)环境优势:优质杂柑适生区

井研地处北纬 29°,属中亚热带气候带,四季分明,雨量丰沛,冬无冻害,夏无酷暑,属我国柑橘生态区域规划中杂交柑橘栽培最适宜区。井研土壤矿物质含量丰富,丘区富含钙、钾的紫红色砂壤土给予柑橘充足的精华养分,无重金属污染,无大型工业企业,空气自然清新,柑橘栽培的立地条件完全符合国家绿色食品生态要求。

（2）历史优势:中日果场立基础

井研县柑橘产业发展历史悠久,地方品种梅湾台柚有两百多年的种植历史。20世纪80年代,井研县以中日柑橘技术交流为契机,通过规模开发利用坡耕地和荒山荒坡,大力发展甜橙、杂柑、宽皮柑橘等优质柑橘品种,柑橘产业得到了跨越式发展,被国家农业部列为全国优质柑橘商品生产基地县。

（3）品种优势:顺应需求品种多

"十二五"以来,井研柑橘产业得到了进一步发展,规模逐步扩大,品种逐渐改善,结构日趋优化。其中,爱媛38号、春见、清见、不知火为日本新育成的品种,融合橙、橘优势于一体,果大无核,细嫩多汁,风味独特,成为井研柑橘的拳头产品。现在井研已形成"春有不知火,夏有清见,秋有爱媛38,冬有春见"的四季有鲜果局面。

（4）产业优势:设施配套规模化

全县17万亩柑橘呈现出成片集中、规模发展格局。以优质杂交柑橘为主产业来规划打造的百里产业环线,配套建设标准化柑橘科技示范园区、果畜循环、果渔循环等特色园区,完善基础设施,为全省现代农业发展树典型、立标杆。

（二）原生态丘陵精品柑橘

每块土地因地理、气候、人文的差异,都会呈现给消费者不一样的美妙产物。土地是农产品的载体,更成就了不同地域农产品的独特风味。井研县地处四川盆地西南部,是典型的丘陵地貌,深丘、中丘、低丘占全县总面积98%以上。在这片丘陵土地上,井研农业取得了优秀的成绩:20世纪八九十年代,井研的柑橘、粮油、桑蚕等产业全省闻名,时任省委书记的杨汝岱更是称赞井研"走出了一条丘区经济发展的路子"。现今,井研县以"全国一流、西部领先的丘区现代农业示范县"为目标,努力发展现代农业,期待再创辉煌。井研柑橘产业作为井研县农业的重要支柱,在确立品牌定位时,需以柑橘产业为依托,打造井研丘区示范农业代表,充分展现井研人朴实坚韧、自强不息的丘区精神。

由此,结合井研生态环境、产品特色、消费诉求等,进一步挖掘井研柑橘的优势特质,提炼出:

·生态丘陵,作物精华:井研柑橘产自四川盆地的生态丘陵,富含钙、钾的紫红色沙壤土给予柑橘作物充足的精华养分。

·自然农法,育研精品:农人遵循生态种养循环模式,传承积淀优裕的种植经验,结合现代化科技,培育出高品质的精品果。

·酸甜可口,颗颗精选:井研作为全国优质柑橘商品生产基地县,生产出的柑橘酸甜可口,四季有鲜橘,颗颗精选果。

·百年耕种,传承精粹:井研柑橘传承悠久种植经验,依托技术推广和专业服务队伍,实现规模化、标准化、专业化的优质生产。

从所提炼的价值支撑,可以发现,井研柑橘属于消费者所期待的精品柑橘。综上,将井研柑橘区域公用品牌的定位确定为:原生态丘陵精品柑橘。

(三)千丘藏一果,一果尝千秋

品牌口号是品牌资产的重要组成部分,能直观传达给消费者品牌内涵,同时又能拓展延伸品牌内涵,因此井研柑橘的品牌口号须立足于井研地域资源,又能延伸人文内涵。

从地域资源出发,井研属中浅丘地貌,是典型的丘区农业县,独特的气候、土壤、水源,成就了水润多汁、酸甜可口的柑橘。慕名而来的食客,要深入连绵不绝、起伏不断的山丘,才能找到珍藏在其中的果实。这一颗果实之中,融入了千座山丘的每一寸土壤、每一口纯净的空气、每一滴甘甜的泉水,吸收了千座山丘的精华。

从历史脉络出发,早在2000多年前,井研人民就开始种植柑橘,产自千座山丘之上的柑橘品质出众,"大如升、色苍黄"。到了现代,井研人顺应消费需求多样化的发展,提升柑橘种植技术,引进春见、清见等优质杂交柑橘新品种,这片土地之上的柑橘果,如千年前一样,带给品尝者口感的享受和愉悦的心情。

从人文内涵出发,井研历史悠久、人文荟萃。井研素有"盐利冒于西蜀,人物媲于上州"的美誉,历史文化名人众多。据《县志》记载,有状元1人,宰相4人,进士87人。一方水土养一方人,井研橘农世代耕耘于此,深受地域文化熏陶,将躬耕橘园的勤恳欢喜与代代相传的匠心精神,融入了这一颗颗果实。透过这一颗颗柑橘果,可以品得千年匠心的传承。

一颗果实融入了井研千座山丘的山水人情,可以透过这一果窥见井研古往今来天地人文。这一果,是井研的精华所在。

一果,集千丘精华之作;一果,续千年优越品质;一果,品千秋匠心传承。

综上,确定井研柑橘区域公用品牌的品牌口号为:

千丘藏一果,一果尝千秋

口号采用回文句式,为消费者营造了想象场景。"千丘"提炼的是柑橘生长的地域特色,谐音"千秋",寓意可以透过这一果窥见井研古往今来天地人文。

三、一牌,见一果千秋

(一)品牌主形象

井研县名中,"井"字代表先民在此凿井煮盐,诞生手工制盐活化石——卓筒井,从此这方古朴之地成为繁华的盐马古道,而"研"字则是在此基础上,指明井研所产盐是精美洁净的。因此,品牌主形象以"井"字为创意出发点,用不同颜色的橘瓣展现井研柑橘品种多样的特色,将地域、产品、艺术三种元素有机结合。同时,这个形象也是与象征团结的手势一致,展现井研人民在柑橘产业发展中锐意进取、团结一心、积极向上的精神。(见图 19-1)

图 19-1 井研柑橘品牌主形象

(二)价值支撑图形

价值支撑图形以井研柑橘的四大价值支撑为基础,以简笔画的形式,分别勾勒出生态丘陵、科学培育、精选好果、匠心耕种四个理念。(见图 19-2)

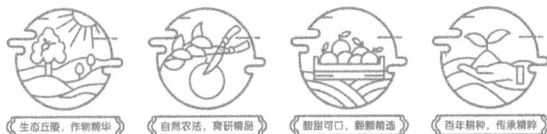

图 19-2 井研柑橘价值支撑图形

287

（三）辅助传播图形

辅助图形是一张生态橘园图。在起伏连绵的生态丘陵之中,蕴藏一颗多汁多润的柑橘,井研人在此种树摘果,向消费者充分传达"千丘藏一果,一果尝千秋"的场景,展现井研柑橘带给消费者的活力,带给这片土地的人们富庶安定的生活。（见图 19-3）

图 19-3　井研柑橘辅助传播图形

（四）品牌形象片

井研柑橘区域公用品牌形象片围绕"千丘藏一果,一果尝千秋"的品牌主题口号,以动画形式重现井研千年历史变迁:从两亿年前的井研马门溪龙到盐马古道,再到柑橘种植,名闻蜀中。（见图 19-4）

图 19-4　品牌形象片的动画部分

接着以实拍的视频形式,从地域资源、历史脉络、人文内涵三条线索进行阐述,展现井研柑橘集千丘精华、续千年优越品质、传承千秋匠心的特点。每一颗柑橘果都是井研精华所在,融入了井研千座山丘的山水人情,可以透过它窥见井研古往今来天地人文。（见图 19-5、图 19-6、图 19-7、图 19-8）

图 19-5 "一果,集千丘精华之作"视频画面

图 19-6 "一果,品千秋匠心传承"视频画面

图 19-7 "一果,续千年优越品质"视频画面

图 19-8 "这一果,是井研的精华所在"视频画面

(五)产品体系与包装

(1)产品架构

得益于井研的气候环境、品种资源、种植技术,井研柑橘的杂柑系列做到了"春有不知火,夏有清见,秋有爱媛 38,冬有春见"的四季鲜果供应。基于这一显著特点,井研柑橘根据不同季节的杂柑主导品种,将产品建构为"春夏秋冬"四个系列。(见图 19-9)

春季系列(以不知火品种为主):"春风拂面,丑柑笑开。"

夏季系列(以清见品种为主):"水水灵灵,清甜一夏。"

秋季系列(以爱媛 38 号品种为主):"红枫满树,美人颂橘。"

冬季系列(以春见品种为主):"冬日的橘,味见春天。"

除杂柑以外,井研柑橘产品众多,可根据不同品种柑橘的不同成熟时间,分别将其他品种纳入四大产品系列中,体现井研柑橘一年四季均可销售鲜果的特点,也能持续传播,满足消费者的心理期待。在每一季鲜果上市期间,都以当季主打鲜果为主题进行营销活动推广。如在夏季清见上市时,推出"水水灵灵,清甜一夏"等活动主题口号,让消费者能够具体感知井研柑橘产品架构,有利于提高品牌知名度,提升品牌认知。

(2)产品等级

每个系列的产品,根据柑橘品质的高低,分别确定三种等级(一等、二等、三等)。井研素有"九子十翰林"的传说,士学文化在井研有上千年的历史,因此,井研柑橘用科举制度评出的状元、榜眼、探花来定义不同的柑橘产品等级。一等果对应状元,二等果对应榜眼,三等果对应探花。

图 19-9　高端礼盒装

图 19-10　旅行分享装

图 19-11　电商系列包装

图 19-12　物流系列包装

四、从"千丘"走向全国

（一）农旅融合，打造精品公园

2018 年，井研县依托以柑橘为主导的百里产业环线（见图 19-13），坚持"农业＋绿色＋旅游＋文化"发展路线，建成了柑橘研究所、商品化处理中心、良繁基地等产业链项目。集休闲采摘、品尝体验、科普推广、果品展示于一体的柑橘文化广场、橘天台、长山湖民宿村、向阳农庄等农旅项目建成运营，初步成为井研橘旅发展的先行区和示范区。

图 19-13　井研柑橘百里产业大环线

到了 2020 年，环线种植面积达 22 万余亩，覆盖了 5 个镇，有 200 多家业主创新创业，已经建成 20 处农旅精品公园。这里四季有鲜果，四季可采摘，四季可游玩住宿。这不仅是传统产业的优化，更是产业方式的升级。

其中,长山湖民宿区位于园区的核心区,总面积 500 亩,其中水域面积 300 亩,是集养殖、垂钓、餐饮、休闲为一体的渔业主题公园,将配套亲子、采摘等体验项目,进一步拓展农旅融合产业的价值链,吸引更多的客人参与到乡村旅游中来。

(二)原创歌舞及特色短片,丰富品牌传播内容

在品牌传播方面,井研人民创意频出,推出了《百里环线柑橘香》《百里橘香话新风》《国学井研》等多项井研原创歌舞表演(见图 19-14),拍摄了《柑橘产业》《美丽乡村》《井研农民画》等特色短片,在线上线下平台展示。其中,《百里橘香话新风》《橘子姑娘》等优秀文艺节目在央视的《大地讲堂》与四川电视台《乡村大篷车》上展播展演。

图 19-14 井研柑橘原创舞蹈表演

2020 年,井研县广播电视与井研县融媒体中心为井研柑橘创作了原创歌曲《百里环线柑橘甜》(见图 19-15)。歌词写到"百里环线哒,柑橘甜哟。满山那个柑橘,金灿灿哒。满山那个柑橘,逗人爱哟",描绘出了一幅柑橘丰收的场景:柑橘个大且甜,人见人爱,采摘的果农勤劳喜悦。这样的歌曲,一方面肯定了果农的劳动成果,激发了他们的种植热情;另一方面通过朗朗上口的旋律,让听到此歌的消费者了解到柑橘的品质与果农的自豪感,让他们对井研柑橘有了正面的感知,目前为果实创作歌曲的品牌并不在多数,这样新颖的形式能引起消费者的注意,为他们留下深刻印象,并占领他们的心智。

(三)节庆营销,升华采果节

依托井研柑橘的农业资源,在节庆时举行集会典礼仪式等一系列活动,旨在打造井研柑橘农业品牌,扩大其影响力并传播其文化。这样的活动能够推

图 19-15　歌曲《百里环线柑橘甜》的音乐短片

动井研经济效益与社会效益共同发展，在农业品牌建设中发挥着积极作用。井研主要举办的节庆为全县采果节、橘颂文化节（见图 19-16）等，并通过青年歌手代言、网红直播方式不断扩展传播面。

图 19-16　橘颂文化节

2020 年 9 月 22 日，"大地欢歌"井研第三届丰收节暨全省文旅发展大会热闹启动（见图 19-17），在启动仪式上揭晓了井研"地域名片、城市宣传语、城市精神"评选结果，推出了井研全域旅游线路。

群众文艺演出的活动融合了井研的文旅元素，如《百里环线柑橘甜》唱出"中国橘乡"之美，唱出漫山硕果累累；舞蹈《水墨井研，国学之韵》舞出井研厚重的历史底蕴和丰富的文化资源。

（四）积极参与展会，增加品牌曝光度

井研柑橘还积极举办、参与各大农业交流会，为品牌造势，增加品牌曝光度，做优做强"井研柑橘"区域公用品牌。

图 19-17　"大地欢歌"井研第三届丰收节

如 2019 年 9 月 3 日,"庆丰收·2019 中国(井研)柑橘产业发展大会"在井研县集益乡繁盛果业总部隆重举行。柑橘产业权威专家学者、柑橘种植大户、流通商、农资渠道商、农化技术人员等约 500 人参会,旨在交流技术、分享经验、碰撞品质发展新思路,共同探讨在新形势、新格局、新需求背景下,如何突破产销困境。

图 19-18　"井研柑橘"区域公用品牌(成都)推介会

2020 年 11 月 24 日,中共井研县委、井研县人民政府与四川广播电视台公共·乡村频道共同主办的"中国橘乡·古韵井研"——"井研柑橘"区域公用品牌(成都)推介会在四川广播电视台举行(见图 19-18)。此次活动主题为"品井研柑橘,尝千丘滋味",由"井研柑橘"区域公用品牌推介会、井研农产品电商直播、《乡村会客厅》访谈节目录制三个子活动构成。

五、不足与对策

尽管井研柑橘有意识地对品牌传播进行布局,但我们仍然发现,其目前的传播活动多集中在线下的农事节庆与展会活动,较为单一,曝光度不足。在线下曝光方面,可遴选多种高效传播媒介,投放广告;在线上渠道方面,抓住微信、微博、抖音等传播阵地,对外输出井研柑橘的核心价值,持续开展营销传播活动。

除了柑橘,井研也拥有非常丰富的文旅资源,它同时有着"国学之乡""农民画之乡""垂钓之乡""盐浴之乡"的头衔。因此,在进行橘旅融合的同时,可将其他文旅资源融入其中,丰富内容并产生合力。

第二十章　武阳春雨:温润你的日子

地标概况

"天街小雨润如酥,草色遥看近却无。"韩愈笔下那细腻温润的早春令人心旷神怡。早春,万物复苏的时节,一抹抹绿色正忙着点缀世间,这其中自然少不了那一叶冒出芽尖儿的茶绿,出产于浙中腹地武义县的"武阳春雨"正是对此情此景的贴切注释。

"武阳春雨"产自浙江省金华市东南部的"中国有机茶之乡"武义县,"八山、半水、半分田"的地理格局造就了武义县峰峦叠翠、山清水秀的自然生态环境。全县处于温和湿润的亚热带季风气候区,广泛分布着海拔 500～1500 米的山丘;拥有高达 72% 的森林覆盖率。高山云雾出好茶,正是如此优异的地理环境润养出了那条索紧直显毫、色泽嫩绿略黄、香气清香持久、滋味鲜醇爽口、汤色清澈明亮、叶底嫩绿匀齐的"武阳春雨"。2017 年 12 月 22 日,中华人民共和国农业部正式批准对"武阳春雨"实施农产品地理标志登记保护(AGI02185)。

"武阳春雨"地理标志保护范围为东经 119°27′00″～119°44′38″,北纬 28°30′58″～29°03′22″,范围涵盖武义县壶山街道、温泉度假区、泉溪镇、桐琴镇、桃溪镇、白姆乡、俞源乡、西联乡、大溪口等 17 个乡镇(街道、度假区)的 385 个行政村,保护区域约 2 万公顷。

一、"武阳春雨"的前世今生

武义县产茶历史悠久,可追溯到汉唐时期。据《浙江省茶叶志》记载,唐朝时,武义县就已是浙江 42 个产茶县之一。至宋以后,武义茶叶已是声名在外,南宋诗人巩丰曾筑水帘亭于金柱山(遗址在武义县泉溪镇茶亭村),并邀请师友朱熹、吕祖谦等观瀑、品茗、作诗唱和,流传下《江南序·游水帘亭》《归途咏》等佳作。南宋永嘉学派集大成者叶适与巩丰有莫逆之交,在得知巩丰逝世时捶胸顿足,在为之撰写的挽诗《哀巩仲至》中曾写到:"书来病良慰,誓言指春华。为我秉柏烛,沦以蒋富茶。"这其中所提到的蒋富茶便产自武义县东南方的蒋富山,即今桐琴镇的上夫山。到了明、清至民国时期,武义种茶、制茶更是兴盛一时,据清康熙《武义县志》中记载,武义"茶,宝泉、古莱山二处佳"。民国时期,白姆乡后树和新宅镇乌门产的高山云雾茶更是名扬江浙地区,武义县产的名茶在此期间也曾多次获奖:1915年浙江展览会上,武义楼恒久的绿茶获三等奖;1929年西湖博览会上,武义楼恒久的白毫毛峰茶获二等奖;1932年省农产品展览会上,武义鸿源协的茶叶获二等奖。

至20世纪七八十年代,武义县茶园面积达五六万亩,已是浙江省重要的茶叶生产大县。但当时,武义县仍是以生产大宗茶为主,并没有一个具有县域地方特色的茶叶品牌。80年代中期,由于全国茶叶产业结构的变化以及茶叶出口受阻,武义县大宗茶滞销,茶叶产业开始衰退,近五万亩茶园失管,逐渐抛荒。在此背景下,武义县委、县政府积极寻求对策,提出了建设"茶叶生产大县""名优茶生产先进县""有机茶生产强县"的思路,由此,"产武义名茶,创武义品牌"的重振武义茶战略拉开序幕。

1984年,武义县农业局着手研制武义名茶,1991年试制成功"龙潭牙峰"(珍眉)并获省二类名茶称号。1994年3月下旬至4月中旬,县农业局多次邀请省农业厅高级农艺师应菊仙来武义县指导,经过近一个月的炒制试验,分析比较,终于研制出一种比较理想的具有武义地方特色的名茶,因其外形紧细如松针,似江南春雨丝丝缕缕,再结合武义古称"武阳川",由此定名为"武阳春雨"。

图 20-1　武义大圆塘

"武阳春雨"诞生后,武义县在明晰的战略指导下,分别从良种繁育、产业整合、品牌推广等方面来助力"武阳春雨"标准化、产业化、品牌化的发展。

　　适宜当地生长、适应品牌发展需要的茶树品种是"武阳春雨"品牌建设的基石。为此，武义县特产站技术人员开始了"武阳春雨"茶配套品种的选育，经过不懈的努力，武义县最终培育出了两株茶种，一株以发芽特早、品质全面为特点，另一株以香气独特、耐冲泡为特色，分别命名为"武义早"和"六杯香"，后以"春雨一号"和"春雨二号"为名申报并且顺利通过了 2010 年全国茶树品种鉴定，成为国家级茶树良种。"春雨一号""春雨二号"的选育成功，实现了武义县茶树育种史上的重大突破，武义县农业局也成为全国唯一同时育成两个茶树品种的县级推广部门。武义县在开展茶树品种选育的同时，也积极推动茶树良种化的建设。1998 年，武义县在桃溪滩乡（现属壶山街道）建立良种化茶园示范基地，完成 1500 亩高标准无性系良种茶基地建设；2000 年，武义县正式启动茶树良种化工程。在县政策以及县财政的助力下，截至 2013 年，武义县良种茶园面积达 78500 亩，良种化率达 63.56%，较 1996 年的 1300 亩提升了近 77200 亩。目前，"武阳春雨"炒制的主要茶树品种为"春雨一号""春雨二号""乌牛早""龙井 43"等，其中，"乌牛早"生长整齐、特早生的品种特性，可以助力"武阳春雨"抢早占领市场；"春雨一号"芽叶肥壮、持嫩性好、采摘期长的特性，可以推动"武阳春雨"统领市场；而"春雨二号""龙井 43"外形好、滋味醇厚、香气高的优异品质，可以帮助"武阳春雨"巩固市场。正是长期以来武义县在茶树品种繁育以及推广上的努力，奠定了"武阳春雨"扎实的产业发展基础。

　　随着武义县为打造"名优茶生产县"所出台的一系列政策的落实，"武阳春雨"逐渐成为市场的宠儿，在其带动下，截至 2003 年武义县已有金山翠剑、郁清香、汤记高山茶等 19 个知名茶叶企业品牌。但是，由于县内各企业之间各自为战，甚至出现相互竞争内耗的局面，从而导致"武阳春雨"品牌在对外竞争时难以形成合力。对此，已经初步具有区域公用品牌意识的武义县借"武阳春雨"荣获 2004 年浙江省十大名茶为契机，决定开展"武阳春雨"区域公用品牌与各茶企品牌之间的整合工作。县农业局等有关部门为此做了大量调研工作，在与相关企业深入沟通的基础上，各方逐渐达成共识，决定在保留各企业自身品牌的基础上，将"武阳春雨"作为区域公用品牌授权给各企业，形成母子品牌关系架构，在保持各企业适度竞争的同时，迅速扩大"武阳春雨"的产销规模及市场占有率。由"武阳春雨"品牌管理领导小组办公室制定的《"武阳春雨"茶品牌管理暂行办法》分别从统一标准、统一包装、统一监管等方面保障"武阳春雨"区域公用品牌的建设与发展。

　　品牌的建设离不开营销，在"武阳春雨"与各茶企品牌这一母子品牌架构之下，县政府与企业齐发力，共同推动"武阳春雨"区域公用品牌壮大。一方面,县政府每年投入大量资金用于电视广告、户外高炮广告、报纸及行业杂志平面广告等广告宣传,同时组织授权企业以"武阳春雨"为母品牌参加在北京、上海、南京、沈阳、杭州、宁波、广州等地的各种茶博会,并主办或承办多次茶事活动。另一方面,授权企业在投入资金加强品牌广告营销的同时,更是发挥自身的渠道优势,在全国各地开设"武阳春雨"品牌专卖店,实打实地将"武阳春雨"品牌下沉到各地市场之中,极大提升了"武阳春雨"的品牌知名度、认知度和好感度。

经过 20 多年的品牌深耕,"武阳春雨"取得了极大的成就,先后获得多项荣誉(见表 20-1)。

表 20-1 "武阳春雨"所获荣誉

获奖时间	获奖内容	颁奖单位
1994 年	"中茶杯"全国名优茶评比一等奖	中国茶叶学会
1995 年	第二届中国农业博览会金奖	中国农业博览会
1999 年	国际名茶金奖	中国国际茶博览交易会
2004 年	浙江省十大名茶	浙江省农业厅
	金华市名牌产品	金华名牌产品认证委员会
2005 年	浙江省名牌产品	浙江名牌产品认证委员会
	中国三绿工程"放心茶中茶协推荐品牌"称号	中国茶叶流通协会
2006 年	北京马连道第六届茶叶节暨浙江绿茶博览会金奖	浙江绿茶博览会组委会
2007 年	中国(杭州)国际名茶暨第二届浙江绿茶博览会金奖	浙江绿茶博览会组委会
2008 年	"中绿杯"中国名优绿茶评比金奖	中国名优绿茶评比委员会
2009 年	浙江省十大名茶	浙江省农业厅
2010 年	金华市著名商标	金华市工商行政管理局
2011 年	中国哈尔滨国际经济贸易洽谈会浙江绿城博览会金奖	浙江绿茶博览会组委会
	浙江省农业博览会金奖	浙江省农业博览会组委会
	2011"中国名茶"评比金奖	中国(上海)国际茶叶博览会组委会

获奖时间	获奖内容	颁奖单位
	中华文化名茶	中国国际茶文化研究会
	中绿杯名优茶评比金奖	第六届中国宁波国际茶文化节组委会
2012 年	2012"中国名茶"评比金奖	中国（上海）国际茶叶博览会组委会
	2012 北京国际茶叶展茶叶评比大赛金奖	中国茶叶流通协会
	生态原产地保护产品	国家质量监督检验检疫总局
2013 年	浙江绿茶（南京）博览会金奖	浙江绿茶博览会组委会
	浙江省知名农产品区域公用品牌	浙江省农业厅
2017 年	浙江名牌产品	浙江名牌产品战略推进委员会
	农业部农产品地理标志登记保护产品	中华人民共和国农业部
2018 年	第二届中国国际茶叶博览会金奖	中国国际茶叶博览会组委会

　　品牌价值是品牌建设成效的综合体现。据《2019 年中国茶叶区域公用品牌价值评估研究报告》，"武阳春雨"品牌价值达 18.80 亿元，位列全国茶叶区域公用品牌价值排名前 50 强。通过比较 2010—2019 年"武阳春雨"品牌价值的变化可以发现其品牌价值呈逐年上升的态势，2019 年的品牌价值较 2010 年增长了 166.50%（见图 20-2）。可见，"武阳春雨"近十年来品牌建设成效较好，已经有了一定的品牌知名度、影响力和销售力。

二、产业拓展下的审视决策

　　"武阳春雨"已然成为武义县一张金名片，然而除了茶叶之外，物产丰富的武义县还有以桐琴蜜梨、草莓为首的水果产业，以香榧、宣莲、板栗为主的干果产业，以茭白、四季豆等为代表的高山蔬菜产业以及以灵芝、香菇为主的食用菌产业。近几年来，武义县逐渐形成了"一村一品"的特色农业发展模式，其中武义铁皮石斛、武义宣莲、桐琴蜜梨还分别获得了农业农村部地理标志证明保

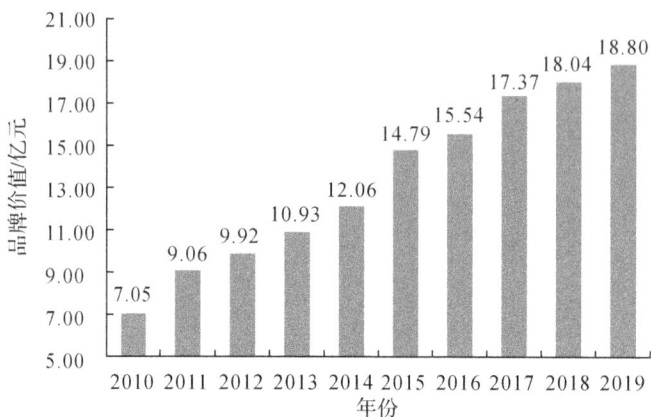

图 20-2　2010—2019 年"武阳春雨"历年品牌价值

护。武义县还拥有多样的文旅资源,如万余畲族人民聚居的柳城畲族镇有着极具少数民族风情的畲族民歌、宣平小吃等民俗民风;郭洞、俞源两大中国首批历史文化名村;延福寺、明招寺、台山寺三大佛理融合古寺庙;大红岩、牛头山、台山、石鹅岩四大可观丹霞、雁荡地貌;以及有着"温泉之城"美誉的多种天然温泉体验。

如此优越的自然资源禀赋与鲜明的区域文旅特征共同构筑了武义的别样风光。据统计,2018 年武义县接待游客共计 1900 万人次。但遗憾的是,由于缺少农文旅联动融合、传播手段聚合以及目标口号整合,武义县优越的旅游资源与旅游人口红利较少带动当地农业经济的发展,不利于武义以统一、明晰的区域形象在消费者心智中占据一席之地。"武阳春雨"作为具有较高品牌知名度与美誉度的单品类农产品区域公用品牌,能否通过品牌核心价值的抽离与延伸,惠及武义县更多样的农业物产资源、更丰富的旅游资源,进而实现区域公用品牌对区域经济发展更强有力的联动,成为武义县在新的区域品牌竞争格局中需要思考的现实问题。

2019 年武义县决定将"武阳春雨"这一单品类农产品区域公用品牌拓展为全品类农产品区域公用品牌,邀请专业团队开展品牌战略规划编制工作。

起初,将"武阳春雨"这一茶叶区域公用品牌拓展为武义县全品类农产品区域公用品牌,不论是专业团队还是武义县自身都有所顾虑和担忧。一方面,对于农产品区域公用品牌而言,单品类和多品类都各自明确的定义、范畴以及区域、产品、产业的规定性,以往也鲜有品牌做出"由单至全"的延伸与跨越;

另一方面,对于浙江和全国的茶叶消费者而言,"武阳春雨"这一品牌已经不陌生,"武阳春雨"茶已经积累了一定的品牌知名度,有较高的品牌声誉。因此,若将"武阳春雨"品牌由茶叶单品类延伸至多品类农产品区域公用品牌就不可避免地要面对以下几个方面的问题:(1)消费者既有的品牌认知以及品牌联想该如何自然延伸?(2)有品牌的核心价值能否自然地延伸至新的产业?(3)延伸的产品品类能否支撑起新品牌的一致性形象与一致性声音?

对此,武义县联合专业团队经过谨慎的调研和论证发现,首先,武义县虽有例如"武阳春雨""桐琴蜜梨""武义宣莲"等地标农产品以及天然温泉等丰富的文旅资源,但是作为一个县,其财政实力毕竟有限,若要为每一个产品都打造单品类区域公用品牌,势必难以支撑起多个单产业区域公用品牌的生存与发展。其次,品牌是认知的产物。对"武阳春雨"品牌联想相关市场调查发现,对于绝大多数人而言,"武阳春雨"品牌名称给人的品牌联想是江南的烟雨、葱郁的春天、润生万物的场景以及勃发的生机,并没有被捆绑在茶叶品类上,是消费者对万物滋养的场景想象。最后,不论是以桐琴蜜梨、武义宣莲等为代表的农产品,亦或是以天然温泉等为代表的文旅资源,大多具有"温润滋养"的共同特性,恰好契合大众对于"武阳春雨"品牌名称的联想,这也是"武阳春雨"茶一直以来所积累的品牌核心价值。

由此可见,将"武阳春雨"品牌由单品类向多品类农产品区域公用品牌的延伸既具有必要性,也具有可行性,武义县不仅能够借助"武阳春雨"茶品牌已有的品牌调性和品牌联想,而且也能够以低成本、高效益的方式实现区域内各优势资源的整合。在信息过量和碎片化的今天,此举可以助力区域形成品牌集聚效应,提升"武阳春雨"品牌的整合传播度,进而与消费者建立更为准确、直接、紧密的联系。

三、基于概念定位的创意

由单品类到多品类进行品牌延伸的案例,在企业品牌中早已不是新鲜话题,关键是要有延伸的相关性逻辑,例如英国最大的私营企业维珍集团,最初只是一家从唱片发展而来的娱乐公司,现已拓展至维珍航空、维珍移动、维珍饮料、维珍婚礼等多个业务领域,拥有近 200 家公司,成为涉及餐饮、旅游、金融、电信、运输等多个行业的巨头。维珍集团这些令世人瞩目的传奇成就离不开其以"叛逆"为核心概念所衍生出的"创新""乐趣""服务品质""物超所值"四个品牌核心价值观。基于此,维珍集团打破了品牌理论中品牌所含品类必须单一的理论。维珍集团的成功正是"概念定位"的胜利,正如维珍集团创始人理查德·布兰森曾说到:"只要维珍品牌的整体性未被破坏,它就会具有无限弹性。"

"概念定位"为"武阳春雨"战略转型提供了适宜的思路,接下去要做的就是在消费者既有的品牌认知、品牌联想基础上,与武义县的自然环境、物产资源、旅游资源、文脉底蕴,以及与目标消费群体潜在的消费需求进行链接,深入探寻和挖掘品牌的核心价值,并从顶层设计的高度提炼概括品牌独特的调性风格,进而实现"武阳春雨"由单品类向多品类区域公用品牌的自然过渡。

武义县地处江南腹地,雨水充足,气候温和,武义的一山一水皆秀润;生态环境自然宜居,乡间小路,山花烂漫,武义的一草一木皆养人;远离都市喧嚣烦躁,无论是宣莲还是蜜梨,武义的农产一食一味皆润燥;民风淳朴,民俗独特,农人传递匠心温度,武义的一耕一作皆暖心;温泉暖身,日子暖心,旅居于此,武义的一朝一暮皆温润。基于此,"武阳春雨"确定其品牌核心价值为"温润",并提取品牌价值支撑体系:

> 地理区位:江南烟雨,山水温润
> 自然环境:原生自然,身心温润
> 物产资源:降燥祛火,物产温润
> 人文资源:农人匠心,人情温润
> 旅游资源:温泉康养,日子温润

"温润"二字既是武义县自然资源、物产资源、人文资源和旅游资源的共同特性,也是区域内独有的特质。"温润"这一概念在延续既有的品牌认知与品牌联想的同时,也利于推动"武阳春雨"品牌由茶叶单品类扩展至多品类农产品区域公用品牌,提升品牌溢价,最终能够为县域内的农产品增添认知价值和情感价值,进而辐射更广的消费市场与目标群体。

品牌口号是品牌核心价值、品牌调性以及品牌消费利益的直接体现。基于以上所梳理、凝炼出的品牌核心价值以及品牌价值支持体系,"武阳春雨"确定其品牌主口号为:

润生万物,滋养众生

该品牌主口号在点明武义县农产品具有润心润肺、食养身心的优越品质同时,也呼应了武义县作为"温泉之城"所具有的山水滋养、温泉康养的城市形象,很好地贴合了当下人们在浮躁、急躁的工作生活习惯和饮食消费习惯下,对健康、食养、降燥的消费需求,更是对"温润"这一品牌核心价值的生动阐释。

此外，为进一步增加"武阳春雨"品牌的情感性、人性化和延展性，切中消费者心智，尤其是针对目前人们对"远离喧嚣高压都市，追求健康润养生活"的内在需求，"武阳春雨"确定了其品牌副口号为：

武阳春雨，温润你的日子

该品牌副口号以口语对话的形式，向消费者传达了亲和、温润的品牌态度与形象，通过将品牌拟人化，传递品牌主张，勾勒出武义山水如画、人情温润的美好生活，既包含了"气候、山水、农产、人情"，又"有人物、有场景、有故事"，从而向消费者描绘了一幅岁月静好、现世安稳的生活画卷，进一步强化品牌与消费者心智的链接、进一步深化品牌内涵的外延性。

四、"温润"的现代化呈现

（一）品牌标志

"武阳春雨"品牌标志整体形象以武义道家文化的太极图为基础，寓意武义的温养环境、隐逸文化以及俞源太极星像村，象征武义农业循环发展、品牌生生不息；在图案细节上，LOGO采用江南园林常见的圆形门、雕花窗格等意象，同时汲取武义的优势农产和建筑地标元素：例如熟溪桥的门楼飞檐、徽派屋檐和小窗、宣莲、茶叶以及蜜梨，通过对这些元素的抽象和柔性化处理，构建出一个透露着宛如江南烟雨温婉意境的品牌主形象。（见图20-3）

图20-3　"武阳春雨"品牌标志

值得一提的是，LOGO中宣莲的荷花采用红色，产生醒目的点睛效果；蜜梨的造型似太阳，与斜对角的"日"相呼应，呈现太极图中阴眼和阳眼的微妙效果;茶叶似雨滴的形状处理,对应"武阳春雨"的品牌名称,呼应品牌最早作为"针形茶,手扬似落雨"的历史渊源。

(二)品牌口号

品牌主、副口号的字体颜色选择了根据武义县著名景点牛头山中的湖水颜色而专门调制的湖绿色,在文字排列上进行了竖排处理,同时在字体细节上采用拟化雨滴的处理方式,给予观者清爽沁脾的清新感,凸显"武阳春雨"品牌"温润"的品牌核心概念。(见图 20-4)

图 20-4　"武阳春雨"品牌口号

(三)品牌辅助图形

为提升"武阳春雨"品牌的视觉传播效果与趣味性,强化消费者对品牌的视觉印象,"武阳春雨"基于茶叶、蔬菜、宣莲、蜜梨等特色农产品构建了系列品牌传播辅助图形,江南氤氲、温润之气息尽显其中。这套辅助图形用于后期的品牌包装、品牌营销等应用延展之上。(见图 20-5、图 20-6)

(四)品牌符号体系应用

基于以上品牌标志、品牌口号以及品牌辅助图形的设计,"武阳春雨"还进行了系列品牌包装、品牌宣传物料的应用开发,以求构建统一的品牌视觉形象体系。

五、品牌建设

2019 年 11 月 22 日,全新"武阳春雨"区域公用品牌形象正式发布,在此后的一年多时间里,"武阳春雨"通过整合营销传播、销售渠道拓展、承担社会责任等活动极大推动了品牌的建设与发展。

(一)举办品牌发布会,精彩亮相

2019 年 11 月 22 日,趁着浙江省农业博览会召开的大好契机,"武阳春

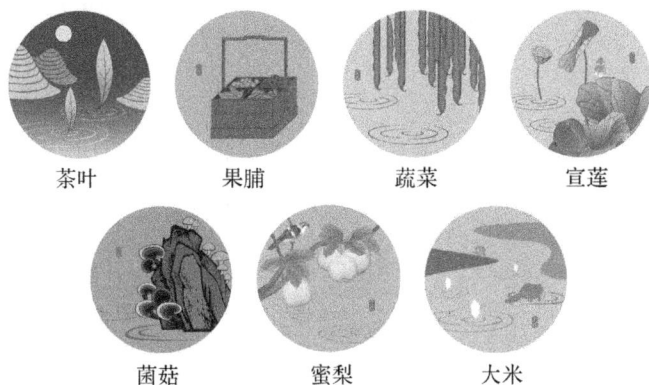

茶叶　　　果脯　　　蔬菜　　　宣莲

菌菇　　　蜜梨　　　大米

图 20-5　品牌辅助图形 1

图 20-6　品牌辅助图形 2

雨"顺势举办了区域公用品牌发布会。与发布会一同亮相的还有"武阳春雨"品牌展示馆。通过将全新的品牌符号设计元素应用到展示馆内的每一个细节,"武阳春雨"馆完美呈现了极其统一的品牌视觉识别场景,配合品牌发布会给予参会者深刻的视觉印象(见图 20-7、图 20-8、图 20-9)。展馆内整体布局以动静相宜为原则,区隔出开放与隐秘不同区域,将中国传统人文精神和武义县的温润气质巧妙地融入其中,让观展者在沉浸式的体验中感受温润武义的品牌内涵。

　　此次发布会通过形象片传播、产品品鉴、展馆体验、名特优产品推介等方式,将武义县优质的农特产品以及深厚的文化底蕴进行了全方位展示,为"武阳春雨"农产品区域公用品牌今后的建设开启了一个精彩的开端。

图 20-7 "武阳春雨"品牌包装

图 20-8　"武阳春雨"品牌包装

图 20-9　"武阳春雨"广告海报设计

（二）拍摄品牌形象片传递内涵

为生动展示"温润"这一品牌核心内涵，更好地促成消费者对"武阳春雨"这一全品类区域公用品牌的认知，"武阳春雨"邀请了专业团队为其拍摄了品牌形象片。

全片以"温润"作为核心立足点，通过一位温润优雅、身着古朴素雅服饰的江南女子，带领观者行走在烟雨朦胧中，穿花拂柳，悠游其中，去寻觅独属于武义县那细腻温润的感动。不论是在镜头画面上、文案编排上亦或是背景配音上，全片都留足了空间让观者去感受、体会那温润雅致的意象。在影像润物细无声的感染之下，"武阳春雨"的品牌形象已经悄然地浸润在观者的心目之中。（见图 20-10、图 20-11）

图 20-10 "武阳春雨"品牌形象片截图

（三）借势多样活动扩大传播

品牌建设离不开传播，品牌传播是建立品牌与消费者关系的前提。为此，"武阳春雨"借助多样的活动来提升品牌曝光率。

2020 年 3 月 28 日，"浙中云购物节"启动仪式在华东金华农产品物流中心召开，武义县委常委、副县长阮丹玺在此次购物节中变身"气质主播"，通过直播带货的形式向广大网友推介武义县优质农产品，其中就包括"武阳春雨"茶叶、宣莲等特色农产。此次县长直播较好地提升了"武阳春雨"品牌知名度和影响力，也帮助受疫情影响的优质农产品拓宽了销路。

2020 年 10 月 16 日，"武义第十四届温泉节启动仪式暨温泉康养文旅推介会"在杭州举行。"武阳春雨"品牌价值核心价值"温润"非常契合此次温泉节的主题"温泉名城，康养武义"，因此"武阳春雨"系列产品作为此次温泉康养

图 20-11　"武阳春雨"品牌形象片截图

主题活动的支撑要素,与"武义温泉节"相辅相成,共同促进了武义县农文旅的发展。

2020 年 12 月 4 日,"2020 武义县农旅文化嘉年华暨抖音'武义有好物'年度盛典"隆重开幕(见图 20-12),在嘉年华市集区域,"武阳春雨"旗下多种农产品齐亮相,现场更有来自抖音、淘宝等平台主播为各大农旅产品宣传造势。据了解,此次活动在抖音短视频平台上开设的"♯武义有好货"话题获得 1800 万次曝光量,2200 多条用户参与视频。

丰富的活动为"武阳春雨"的品牌曝光提供了多样的平台,在提高"武阳春雨"品牌知名度、认知度、好感度的同时,也协同促进了武义县整体区域形象的提升。

图 20-12　2020 武义县农旅文化嘉年华

（四）拓展销售渠道提升销量

产品销售是品牌建设可持续性的重要保障,为此,武义县积极拓展"武阳春雨"销售渠道,切实将"武阳春雨"所积累的品牌传播力转化为品牌销售力,进而反哺"武阳春雨"品牌的深入建设与发展。

2020 年 9 月至 11 月,武义县委宣传部、县融媒体中心、县经济商务局和县供销合作社联合社共同联合举办了"2020 武义区域公用品牌产销对接会""2020 武义区域公用品牌电商平台产销对接会""2020 武义区域公用品牌礼品渠道产销对接会"等系列活动,共同助力"武阳春雨"销售渠道的多形式、多品类拓展,提升其品牌销售力。

（五）积极承担保供责任

农产品区域公用品牌作为一个"准公共"品牌,意味着其要普惠广大的利益相关者,承担一定的社会责任。在新冠肺炎疫情的大背景下,"武阳春雨"积极投身当地农副产品的流通保供活动。

2020 年初,面对肆虐的新冠肺炎疫情,为减少市民前去农贸市场等人员密集场所,同时也为了保证市民能吃上新鲜农产品,避免菜农蔬菜滞销,2 月 7 日起,武义县供销合作社联合社携手县农业农村局、中国邮政武义分公司等相关部门专门建立抗击新型冠状病毒肺炎疫情助农便民服务平台——"武阳春雨"微商城,采用基地直送＋平价线上选购＋邮政专送的"防疫保供"新模式,为县域居民提供"无接触式购物"服务。（见图 20-13）

2021 年 1 月 16 日,为应对有所加剧的疫情态势,倡导就地过年,"武阳春

图 20-13 "武阳春雨"抗疫海报

雨"举办了"留在武义过大年·武阳春雨品茶会"活动。此次茶会旨在了解外地居民的向往和需求,以便积极疏解,及时应对,让外地居民家庭安心、暖心、舒心地在武义过大年。"武阳春雨"通过系列措施切实承担了由供销社管理运营的区域公用品牌的民生责任,极大提升了品牌好感度与美誉度。

作为国内首个由单品类拓展至全品类的农产品区域公用品牌,"武阳春雨"的打造极具探索意义,期待这一场"春雨"能在今后的寻常日子,润生万物,滋养众生,温润你我。

第二十一章　庆元香菇:以独特香菇文化撑起"致富伞"

地标概况

"庆元香菇"的产地是浙江省丽水市庆元县,位于浙江省西南部。由于气候适宜、生态环境多样,庆元县的真菌资源十分丰富,是世界人工栽培香菇的发祥地,有"世界香菇之源""中国香菇城"的称号,当地有大型真菌达 420 多种,其中可食(药)用真菌就有 360 多种,有价值的重要菌种 70 多种。

2020 年 10 月,庆元香菇顺利通过了中华人民共和国农业农村部的农产品地理标志产品认证(AGI2020-02-3148)。申请人为庆元县食用菌产业中心,保护范围为丽水市庆元县所辖濛洲街道、松源街道、屏都街道、黄田镇、竹口镇、荷地镇、左溪镇、百山祖镇、贤良镇、五大堡乡、岭头乡、张村乡、淤上乡、安南乡、隆宫乡、举水乡、龙溪乡、江根乡、官塘乡共计 19 个乡镇(街道)191 个行政村。地理坐标为东经 118°50′~119°30′,北纬 27°25′~27°51′。"庆元香菇"鲜嫩可口、香郁袭人、味厚养人,以"历史最早、产量最高、市场最大、质量最好"闻名于世,是菌菇中的极品,其还有重要的药用价值,既适合作为家常膳食,又可作为滋补药食。

数据统计,2020 年前三季度庆元县食用菌种植 11885 万袋,同比增加 1.58%,食用菌总产量 67855 吨,同比上升 1.03%。食用菌产业作为庆元县的三大主导产业之一,年产量在 1.2 亿段左右,其中香菇产量占 66%,5 万段以上的香菇生产大户达 224 家。

2020 年 7 月 20 日,"庆元香菇"入选中欧地理标志首批保护清单。

一、溯源:八百年匠心传承

(一)生态环境:优质香菇生养地

丽水市庆元县位于浙江省西南部,北部与龙泉、景宁畲族自治县接壤,东西、南部与福建省寿宁县、松溪县、政和县交界,南北长 49 公里,东西宽 67 公里,地处北纬 27°25′～27°51′,东经 118°50′～119°30′之间,总面积 1898 平方千米。庆元县地形属浙西南中山区,生态环境优良,森林覆盖率高达 86％,被誉为"浙南林海",原生态植被生长状态良好,为林菇共育的生态循环系统提供了坚实的基础。域内有溪谷、盆地、丘陵、低山、中山等多种地貌,地势由东北向西南倾斜。气候属亚热带季风气候,温暖湿润,四季分明,年平均气温 17.4℃,降水量 1760 毫米,无霜期 245 天,气候总体特点是冬无严寒,夏无酷暑。就局部而言,东、北部气温较之西南部和中部低,无霜期短,昼夜温差大,最宜于香菇等菌类生长。

(二)历史传承:八百年香菇栽培史

"庆元香菇"栽培历史悠久,是世界香菇之源。最早的历史可以追溯至宋朝,即菇神吴三公(真名吴煜)所在的朝代。宗谱载:"吴氏祖先于唐代由山阴(今绍兴)迁至庆元",吴三公于宋高宗建炎四年(1130)三月十七日出生在龙、庆、景之交的龙岩村,因其在兄弟中排行第三,故称三公。吴三公发明了砍花法和惊蕈法,为后世培育食用菌类产品提供了有效且实用的技艺。

庆元民间有"朱皇钦封龙庆景,国师讨来做香菇""国师献山珍,香菇成圣品,皇帝开金口,谕封龙庆景"的说法。这说的是明朝年间,因久旱无雨,皇帝朱元璋为祈雨需素食,数日后已食而无味,国师刘伯温献上香菇,朱元璋食后顿觉神怡,赞口不绝,下旨把香菇定为岁岁需上贡皇家的"贡品",并敕定香菇为刘伯温国师家乡处州府龙泉、庆元、景宁三县生产的专利产品,并封赠吴三公为"羹食公侯"。庆元民间自此就把香菇视为"皇上圣品""菜中之王"。

香菇产业曾一度是庆元县的支柱型产业,但是后因封建势力盘剥、官商打压以及其他产业的兴起,到民国末年,"庆元香菇"产业几近凋敝。解放后,为了迅速恢复和促进香菇经济发展,庆元县采取了各种措施,如 1952 年建立"庆元县菇民协会"。但随后而来的"左倾"思潮、批判"重菇轻农"思想、人民公社运动和大跃进运动等,都使当地的香菇产业受到打压,以致无人敢上山制菇。1978 年,全县香菇产量只有 43 担,而供本县收购的仅有 62 公斤。党的十一届三中全会后,庆元县委拨乱反正,重新扶持香菇产业。随后 1989 年,国际热带菇类学会主席张树庭,经过实地考察与多方论证,确认了庆元是世界人工栽培香菇发祥地,并亲笔题词"香菇之源"。2013 年,吴三公被中国食用菌协会追认为香菇始祖,庆元从此每年开展香菇始祖吴三公祭祀活动。今天,庆元县已经成为公认的"世界香菇之源"。

(三)种养技艺:数代匠心技艺精

相传吴三公常入深山密林狩猎和采集野生菌蕈,在日积月累的观察中发现伐倒的阔叶木表皮被砍伤后,伤处常长出香菇,砍多处蕈多如鳞,砍少处蕈少,无砍处则无蕈,由此总结出人工栽培香菇的"砍花法"。吴三公还曾因树木不出菇而以斧猛敲,惊动了菌丝的萌发,菇出如涌,于此发现了后世菇民不传之秘"惊蕈术"。吴三公在长期广泛的探究中总结出了场地选择、菇木种类、剁花、遮衣、倡花、惊檑、烘烤等一整套科学的人工栽培、管理和加工方法,这些成为菇农生产香菇的主要方法,提高了香菇生产效率,并为后世所传承,800年来造福无数菇农。古代菇民感念他的功德,于宋度宗咸淳元年(1265)在后广盖竹村兴建起"灵显庙",并祀奉吴三公为"菇神"。

但庆元县当地并不满足于已有的技艺,不断寻求更加高效经济的栽培方法,20世纪70年代以来,"庆元香菇"历经了"段木纯菌丝接种法"、"代料栽培法"和"高棚层架栽培花菇法"三次重大技术变革,为当地菌菇种植产业提供了更多技术支撑,增强了当地菇农的信心。1979年,庆元县成立食用菌科研中心,开展代料香菇栽培技术研究和推广。1988年,县食用菌科研中心在吴克甸的带领下,育成中低温型迟熟香菇品种"241—4",吴克甸还攻克了灰树花栽培难题。同时当地还形成了包括冬春季低温期接种、刺孔增氧、袋内转色、秋冬季出菇、温差催蕾等一整套科学合理的"庆元香菇栽培模式"。庆元菇民走遍全国,清康熙《庆元县志》也有记载:"庆邑之民,以制蕈为业。老者在家,壮者居外,川、陕、云、贵无所不历。"香菇种植技术由此也被带往全国各地,随着庆元菇民的足迹而传承发扬。

(四)品种优势:淳正如初鲜香菇

"庆元香菇"菇品鲜嫩可口、香郁袭人、味厚养人,具备药用价值,有言道"无叶无芽无花自身结果,可食可药可补周身是宝"。香菇是高蛋白、低脂肪的营养保健食品,富含氨基酸、多糖与微量元素。性平,味甘,益气,具有促进人体新陈代谢、提高免疫力、降低胆固醇、保肝护肝等功效。据清代黄宫绣《本草求真》记载:"香菇味甘性平,大能益气。助食及理小便失禁",作为香菇类产品,"庆元香菇"也有此效。

1979年,当地成立庆元县食用菌科研中心,从事食用菌育种驯化、高产栽培技术研究、新资源开发、科技成果转化及产品开发、食用菌信息处理及对外技术服务,至今已培育段木香菇"82—2"及代料香菇新菌株"241—4"、"庆元9015"、"庆元939"和"庆科20"等多个香菇品种。

(五)产业优势:标准规范有基础

"庆元香菇"产业涵盖三产,已经建立较为完善的产业链。早在2010年,庆元便成立了浙江省内最早的食用菌管理局,以专业机构管理香菇产业。经过多年实践探索,"庆元香菇"的产业优势逐渐形成:通过"农业龙头企业＋农民专业合作社＋基地＋农户"的发展模式,带动区域农户发展,完善示范区经营机制;通过"农业主体＋园区(基地)＋农户"的经营模式,加快推进示范区建设;庆元食用菌科研中心在香菇种植、品种、产品等研发上提供了技术保障。目前,从研发到管理,从栽培到加工,"庆元香菇"产业已经趋于标准化和规范化,拥有了良好的产业基础。

由此可见,"庆元香菇"具有优良的种植环境、丰富多样的品种、百年传承并不断创新的技艺、丰富深厚的文化背景、有趣且具有延续性的农事节庆活动、良好的产业优势等特点,拥有坚实的品牌化资源基础。

二、升级:应对市场挑战

(一)在困境中寻找转折点

1.品牌认知待提高

通过对百度词条、百度图片、微博、微信等大流量平台的信息检索,可知当时"庆元香菇"品牌认知如下:百度词条信息检索显示,"庆元香菇"品牌信息较为杂乱,除"庆元香菇"文脉信息较为集中展现,其他相关信息均是体现在新闻等报道形式中的碎片化信息,未能形成统一的品牌认知;百度图片信息检索显示,"庆元香菇"相关图片主要显示香菇产品或产业信息,缺乏鲜明独特的品牌识别信息;微博、微信等社交平台信息检索显示,"庆元香菇"品牌信息量较少,大众对"庆元香菇"的关注与讨论热度较弱。综合以上信息检索结果,"庆元香菇"品牌认知度有待提高。

2.品牌体系待建设

"庆元香菇"品牌认知的缺失,是由于其品牌体系有待完善。"庆元香菇"亟待构建完善的品牌战略体系,为"庆元香菇"品牌发展提供战略指引;亟待挖掘"庆元香菇"品牌核心价值,塑造品牌个性;亟待构建独特的品牌价值体系、形象符号体系以及传播体系,以彰显"庆元香菇"品牌形象,从而占领消费者心智,提高品牌认知度,扩大品牌影响力。

3.渠道体系待健全

目前,"庆元香菇"主要销售渠道仍以初级的大流通市场为主,产品销售形式亦多为大流通包装的初级产品,溢价较低,产品附加值难以体现,故亟需拓展"庆元香菇"的渠道体系。除深耕大流通市场这一传统渠道外,"庆元香菇"亟需发展电子商务渠道,以"互联网＋"的经营模式打造符合当下消费者购买习惯的销售渠道,同时,开拓其他渠道,建立多元化的立体渠道体系。

庆元县政府洞察到了品牌化发展的瓶颈,决定以"庆元香菇"这一优势产业作为庆元农业品牌化的突破口,进行资源整合,开展品牌化建设。2016 年,当地政府委托专业团队进行品牌战略规划编制,就品牌口号、LOGO 设计、传播策略等内容进行探讨、交流。

(二)依托禀赋提炼品牌价值

1. 品牌定位

与全国其他香菇产区比较,香菇的文脉特征是"庆元香菇"所独有的。庆元是"世界香菇之源",具有独特的香菇文化、信仰体系以及深厚的香菇情结。庆元香菇种植历史已有 800 多年,虽经过挫折困境,仍能够重振旗鼓,并占据一定市场。与此同时,在当下的市场环境中,消费者对于农产品的消费需求已超脱产品本身,更关注产品背后的价值与情感,而"庆元香菇"恰是带着庆元县对香菇文脉的热爱之情,带着对家乡所属文化的珍惜之情的地理标志农产品,能够引发消费者的共鸣。

因此,"庆元香菇"以自身优势对接农产品市场的消费趋势,彰显其独特的品牌文脉价值,发展出富有差异化的品牌定位:来自世界香菇发源地的、世代传承 800 年的、具有优异品质和独特文脉的香菇品牌。

2. 价值支撑体系

"庆元香菇"在文脉、环境、品质、技艺、匠心等方面均具有丰富的品牌价值资源:庆元是世界香菇之源,有 800 多年香菇种植历史,文脉传承源远流长;是中国生态第一县,森林覆盖面积达到 86%,香菇种植环境原生如初;"庆元香菇"品相好口味佳,品质淳正出众;"庆元香菇"种植技艺 800 多年来代代相传,技艺精湛,是国内其他产区学习香菇种植技术的典范;庆元菇农一直坚守虔诚的匠心,拥有一套独特的香菇文化和信仰体系。

由此,"庆元香菇"品牌从文脉、环境、品质、技艺、匠心等方面可以发展出五大价值支撑(见图 21-1):

> 菇源如故:历史悠久,香菇之源;
> 菇境如故:生态优质,原生如初;
> 菇品如故:色味俱佳,品质淳正;
> 菇艺如故:世代传承,技艺精湛;
> 菇心如故:信仰菇神,匠心虔诚。

菇源如故　　菇境如故　　菇品如故　　菇艺如故　　菇心如故
历史悠久,香菇之源　生态优质,原生如初　色味俱佳,品质淳正　世代传承,技艺精湛　信仰菇神,匠心虔诚

图 21-1　"庆元香菇"价值支撑体系

3. 品牌口号

"庆元香菇"所具有的价值支撑正是现在消费者所追求的超脱产品本身的价值,十分符合当下农产品消费回归传统重拾记忆的消费趋势。因此,"庆元香菇"采用拟人化的表达,将品牌口号确立为:

庆元香菇 一见如故

"一见如故"这一成语的原意是指,初次见面就像老朋友一样合得来,形容朋友间的情投意合。正如战略背景中的消费洞察和对自身瓶颈的分析,消费者购买香菇时对品牌选择尚未形成认知,"庆元香菇"的品牌认知也有所缺失。因此,对于全国多数消费者而言,"庆元香菇"产品虽然已走上万千食客的餐桌,但对"庆元香菇"这一品牌却相对陌生。初次见面,却似曾相识,这是"庆元香菇"品牌与消费者之间的深层链接。"一见如故"也表达出消费者对品牌的喜爱和消费黏性。

拆解"一见如故",从"如故"入手,能延伸更丰富的内涵。"如故"即"如初",指事物跟原来一样,多形容事物保持原本美好的状态。"庆元香菇"的价值支撑中,不论文脉、环境、品质,还是技艺、匠心,经过 800 年的传承,依然保有当初吴三公开创世界香菇之源的美好状态。如今的消费者,见到"庆元香菇",仍能感受到这种如初如故的美好状态。

"故"是"故乡",是庆元作为世界香菇之源、世界香菇故乡这一重要行业地位的彰显。"故"是"故友",是庆元与外界通过香菇"以菇会友"的重要载体。消费者通过一朵小香菇能够认识了解整个庆元。

"庆元香菇,一见如故!"这一品牌口号针对香菇消费的品牌认知模糊问题,顺应农产品消费的情感消费趋势,彰显庆元作为世界香菇发源地的重要行业地位,以及"庆元香菇"淳正如初的优异品质,并使庆元通过香菇实现与外界沟通,以菇会友。这一品牌口号个性鲜明,确立了"庆元香菇"品牌的差异性特征,同时,朗朗上口,便于传播。

(三)提炼文脉重塑传播形象

1. 品牌主形象

"庆元香菇"于2003年成功注册为证明商标,该商标的使用度较低,"庆元香菇"产业相关农户、农企认可度不高,消费者对该商标亦缺乏认知。"庆元香菇"原有商标设计年代较早,与当下受众的审美标准存在较大差距,且不具备鲜明的品牌个性,亦难以传递重新构建完成的品牌价值体系。因此"庆元香菇"决定更换品牌标志。

图21-2 "庆元香菇"品牌主形象

"庆元香菇"新的品牌主形象(见图21-2)以菇盖厚实、不规则,菇脚斜出、微翘的一朵香菇为基础展开演绎。此香菇形象是传统优质香菇的典型形象,彰显"庆元香菇"的品类特征;菇盖形象与斗笠相近,菇脚形象又似老者胡须,整体与传说中吴三公头戴斗笠的形象相似,体现庆元作为吴三公故乡、世界香菇之源的地位;同时,菇脚形象犹如涓涓溪水,菇盖形象犹如古朴廊桥,传递庆元这一"中国廊桥之乡"的形象;主形象线条以书法笔触描绘,品牌名称以厚重质朴的手法书写,色彩以接近香菇原色的棕色为主色,体现庆元的深厚文脉与古朴品质。"庆元香菇"品牌主形象整体简约大方,具有鲜明的品牌个性,既能体现"庆元香菇,一见如故"的品牌核心价值,又符合当下消费者的审美标准。同时右下角有"丽水"这一产地标识,可以让更多人了解到"庆元香菇"的地理位置,在说到浙江丽水的时候能够产生联想。

2. 品牌辅助形象

(1)传播辅助图形

图 21-3 "庆元香菇"品牌辅助形象

"庆元香菇"传播辅助图形(见图 21-3)以质朴的线条勾勒出"庆元香菇"的生长环境和香菇功夫的人文气息。画面中融入庆元的山水、廊桥、香菇及其香菇文化,兼具生态性与文化性。色彩以具有差别但又不至于冲撞的色彩,描绘出一幅香菇安然生长环境图,人、菇、山、水和谐相处,共生共长。

(2)品牌口号图形

品牌口号图形与品牌主形象保持一致,维持古朴、厚重的风格,底色为香菇常见的褐色。字体略有弯曲的边缘,让人联想到香菇略有褶皱沟壑的表面,偏粗重的笔画好似菇脚和菇盖的粗壮与肥厚,让人联想到"庆元香菇"本身的形态特征。(见图 21-4)

(3)品牌衍生形象

基于品牌主形象和人物故事,创制出品牌衍生形象,借助"庆元香菇"的匠心栽培背景和过硬的技术功底,设计出一组"香菇种植功夫图",它是借助山水、廊桥、香菇等元素,配合辛勤栽培的青年、老年菇民,传达当地菇民认真种植、用心钻研、真情培育的精神。(见图 21-5)

3. 产品包装形象

"庆元香菇"共有主题产品、常规产品、大宗产品和电商产品四类产品。产品包装也由此分为四类,分别是主题产品礼盒(香菇文化主题、庆元县域文化主题、消费者体验场景主题)、常规产品礼盒、电商产品礼盒、大宗产品礼盒。图 21-6 中所示为庆元县域主题文化礼盒、消费者体验场景主题礼盒,不同的

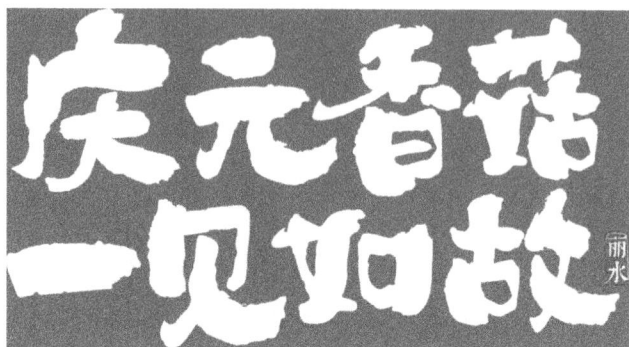

图 21-4 "庆元香菇"品牌口号图形

图 21-5 "庆元香菇"品牌衍生形象

礼盒适合不同的消费场景,可以连接不同类型的消费者需求,创造更多消费机会。

图 21-6　"庆元香菇"产品包装

图 21-7　"庆元香菇"传播系统示例

4. 传播系统示例

根据不同的传播场景,"庆元香菇"设计了不同的传播物料,包括海报、道旗、包柱广告、公交站广告及其灯箱广告等,这些可以广泛应用于推介会、博览会、品牌会议以及其他宣传场景,以形象创造视觉记忆,获取曝光机会。

三、落地:以文化驱动传播

"庆元香菇"在进行品牌规划之前已经有了一些持续性的品牌传播活动,主要是围绕"香菇"这一核心点进行传播,如香菇文化节、权威媒体报道、文化遗产保护与建设等,取得了一定的成效。在统一形象后,"庆元香菇"的品牌传播手段更加多样,传播频率更高。

(一)发扬"香菇文化"

"庆元香菇文化"一直是庆元县的骄傲和依托,2014 年入选第二批中国重要农业文化遗产后,2019 年又通过农业农村部遴选,成为向联合国粮农组织推荐全球重要农业文化遗产项目之一。庆元厚积薄发,通过多种传播渠道让香菇文化不断发扬光大,让更多的人认识到这一独特的农耕文化,也推动这一农业文化不断传承。

近年来庆元实施了多类项目并举办了多项活动,如连续举办香菇文化节和香菇始祖吴三公朝圣活动、建设吴三公故居和香菇博物馆、外出参加农交会、举办国际食用菌大会、建成全国最大的香菇集散中心和全国食用菌交易品类最多的专业市场等等。为培养香菇文化传承人,庆元职高与丽水职业技术学院开展食用菌专业合作办学,挂牌成立"丽水职业技术学院庆元食用菌学院",开设食用菌专业特色班。庆元县开展菇民戏、香菇功夫、香菇山歌、香菇谚语、菇山话等香菇文化进校园活动,为此还专门成立课题组编写相关教材。

值得一提的是,庆元香菇文化节作为一年一度的大型农事活动,吸引了全国各地的游客、专家学者、协会成员和文化爱好者参观学习,为当地带来了更多与业界交流的机会。一系列措施以"润物无声"的方式将"庆元香菇文化"融入人们生活,传递到全国和世界各地。

(二)拓展销售渠道

1. 深耕传统渠道

夯实批发市场销售渠道。"庆元香菇"依托本地香菇市场,拓展河南西峡、河北平泉、湖北三里岗等全国重点香菇批发市场,夯实批发市场销售渠道基础,规范大宗批发商品的包装应用,展现统一的品牌形象,打造"庆元香菇"品牌批发市场媒体场,扩大品牌影响力。

推进商超连锁渠道。"庆元香菇"通过综合评估各大商超连锁渠道的客情状况,推进商超连锁渠道;建立商超渠道业务管理团队绩效考核机制,奖励超额完成收入和利润指标的团队,以激励商超渠道发展;向入驻的商超连锁导入"庆元香菇"品牌形象,个性化陈列产品等。

入驻名特优专卖店。"庆元香菇"选择综合实力和客情较好的名特优专卖店,导入"庆元香菇"品牌形象,建立名特优专卖店品牌媒体场;推动专卖店开展"庆元香菇"产品品鉴,在消费者体验的过程中提升品牌的认知度、知名度。

2. 开发电商渠道

"庆元香菇"通过入驻淘宝、天猫超市、京东、一号店、顺丰优选、网易严选、本来生活等传统大流量电商平台,在电商平台导入"庆元香菇"全新品牌形象,开展电商产品营销(见图 21-8)。同时,开展电商促销活动,加大产品优惠力度,将消费者向电商平台引流。

图 21-8　"庆元香菇"天猫旗舰店

3. 利用合作品牌渠道

"庆元香菇"选择重点城市餐饮渠道,如餐馆、面馆等以香菇为食材、菜品较为丰富的餐饮渠道,开展"庆元香菇"品鉴体验活动,联合餐厅推出"庆元香菇"系列菜品。

"庆元香菇"作为县级区域公用品牌,还和县级区域公用品牌"庆元800"、市级区域公用品牌"丽水山耕"进行合作发展。"庆元800"品牌主打语是"庆元800,高山出珍品",是多品类农产品区域公用品牌,涵盖"庆元香菇""庆元灰树花""庆元甜桔柚"等一批国家地理标志认证农产品。"丽水山耕"是丽水市农产品区域公用品牌,是第一个在地级市层面整合全域农业资源的多品类品牌,包含众多丽水市优质农产品。借助这两个区域公用品牌的背书作用和营销传播渠道,"庆元香菇"能够为更多人所熟知,也可以站在更高的平台上与消费者建立链接。

（三）借助权威媒体

一直以来,"庆元香菇"就很注重自身的媒体曝光,曾多次登上央视频道,如2014年6月,"浙江庆元香菇文化系统"入选第二批中国重要农业文化遗产、启动全球重要农业文化遗产申报工作时就曾被报道过。近年来"庆元香菇"更是央视的常客。2019年4月初,央视《农广天地》栏目讲述了当地菇农吴荣让消失15年的"241—4香菇"身价翻倍的故事;2019年9月,央视《乡土·中国》又播出《八百年的技艺》,讲述了庆元人民与香菇之间的故事;2019年12月12日《古法种香菇 匠心出财富》登陆央视财经频道《生财有道》;2020年3月31日,央视二套财经频道《生财有道》栏目播出《浙江庆元:香菇味美财路宽》,安排23分钟报道庆元县转变香菇生产食用方式为食用菌从业者带来可观收入的事迹。多次登上权威媒体平台,"庆元香菇"为越来越多的人所认识,小小的香菇也得以走出县城,走向更广阔的世界。

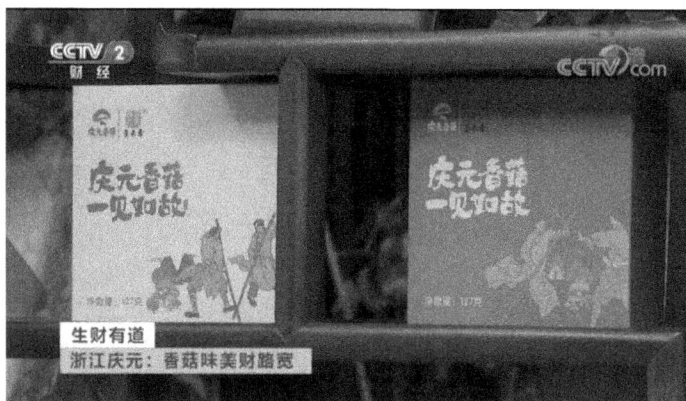

图 21-9　央视《生财有道》报道"庆元香菇"

另外,其他主流媒体也曾多次报道"庆元香菇"的相关内容,如《农民日报》2020 年 1 月就曾刊登过"走进浙江庆元香菇文化系统"的报道;再如《浙江日报》也曾用整版报道过"庆元香菇"的历史、文化体系和传播方式等内容。可以看出,随着品牌不断升级,"庆元香菇"越来越会利用自身优势的新闻点,与外界进行交流,提升品牌价值。

(四)延伸品牌价值链

庆元香菇企业一直非常重视产业链的延伸,先后推出了香菇菌菇、菌蔬系列即食(休闲)食品、菌蔬营养包等养生健康产品,还研制了香菇酱、香菇精、菇抽等营养调味品,形成一条以食用菌生产、加工为中心,以市场销售为平台,以品牌、文化为链接纽带,相互衔接的完整香菇全产业链。相比于单售鲜菇、干菇,将香菇进行加工销售能够创造更多消费机会,也能够形成全年销售周期,持续创造收益。

四、展望:持续建设品牌

(一)品牌建设成果

荣誉方面,2017 年,"庆元香菇"被评为"生态原产地保护产品",并入选"浙江省知名农产品区域公用品牌"和"2017 年度全国名特优新农产品目录";2020 年 2 月 26 日,浙江省庆元县、龙泉市、景宁畲族自治县"庆元香菇"中国特色农产品优势区被认定为第三批中国特色农产品优势区。

产量方面,庆元县食用菌相关从业人员 7 万余人,企业 370 多家,2019 年全县食用菌生产规模 1.2 亿袋,食用菌产量 9 万余吨(鲜),行业一、二、三产总产值约 36.8 亿元;2020 年前三季度庆元县食用菌共种植 11885 万袋,同比增加 1.58%,食用菌总产量 67855 吨,同比上升 1.03%。

品牌方面,经过不断的品牌升级,作为第一批国家原产地域保护产品,2017 年,"庆元香菇"品牌价值 49.26 亿元,位列全国农业品牌第 17 位,连续 8 年蝉联中国食用菌第一品牌。2020 年 7 月 20 日,"庆元香菇"入选中欧地理标志首批保护清单。

(二)稳步前行有方向

虽然"庆元香菇"取得了较好的品牌建设成果,但是在近几年的发展过程中,也出现了一些需要注意的问题,应给予充分的关注和及时的应对。

1. 坚持提升品牌溢价

在品牌溢价方面,"庆元香菇"虽然已经在同类品牌中属于"高级产品",但是品牌溢价能力不够突出，仍有可提升的空间。提升溢价需要做好多个方面的工作。首先，品牌建设过程中，投入资金预算的多少、投入的方向以及实施效果至关重要，宣传方式不能过于单一。目前"庆元香菇"媒体传播矩阵中，还未充分重视社交媒体、短视频平台等传播渠道，日后应加强建设和应用。其次，品牌的认知度、好感度和知名度的提升对品牌溢价的提升具有助推作用，为此，需要持续关注消费群体消费偏好的变化，并加以满足，如香菇衍生类产品(休闲零食)受到年轻人的欢迎，可以更多此类产品，在现有的基础上，推动食用菌产品逐步由简单加工向休闲、保健、药用等方向发展，以满足市场需求。再次，需要完善产业结构，让"香菇文化与菌菇产业"与全域旅游、乡村旅游深度融合，进一步开发食用菌观光、体验、餐饮、旅游购物、休闲养生等业态，让更多人爱上这种独特的文化体系与优质农业产品。

2. 重视地标保护工作

"庆元香菇"是庆元县重要的地理标志农产品，也是当地的"王牌"，因此，在未来发展的过程中，必须要重视地标保护工作和文化传承，以实现长效发展，这就需要从三方面入手。

从生产环节角度来说，庆元县当地虽然有香菇种植基地，但是受制于"九山半水半分田"的地理环境，可用于规模化生产香菇的空间不多，发展瓶颈较为突出，且生产的标准化、集约化水平仍需加强，因此必须合理分配生产空间、优化生产标准，以保证香菇产业的长效发展。从栽培技术角度来说，香菇种植比较辛苦，年轻力量相对缺乏，但是种植技术的研发与传承需要依靠年轻人才，因此当地需要引进香菇种植方面的专家，与更多有经验的高校、协会、组织等合作，开展新农人培训，实现香菇种植技术的代际革新，持续领跑行业水平。最后从溯源角度来说，必须落实地理标志农产品质量追溯系统的建立与完善，打击假冒产品，借鉴其他地标产品制作质量追溯码、制定相关惩治法规，以进行预防和约束，保证未来品牌发展的顺畅性。

"庆元香菇"以自身顽强的品牌发展精神，"庆元香菇"经历 800 多年的曲折发展，成长为今日行业内的顶尖实力品牌。这个让人"一见如故"的香菇品牌，为大家带来一丝生活的"鲜味"，也带来了老朋友般的温暖及其背后的温情故事。未来，祝愿这份淳正如初的菇香持续流传，为越来越多的消费者所喜爱。

第二十二章　奉节脐橙：勇于突破的自然天"橙"

地标概况

"奉节脐橙"产地是重庆市奉节县，位于三峡库区腹心地带，独揽八十里长江风光，是重庆市的东大门。历史上奉节被称为"控带二川，限隔五溪，据荆楚之上游，为巴蜀之喉吭""西南四道之咽喉，吴楚万里之襟带"，境内以山地为主，扼守夔门，山环水绕，拥有独特的地形地貌和优良的生态涵养。

2016 年，奉节脐橙品牌战略规划发布，品牌形象片获得"金水滴奖创意大赛"互联网营销非整合类铜奖。

2020 年，"奉节脐橙"正式获中华人民共和国农业农村部批准，成功申请成为国家地理标志农产品，产品编号为 AGI03017。"奉节脐橙"农产品地理标志拟保护地域范围以奉节县为核心区，长江流域三峡库区河谷地带，海拔600 米以下，包括奉节、巫山、云阳、开州 4 个区县，共 61 个乡镇（街道）。地理坐标为奉节县东经 109°07′16″～109°45′58″，北纬 30°39′42″～31°14′28″范围内；巫山县东经 110°1′38″～111°14′10″，北纬 31°31′58″～31°32′20″范围内；云阳县东经 108°24′～109°9′，北纬 30°40′～31°22′范围内；开州区东经 108°35′53″～108°57′02″，北纬 31°04′18″～31°16′27″范围内。

2020 年，奉节脐橙的种植面积达到 37 万亩，产量 30 万吨，产值超过 30 亿元。据 2020 中国果品区域公用品牌价值评估结果显示，"奉节脐橙"在 130 个参评品牌中位居第 23 名，品牌价值达到 32.41 亿元，品牌收益达到 21365.43 万元，实现了"产业扶贫""地标扶贫""品牌扶贫"三管齐下，助力奉节脱贫。

一、神奇山水与独特文脉的双重滋养

（一）生于夔门山水之中

1. 自然与生态：天然柑橘生长区

奉节县区境以山地为主，扼守夔门，山环水绕，形成了独特的地形地貌和优秀的生态涵养。奉节县位于"长江上中游柑橘优势产业带"上,具有"无台风、无冻害、无检疫性病虫害"的三大柑橘种植生态优势。奉节县、巫山县、云阳县、开州区属中亚热带暖湿东南季风气候,雨量适中,光照充足,空气相对湿度低,春季气温回升早,年平均气温 17.5~19.2℃。同时,当地适宜的昼夜温差适宜、土壤排水良好,这些元素共同为"奉节脐橙"提供了优越的生长环境。

2. 历史与品种:两千余年栽培史

奉节县自古就是柑橘优势产区,有 2300 多年的栽培历史,汉代时当地人就已开始栽培柑橘。昔日诗圣杜甫寓居夔州,在此担任桔官,曾留下"园甘长成时,三寸如黄金"的诗句,流传至今。但是如今的"奉节脐橙"却不是中国土生土长的柑橘,而是从"华盛顿"脐橙引进的品种演变而来,这其中有一段有趣的历史。

明武宗正德十五年(1520),葡萄牙人把在中国发现的橙树苗带回了自己的故乡。300 年后,葡萄牙人又把橙树苗带到了巴西,侨民把树苗种在巴利亚的一个修道院里。这一年结的橙子,发生了变异,顶端全部有一个发育不全的"次生果",像是长了个肚脐,形成了如今"脐橙"的形态。1870 年,这种脐橙树在美国加州嫁接成功。40 年后,它又被引种到了中国各地。1953 年,奉节县园艺场首次从原四川省江津县(目前属重庆市管辖)引进了两株"华盛顿"脐橙。在柑橘选育专家的精心培育下,其中一株生产能力表现优良,被命名为"奉园 72—1"母树,这棵母树后来孕育出了优秀的脐橙品种,也就是如今广受好评的"奉节脐橙"。

"奉节脐橙"的品种多样,达到 20 多种。其中优良品种"奉园 72—1"所产脐橙果皮中厚,脆而易剥,肉质细嫩化渣,无核少络,酸甜适度,汁多爽口,余味清香,这些特点让"奉节脐橙"在橙类产品中脱颖而出,受到大家的喜爱。

(二)养在诗书气韵之间

1. 产业与品牌:品牌建设有基础

"奉节脐橙"的品牌化首先得益于其良好的产业集聚基础。2006 年,"奉节脐橙"整体通过无公害农产品产地认定和无公害脐橙产品认证,被评为"中华名果";2008 年,"奉节脐橙"成功申请全国地理标志证明商标;2014 年,其获得"中国驰名商标"称号;2017 年,在品牌规划正式开展前,"奉节脐橙"的种植面积达到 32.04 万亩,年产量可达 30 万吨,品牌价值达到 26.25 亿元,已经位居全国橙类品牌中的第一名。奉节县委、县政府还专门成立了奉节县脐橙产业发展中心,通过一系列管理办法,对"奉节脐橙"地理标志证明商标的授权、使用和保护进行引导管理。奉节县脐橙产业发展中心连续举办"好橙人家"

"橙双橙对"等营销活动，为"奉节脐橙"积累了良好的市场声誉。

2．人文与文脉："诗城"孕育"诗橙香"

壮阔宏伟的夔门景观，丰富奇趣的历史故事让这里成为文人骚客的驻足吟诗之地，也为奉节争得了"诗城"的美誉。2017年10月27日，中华诗词学会授予奉节县"中华诗城"称号。据了解，这是目前全国唯——个被授予"诗城"称号的城市。奉节的诗歌文化古来有之，王维、李白、杜甫、孟郊、白居易等历代诗人在此创作了上万首诗歌。特别是"诗圣"杜甫，在流寓奉节的两年多时间里，写诗430余首，占其全集的七分之二，家喻户晓的《早发白帝城》："朝辞白帝彩云间，千里江陵一日还。两岸猿声啼不住，轻舟已过万重山。"写的就是奉节。这一诗书背景为奉节增添了一种区域文化性，也让生长在其间的"奉节脐橙"带有"诗橙"的意味。

二、一颗橙的升级：挖掘文脉价值 创塑品牌形象

（一）品牌化意识：不断突破，寻求超越

虽然"奉节脐橙"拥有上述一些独有的优势，且已经有着"同品类中品牌价值第一"的好成绩，但是在市场竞争激烈的环境之下，"奉节脐橙"运营者还是感受到了一定的压力，看到了"奉节脐橙"地理标志产品存在的不足，并决心寻求突破。

首先，"奉节脐橙"虽然是重庆市的一张金名片，产品不愁销路，但是因交通不便、收购难度被迫加大，长期以来农户大多依赖果贩的收购，且在收购中农户不能掌握收购价格的主动权，脐橙的价格最高也仅2.5元一斤，低的甚至只有0.8元一斤，辛苦种植的果实以低价出售，农户也表示很无奈。虽然经过当地政府引进电商渠道，提高了脐橙的售卖价格（5元一斤），但是其价格仍难以与其品质匹配，存在很大溢价空间。

其次，"奉节脐橙"品牌建设不够完善。虽然当时已经有了品牌口号"自然天成 奉节脐橙"，运营者也试图以"诗意""自然""品优质佳"等概念塑造"奉节脐橙"在消费者心目中的形象，但是对外传播的措施却没能形成统一的形象，致使"奉节脐橙"即使有很多亮点，但没能与其他的橙类品牌形成区隔，也没能在众多消费者心中占据独特的位置。

2017年，奉节县脐橙产业发展中心历经多年的实践和思考，有感于时代发展和消费变革的趋势，决定对"奉节脐橙"的品牌进行重塑升级，奉节县脐橙产业发展中心代表奉节县委、县政府聘请专业团队为"奉节脐橙"编制区域公

用品牌战略规划,以系统的顶层设计整合全县资源,助力"奉节脐橙"更上一层楼。

(二)品牌价值挖掘:自然天成 奉节脐橙

奉节县城"夔门一线,长江万里,巍巍其山,浩浩其水"的景色(见图22-1),让人仿佛身处于这样的江山诗画中,自然的伟力、天地的辽阔,无不给人以深切的震撼,如此壮丽山河养育的脐橙,承载着山河的广博、自然的清新,正是现代消费者孜孜不倦所追求的。因此,"奉节脐橙"的品牌故事,与"白描"这一手法可以进行结合,简单勾勒,却已然可以紧抓人心,带来惊喜。

图 22-1　夔门

图源自网络:https://dcbbs.zol.com.cn/60114_599270.html

因此,为凸显"奉节脐橙"的自然山水特征,延续其品牌传播积累的品牌声誉,"奉节脐橙"决定保留原有的品牌口号:

自然天成,奉节脐橙

"自然天成"是其核心价值,四个字表现了奉节人给予脐橙无微不至的精心呵护,他们选育出最适宜在地生态的脐橙品种,让脐橙生长在纯净自然的生态环境中,汲取着传承悠久的历史文脉力量,充满自然的生机。从选种到养育再到长成,"奉节脐橙"是遵循自然、适应自然、生长自然、融合自然,在当今农业野蛮生长的时代尤其可贵,强调了"奉节脐橙"生长的"自然性"。这四个字又强调"奉节脐橙"的"原生性",即只有长在"奉节脐橙"地理标志产品拟保护地域范围的,才能算是真正的、"自然生长得来"的"奉节脐橙",是消费者的选择。由此可以将"奉节脐橙"最突出的特点直接传递给消费者,让消费者自行产生判断,并建立好感。

同时,"自然天成"又呼应了现代消费者在选购食材时注重的"原生态"与"纯净感",能够从口号与品牌印象中,让消费者建立"安心产品"的印象,减少心理隔阂与心理压力,能够放心选购,从而培养消费黏性。

在此之外,经过提炼,将基于区域、产业、文脉、生产的优势形成四个价值支撑:

> 天橙——坐拥三峡江景的橙
>
> 鲜橙——天然枝头保鲜的橙
>
> 诗橙——听着诗书长大的橙
>
> 真橙——农人真心呵护的橙

以上四个"橙"从生长环境、产品特征、人文历史、生产环境四个角度完整勾画了"奉节脐橙"的品牌特征,这四个特征使得"奉节脐橙"有着与其他橙类产品不一样的品质,即使与生长在同一"柑橘生长黄金带"的其他橙类产品相比,也是独有特色,这也是它能够成为地理标志产品的原因之一。

(三)品牌全新亮相:融入千年文脉 借力 IP 传播

1. 品牌主形象

在确定品牌核心价值定位之后,鉴于已有的"奉节脐橙"包装不能够很好地表现核心价值,并且各家有自己的包装,不能形成统一形象进行销售,于是"奉节脐橙"决定重新设计包装。

重庆市在民国时期的版画具有非常强烈的风格,并且奉节当地也有许多版画作品,于是在主形象的设计过程中,"奉节脐橙"选用了民国时期的版画风格,在表现历史感的同时兼顾设计美感。(见图 22-2)

品牌主形象中的图画选取了"奉节脐橙"本身的形象、三峡库区、长江河流等形象元素,两座山峰加上河流表现出奉节县位于三峡库区核心地带、"扼守夔门、山环水绕"的景象,而一颗硕大的"奉节脐橙"悬于其上,且"散发光辉",表现的是"奉节脐橙"受此地山水孕育,又反哺当地,成为当地的一颗"富民果",带来许多惊喜。"奉节脐橙"品牌主形象因为采用版画风格,所以整体形象偏方正规矩,但其中每个色块的色彩饱和度都很高,不仅使画面显得活泼可爱,化解刻板感,又能够呼应"奉节脐橙"本身的鲜亮色彩。该标志在众多同类农产品品牌标志中较为显眼,具有较高的差异性与识别度,在后期的延展使用上也有很多可以拓展的方向。

图 22-2 "奉节脐橙"品牌主形象

2. 品牌辅助形象

(1)代言人:奉大橙

为了使品牌形象更为生动,在传播中有更强的表现力,让消费者有更多的记忆点,也能够在后期宣传中有可以使用的 IP,"奉节脐橙"进一步为自己量身定制了卡通形象代言人——奉大橙(见图 22-3)。卡通形象代言人将脐橙进行了拟人化处理,将其设计成一个形似脐橙、活泼亲近,又具备一定文学素养的可爱形象。脐橙的叶子被设计成奉大橙头顶的飘带,意指奉大橙这一位"脐橙诗人"饱读诗书,吸收了诗歌文化精髓,具有诗人般的气质和深厚的文化内涵,呼应了奉节县"诗城"的形象。

图 22-3 "奉节脐橙"品牌代言人——奉大橙

同时,为创造更多接触点,"奉节脐橙"还根据消费者媒介使用习惯,设计了一组可用于微信聊天的表情包(见图 22-4),可以表达沉思、奋斗、运动、害羞等多种心情,这些表情形象也让奉大橙这个平面形象生动起来。另外还有手机壳、杯子、徽章等周边产品(见图 22-5)。

图 22-4　微信表情包

图 22-5　周边产品

（2）价值衍生图形

为了丰富视觉传达元素，"奉节脐橙"基于天橙、鲜橙、真橙、诗橙四个价值点分别设计了形象（见图 22-6），这些图形可以印于包装、海报和周边产品上。

图 22-6　价值衍生图形

四个价值点衍生形象都以"白描"的方式进行勾画,全图唯一有颜色的就是"奉节脐橙",亮橙色、鲜绿色和黑白形成对比,这种对比能够为视觉带来冲击,吸引消费者驻足。(见图 22-7、图 22-8)

图 22-7　价值衍生图形海报

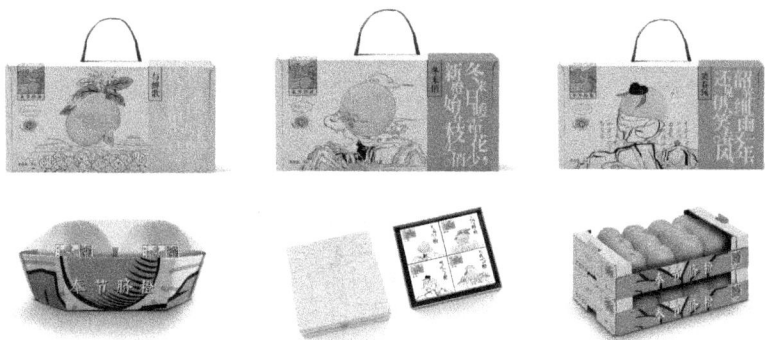

图 22-8　产品包装

3. 产品包装

为了统一形象传播,"奉节脐橙"设计了一组新的产品包装,包装采用手提盒装的形式,印有价值衍生图形、品牌主形象,并且呼应"诗橙""诗城奉节"的形象,附上代表四季、与橙有关的诗句,这样的组合,让包装显得更有诗意、创意,也更有新意。为了配合不同的消费场景,包装有两个装、单个装和组合装等多种形式。

4. 传播系统形象

想让新形象深入人心,大面积的铺设广告、展示新形象必不可少,"奉节脐橙"也制作了适用于灯箱、高速公路广告牌、社区广告牌、网络传播的广告形

图 22-9　传播系统示例

象,让其新形象可以通过各种媒介渠道与大众接触,产生记忆、进行交流。(见图 22-9)

5.制作品牌形象片

2017 年,奉节脐橙制作了品牌形象片,该片充分体现了壮阔的山河景象。当地更民风淳朴,尽显巴蜀故国风采。而品牌口号"自然天成",更表达了自然、淳朴的核心价值,仿佛这个生长在巴蜀山河里的橙子,带着故事,带着美味,浑然而出。

三、品牌落地经营:合作借力有策略 传播销路有门道

2017 年 12 月 15 日,由中共奉节县委、奉节县人民政府主办的 2017 年"奉节脐橙"全国产销对接会暨开园仪式在奉节县举行,"奉节脐橙"携全新形象开园上市,掀开了"奉节脐橙"产业发展的新篇章。"奉节脐橙"通过自身的价值再造成为了全新的品牌,上文是其内在的升级,而除了"修内","修外"也很重要,"奉节脐橙"积极利用媒介、政策和区位优势,为自己闯出了一片天地。

(一)"43N"传播策略

"奉节脐橙"制定了"43N"的传播策略,将系列传播活动的目标、方法有机整合,形成统一整体。其中,"4"代表的是 4 个价值支撑,即天橙、鲜橙、诗橙和真橙,也是奉节脐橙区别于其他同类产品,作为"精品"的最大特点;"3"代表的是 3 种传播工具,即事件营销、社群营销和体验营销;"N"代表的是 N 种产品,即"奉节脐橙"构建的系列产品。产品作为品牌形象展示、品牌价值传达的重要载体,是品牌传播工作中的重要环节。为此,奉节县委、县政府在 2018 年 1 月就出台了"奉节脐橙"品牌包装专项补贴政策,对授权经销商使用"奉节脐

橙"通用包装的,每批次印制使用数量达到 5000 套(箱)以上,按每套(箱)1 元的标准实施补助,来快速推进全新品牌包装的统一。除此之外,奉节县脐橙产业发展中心还发布了全新的"奉节脐橙"营销奖扶办法,通过设立"奉节脐橙"品牌销售奖、线上推广活动补贴等方式来鼓励经营主体,大力度、全方位地开展"奉节脐橙"品牌营销工作。

(二)与市级区域公用品牌"巴味渝珍"合作

在打造区域公用品牌的过程中,需要投入大量的人力物力,区县独自运营品牌,往往面临着资金、资源的短板,在宣传营销时难免力有不逮。"奉节脐橙"抓住重庆市创建综合型农产品区域公用品牌的机遇,与市级区域公用品牌"巴味渝珍"开展联合传播,让"奉节脐橙"能在更大的平台上亮相。诸如 2019 年 3 月 20 日,以"巴味渝珍嗨山城 醉美奉节橙飘香——重庆礼物'巴味渝珍之奉节脐橙'"为主题的 2019 年奉节脐橙重庆主城新零售推介会在重庆举行;宣传展销活动频见报端,"奉节脐橙"的传播度与知名度都借此更上层楼。

图 22-10 "奉节脐橙"与"巴味渝珍"合作

图源自网络:www.fengjieqc.cn(奉节脐橙官方平台)

(三)构建媒体矩阵

按照品牌战略规划,线上渠道是"奉节脐橙"品牌传播的重要战场。相较于其他农产品,"奉节脐橙"产品品质感高、客单价高、便于运输,非常适宜线上销售。自品牌重塑升级以来,"奉节脐橙"着力线上、线下媒体传播宣传工作,构建了立体的传播矩阵。

一方面,"奉节脐橙"持续运营官方微信公众号,与消费者随时分享产业信息和品牌动态;通过"夔门小记者"等抖音账号,将其采访、代言"奉节脐橙"的短视频投放到抖音上,用新颖有趣的方式展现了"奉节脐橙",时刻保证消费者的新鲜感。

另一方面,"奉节脐橙"多次亮相央视,2018年在CCTV-2《第一时间》中重庆市奉节县县长祁美文为消费者详细介绍了奉节特色产业,"奉节脐橙"扶贫广告(见图22-11)在央视八个频道滚动播放;2019年底,"奉节脐橙"扶贫广告又在央视八个频道滚动播放。而奉节县也曾多次登上央视,作为"奉节脐橙"的原产地,奉节县登上央视也在无形之中对"奉节脐橙"的发展有过帮助。另外,宣传推介我国农产品地理标志的纪录片《源味中国》也曾报道过"奉节脐橙",这些都成为对这一颗充满活力的橙子最好的传播。

图 22-11　"奉节脐橙"扶贫广告

(四)革新产品销售通路

品牌规划完成后,奉节县人民政府就先后同京东集团签订了采购万吨"奉节脐橙"框架协议,和北京字节跳动科技有限公司、北京快手科技有限公司签订了电商助农扶贫计划,并加入了阿里巴巴的"亩产一千美金"计划。通过布局多个线上销售渠道,"奉节脐橙"频繁出现在大众视野中,借助网红直播、H5宣传等方式让品牌形象深入人心,产品销售更是屡获佳绩,全县脐橙的线上月销量逾百万件。"线上买脐橙,就选奉节脐橙"的观点正逐渐成为消费者们的共识。

2020年2月,奉节县参与了"2020三峡柑橘国际网上交易会",借助电子商务和物流配送,让消费者足不出户就能品尝到新鲜脐橙;到了4月,奉节县人民政府以及市场从业者通过电商、短视频平台等渠道持续开展线上展销、网络直播,助力"奉节脐橙"市场销售;5月,奉节县委书记带领10位县领导主播天团开展网络直播活动(见图22-12),推介奉节特色产品等等。疫情期间,许多产品的销售都受到了冲击,但是"奉节脐橙"却能够在保持销售的同时,达到"日销 3000 吨"的好成绩,这离不开运营者的"多样化销售战略"。

图 22-12　淘宝直播村播计划——奉节专场

图源自网络:奉节微发布公众号

（五）聚集大咖"谈橘论道"

农事节庆与论坛会的举办,是当下发展与运营区域公用品牌发展非常注重的一个措施。"象山柑橘"有一年一度的象山柑橘文化节,"梁平柚"有柚花节和采柚节,"奉节脐橙"也有柚博会。如 2020 年 12 月 5 日,"第二届重庆奉节国际橙博会暨 2020 年度奉节脐橙开园节"及柑橘产业高质量发展论坛在奉节举行,橙博会聚集了学院专家、行业大咖、企业贤才,让专业人士与专心求教的人可以进行交谈、互相了解,更加增进了产学研界交流,为整个行业的发展作出了贡献。

四、展望未来方向:延续品种优势 提升传播效力

2020 年,奉节脐橙的种植面积达到 37 万亩,产量 30 万吨,产值超过 30 亿元。据 2020 中国果品区域公用品牌价值评估结果显示,"奉节脐橙"在 130 个参评品牌中位居第 23 名,品牌价值达到 32.41 亿元,品牌收益达到 21365.43万元。2020 线上中国国际智能产业博览会上发布了"新华·奉节脐橙价格指数运行报告","奉节脐橙"的批发价格指数同比上一年度基本持平,收购价格指数更是同比上涨 12.66%。

几年来,通过对产品的保护和对品牌的建设,"奉节脐橙"已经做到了橙类品牌中的第一名,"奉节脐橙"的发展趋势一路向好,但是作为一个地标品牌,在发展中还是有一些需要保持和完善的地方。

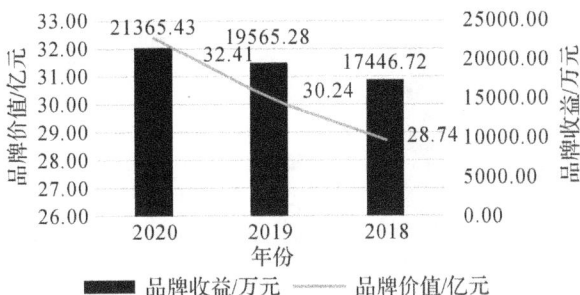

图 22-13　"奉节脐橙"2018—2020 年品牌收益与品牌价值

（一）保证产品质量，坚持绿色生产

早年，"染色橙""催熟橙"事件也曾让"奉节脐橙"受到波及，这让当地生产者和运营者都意识到品质的重要性。近几年，"奉节脐橙"生产者不仅注重"奉节脐橙"的品种培育，还会注重生产过程中的规范性、标准性，橙果产品的新鲜度等等。奉节还启动创建了"奉节脐橙全国绿色食品原料标准化生产基地"，计划用三年时间完成创建，旨在促进农业节本增效、转型升级，推动全县脐橙产业发展。未来，"奉节脐橙"想要长足发展，就需要保证每颗橙子都保持"大、红、光、甜、脆、鲜"的特点，保证作为地标产品的"区域性"和"独特性"，秉承绿色食品生产理念，坚守提供原生态的绿色果品的理念。

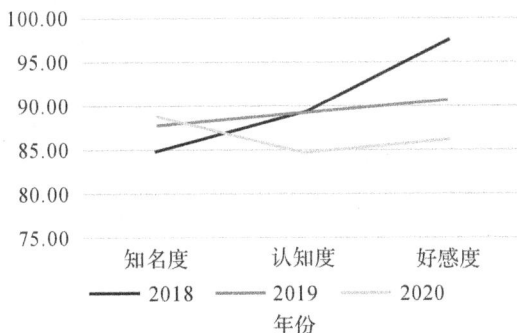

图 22-14　"奉节脐橙"2018—2020 年知名度、认知度、好感度指数

（二）提升品牌认知度和好感度

2020 中国果品区域公用品牌价值评估的数据显示，"奉节脐橙"的品牌传播力在逐年减弱。在品牌价值逐年提升、产品销量逐渐增加的时期，为何品牌传播力却在逐年下降？可以从两个角度来看。一方面，从影响品牌传播力的

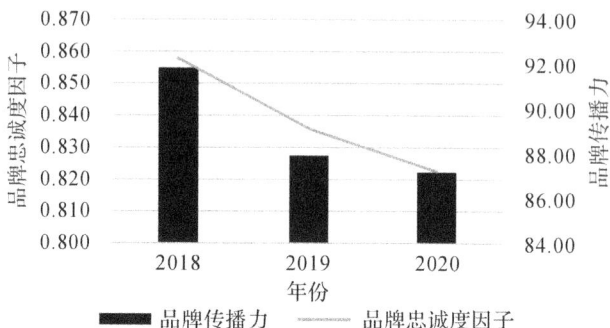

图 22-15 "奉节脐橙"2018—2020 年品牌传播力和品牌忠诚度因子

三个要素可以一窥究竟。近三年来,"奉节脐橙"的知名度在提升,但是认知度和好感度却都在下降。近年来众多优秀的柑橘产品涌现,挤占市场,分散了消费者注意力,而"奉节脐橙"对外品牌传播还不够。比如,品牌形象片只投放在本地,没有在销地市场实现投放与传播,导致认知度下降。另一方面,品牌忠诚度因子三年来连续下降也表明,产品的价格是好感度的影响要素。"奉节脐橙"在产品升级后,价格有所上升,可能会引起消费者的不满。但这是品牌溢价必经的过程,只要品质能够满足消费者,品牌价值感必然提升,这一现象也能够得到缓解。因此,在未来的发展中,"奉节脐橙"要注重向消费者传递"独特的高品质"形象,让消费者进一步了解到品牌的价值,体现其独特竞争力。

点滴汇聚汪洋,"奉节脐橙"这一农产品地理标志不断创造奇迹,从"一棵树养活三十万人"的奇迹到"疫情期间日销 3000 万斤",品牌价值达到 182.8 亿元,跻身全国橙类一流品牌,还远销俄罗斯、新加坡等多个国家,这颗小小的橙果以自己的独特与真诚打动了人们。2020 年 11 月 28 日,由于品牌经营出成绩,"奉节脐橙"受邀参加了在重庆市开展的农交会中的"中国农产品地理标志推介会"。

我们相信,在未来,这颗小小的橙果,必将能够乘风破浪,创造更高的区域经济价值与区域影响力。

第二十三章 梁平柚:以文脉元素打通品牌的"任督二脉"

地标概况

梁平柚,是重庆市梁平区的特产,与广西沙田柚、福建文旦柚齐名,是全国三大名柚之一。梁平柚果实呈高扁圆形,果形美观,色泽橙黄,皮薄光滑,油胞较细,果皮芳香浓郁,果肉淡黄色,吃后略微有麻的口感,带有回香。其营养丰富,具有祛除胃中浮风恶气、消食平喘去痰、利尿生津、治疗便秘等保健功能,有"天然罐头""养生药柚"等美称。

2008年6月,顺利通过了中华人民共和国农业部的农产品地理标志产品认证(AGI00020),证书持有者为梁平县经济作物站,保护的区域范围为重庆市梁平区辖33个镇乡,315个村,东经107°24′~108°05′,北纬30°25′~30°53′。

2019年,"梁平柚"入选由中华人民共和国农业农村部推出的"农产品地理标志保护工程"。

一、资源价值:作为地标的名柚

(一)地理气候:重庆"小天府"

梁平区属重庆市辖区,坐落在四川盆地东部平行峡谷区。高梁山和明月山孕育出巴渝第一大平坝——梁平坝子,龙溪河蜿蜒流淌,滋润了这千里沃野、万顷柚林(见图23-1)。有着"小天府"美誉的梁平,处在全市"一区两群"和川东北的重要联结点上,是重庆主城通往三峡库区的陆上必经之地。梁平位于亚热带气候区域,季风气候显著,四季分明,年平均气温在16.6~18℃之间,雨量充沛,日照偏少,适合种植柚类果品。

(二)品种历史:两百多年的名品柚

据四川省档案馆资料和《梁山县志》记载,"梁平柚"出现于清乾隆末期,至今已有200多年的栽植历史。当年,时任福建省文旦知县的梁山人刁思卓把

图 23-1　梁平区的柚海

文旦柚带回,与夔州柚进行嫁接。在当地的特殊自然条件下,嫁接的柚树经自然优化,变成带有浓烈蜜香、果肉纯甜嫩脆、独具特色的柚树品种。清人对"梁平柚"曾有这样的描述:"其色金黄,柠檬不能比其艳,红橘不能比其雅;其香幽馥,珞于舍内,异香满室,珞于园中,香飘十里;其味甘醇,橘莫能比其甜,梨不能比其清;其形肥美,诸果莫及",可见其品质优越。

"梁平柚"不仅食之味美,药用价值也很高。其果实呈高扁圆形,果形美观,色泽橙黄,皮薄光滑,油胞较细,果皮芳香浓郁,果肉淡黄色,吃后略微有麻的口感,带有回香。并且其营养丰富,具有祛除胃中浮风恶气、消食平喘去痰、利尿生津、治疗便秘等保健功能,有"天然罐头""养生药柚"之美称。"梁平柚"的命名曾发生过变化。1952 年前,梁平县叫梁山县,"梁平柚"因之被叫做"梁山柚"。后因梁山县与山东省梁山县同名,梁山县更名为梁平县,"梁山柚"也因此而改名为"梁平柚"并沿用至今。

(三)文脉环境:佛教背景与文化艺术

梁平县拥有极具特色的地标建筑——双桂堂,其在中国及东南亚佛教界都有显著地位,有"西南佛教禅宗祖庭""西南丛林之首""第一禅林""宗门巨擘"等美誉,近代著名书画家、佛学家竹禅大师曾担任过双桂堂第十代住持方丈。双桂堂以"堂",而不以"寺""庙"命名,只因这里原本是一个旧式学堂。后人称双桂堂是西南禅宗之"大学堂","教"出一批方丈与住持。双桂堂创始人破山,一生培育弟子一百余人。后来弟子们分赴重庆、四川、云南、贵州、陕西等省份甚至东南亚地区,振兴了许多毁于战乱的寺院,这些寺院成为西南汉传佛教的主体。这是"梁平柚"生长地重要的文脉,也是其区别于其他农产品地理标志的文化环境。另外,梁平被誉为"中国民间文化艺术之乡",拥有抬儿调、梁平竹帘、梁山灯戏、木版年画、癞子锣鼓等优秀的民俗艺术。

图 23-2　双桂堂

图源自网络:www.baike.baidu.com/pic/双桂堂/28412

（四）传播活动:采柚节与柚花节

在当地举办活动是"梁平柚"品牌传播的重要方式之一,"梁平柚"早在1999 年 8 月就举办了首届重庆梁平柚子文化节。多年来,梁平坚持利用自身自然地理优势和四季不同的风景举办节庆,其中包括春季的柚花节和秋季的采柚节,在品牌重塑前,当地已成功举办了七届柚花节。2018 年,梁平作为主场举办了中国·重庆首届柚博会,柚博会的举办使"梁平柚"的品牌溢价得到提升,产品为更多人所知,也使其在成为国际性柚类品牌的道路上迈进了一大步。

（五）栽培技术:选育日趋专业

近年来"梁平柚"注重选育果大形正、油胞细、皮薄香气浓、味甜种粒少、优质丰产,能代表"梁平柚"优良性状的单株,迄今已选出福禄 98—8、98—10、龙滩 405、柚王 1 号、虎蜜 1 号等新品种。同时,当地引进了琯溪蜜柚（红肉）、东风早、广西沙田柚、丰都红心柚、强勒德柚等 20 余个名种。2014 年,梁平区人民政府同中国农业科学院柑橘研究所签订了"科技合作协议"并在之后建成了专家大院,为当地柚子产业提供技术服务和支撑。

（六）荣誉奖项:品类中的先行者

"梁平柚"先后获得了重庆市首届名柚展评第一名、全国第五次、第六次柚类评比"金杯奖"、"金牌奖"、北京国际农业博览会名牌产品奖以及重庆市名牌农产品等多项殊荣。2004 年,梁平被国家林业局授予"中国梁平柚之乡"称号。2008 年,"梁平柚"获得农业部地理标志产品认证。这些奖项和荣誉从产品质量、产地环境等角度为"梁平柚"提供了背书,也是对其品牌建设成果的肯定。

二、品牌升级：紧扣文脉，推陈出新

（一）品牌化背景

"梁平柚"虽然在品种品质、人文历史上拥有优势，但品牌化程度不足和品种维护不当等因素也曾使其陷入低谷。20世纪90年代，由于大量青壮年进城打工，农村劳动力匮乏，柚树无人照管，致使收获的柚子品质下降，变得又苦又麻；部分柚农为了利益早采早收，采得的柚子因为未到时间而滋味酸麻，受到消费者的排斥；周边省份的引种，冒牌"梁平柚"挤占市场。"梁平柚"因此口碑受创，采购商减少，柚品的价格也一路走低，越来越多的"梁平柚"柚农家中堆满了滞销的柚子，部分柚农被迫"弃柚从耕"。

在市场占有及营销方面，当时"梁平柚"在重庆主城柚子市场的占有率不足10%，农民或农业合作社长期依赖小摊小贩上门收购，全县没有集柚果、柚品、柚木销售为一体的专业市场。同时，专业合作社、协会没有形成长效投入机制，市场带动能力弱，虽然在区委、区政府的支持下，有举办独具柚乡特色的柚花节、采柚节和订货会、柚博会等系列文化、营销活动，但由于缺乏专业化运作，销售转化率不足，成效还不很明显，需要更多营销方式助力推广。

为了能够实现"梁平柚"往日辉煌，重塑品牌形象，找准市场定位，提升知名度和认可度，2018年"梁平柚"品牌运营者委托专业团队为其进行品牌战略规划。

（二）价值提升的方向

1. 品牌定位

品牌定位之于区域公用品牌，是寻求区别于其他同类品牌的地域特征和产品特色。"梁平柚"拥有独特的历史和品牌优势，为了更强调产业地位和发展历史对产品的背书，"梁平柚"确定自身品牌定位为：

香飘百年的中国名柚

"香"表达出其柚香迷人、名声颇佳的特点；"百年"呼应其两百多年的历史背景，也暗示其"文化柚"的身份；"中国名柚"既表明其作为"三大名柚"的产业地位，又表明其未来的品牌愿景。虽然"梁平柚"在行业内拥有一定的声誉，但是其在市场上的知名度却不及沙田柚和文旦柚，如何在市场上与沙田柚和文旦柚进行区分，并对"梁平柚"的历史地位进行诉求，品牌定位的价值就凸显出来。这一定位可以帮助其建立柚类品牌领先者的愿景，为其未来发展指明了方向。

2. 品牌核心价值

以往,"梁平柚"在进行产品售卖时,往往抓住产品品质、药用价值等作为诉求点进行宣传,但在竞争激烈的市场氛围中,这使其很容易为其他柚品所取代。基于此,在品牌核心价值的构建环节,"梁平柚"从"文脉"入手,充分结合了产业历史文脉,将其凝练成品牌口号与价值支撑体系,意图将其打造成一个有文化内涵的水果品牌。

"梁平柚"不仅有出色的历史地位——百年老树,三大名柚,更有出色的产品特征——汁多味浓,细嫩香甜;不仅有出色的食疗功效——润肠通便、利尿生津,更有出色的文化底蕴——物华天宝,人文荟萃。基于此,"梁平柚"的品牌核心价值为:

出色

"出色"表达的是一种与众不同的产品态度,既是对"百年名柚"历史和名柚地位的呼应,也是对产品品质的自信与彰显。同时,因为只有出色的品质,才能有出色的荣誉;只有出色的能力,才能有出色的人生,"出色"能与消费者形成一种互动链接,引发联想,进而让"梁平柚"在市场上形成"励志柚"的品牌认知。

3. 价值支撑体系

梁平柚在品牌化进程中,聚焦其作为地理标志农产品的典型特征和优势,对其所拥有的古树资源、名柚地位、产品特色、食疗功效、文化底蕴等方面进行梳理和提炼,构建一系列具有鲜明特色的价值基础,形成"梁平柚"的品牌价值体系(见图 23-3)。

有名堂的古树:百年老树,三大名柚。"梁平柚"系清乾隆末期梁山人刁思卓引入栽培,在梁平的自然气候条件下,逐步演变而来的;历经 200 余年,至今尚存 5000 余株百年老树,依然生长健壮,硕果累累,品质优秀,位列"中国三大名柚"。

有名堂的柚子:汁多味浓,细嫩香甜。"梁平柚"果肉淡黄晶莹,香甜滋润、细嫩化渣,汁多味浓,营养丰富,具有"天然水果罐头"之美誉。与其他名柚相比,"梁平柚"可食部分是最多的,酸度是最低的,果汁含量也是最多的,维生素C 含量也是比较多的,综合优势突出。

有名堂的要膳:必要膳食,健康水果。"梁平柚"含有较高的柚苷、柠檬苦素等保健功能成分,具有润肠通便、利尿生津、消食平喘等特有功效,特提出"要膳"概念,意为"必要的膳食水果",让人易于联想到"药膳",从而加强对"梁平柚"产品的功能性认知。

有名堂的文化:物华天宝,人文荟萃。梁平自古"民力于农",为"川东粮仓",有"万石耕春"之景,素有"四面青山下,蜀东鱼米乡,千家竹叶翠,百里柚花香"之美誉。这里有被尊为"西南佛教禅宗祖庭"的双桂堂,拥有诸多民俗文化,其中五个为国家级非遗项目。

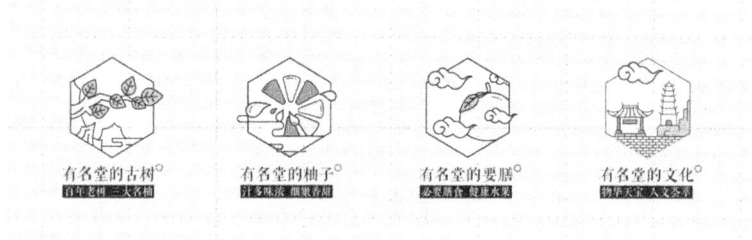

图 23-3　品牌核心价值体系

4. 品牌口号

对于"梁平柚"而言,一方面 200 多年的产业历史使其成为当之无愧的"百年名柚";另一方面,梁平名声远播的双桂堂,不仅在佛教界地位崇高,而且是真正"桃李满天下"的"名堂"。这两者一个是历史文脉,一个是人文文脉,将两者相结合,兼具历史感和文化感,因而自然地碰撞出"有名堂"的"梁平柚"品牌口号:

百年名柚,大有名堂

品牌口号从定位的角度提出,以表明历史渊源深厚的"百年名柚"进行市场区隔和占位,意在重塑"梁平柚"的历史声誉和行业地位;与"大有名堂"相链接,形成前后的因果关系,让人想要探知"百年名柚"的与众不同之处,从而引导消费者对"梁平柚"的品牌和产品进行深入了解,加深"梁平柚"的品牌印记和形象认知。"大有名堂"有两层意思:一方面表达了"梁平柚"产品具有与众不同之处,另一方面融合了双桂堂的知名度,地域文化与产品特征交相辉映,达到易于识别和记忆的传播效果。

"梁平柚"还从产品功能和消费心理出发,采用了一个让消费者对产品有直观认知的产品口号:

柚香柚甜柚出色

"柚香"，是"梁平柚"最具差异化的特点，"梁平柚"芳香浓郁，历久弥香，这也是其与其他柚子相比最大的特色。香是产品带给消费者最直接的感受，可以吸引消费者的注意，影响消费者的购买行为，同时，又可以进一步凸显"香飘百年"的柚文化。（见图 23-5）

"柚甜"，是"梁平柚"另一个突出特点，也是转变消费者对产品"苦麻味"认知的切入点。清人对"梁平柚"曾有这样的描述："其味甘醇，橘莫能比其甜，梨不能比其清。"从历史根源上说，"梁平柚"本是甜的，只是后来因为疏于管理，味道有些变化，只要加强种植管理，"梁平柚"的苦麻味是可以去除的。在传播语境中，诉求甜味，淡化梁平柚的苦麻味，引导消费认知，以"香甜"为链接，塑造出一个"香甜好柚"的形象，慢慢转变消费者对已有"梁平柚"的印象，达到重塑品牌的目的。

"柚出色"，是"梁平柚"最直观的特点，也是最具内涵和延伸的概念。从颜色角度，金黄的色彩是"梁平柚"给消费者最直观的感受，传达出一种富贵吉祥的美好寓意；从内涵角度，"柚出色"表达一种与众不同的产品态度，又能体现"百年名柚"的地位。

"柚香柚甜柚出色"进步凸显了品牌的核心价值，为后期品牌传播提供了可延伸的演绎空间。"柚"与"又"同音，口号简单直接、朗朗上口、便于传播和记忆，可以有效降低传播成本，加速品牌认知。

三、塑造品牌人格，促进品牌年轻化

（一）品牌主形象与"柚娃"

如今，消费者追求的不再单单是满足需求的物理功能性消费，而是更多地体现在消费过程中的个性化实现以及自我价值认同的满足感。正如现代营销学者菲利普·科特勒所说，"一个成功的人格化的品牌形象就是其最好的公关，能够促使顾客与消费者的关系更加密切，使消费者对品牌以及其内在文化的感情逐渐加深。最终，品牌在消费者心中的形象，已经不仅仅是一个产品，而渐渐演变成了一个形象丰满的人，甚至拥有自己的形象、个性、气质、文化内涵。"

在品牌符号的创意上，"梁平柚"基于对消费市场的思考，确立了为"梁平柚"塑造一个"人格化"形象的战略方向。形象设计以柚子的果形为创作蓝本，结合"梁平柚"特色木版年画开脸的艺术形式，将柚子进行拟人化，最终形成了一个个性鲜明、简洁可爱的品牌符号。

在形式上,品牌主形象以"梁平柚"的形状为创意原点,融入人物特征,形成了一个活泼可爱的"柚娃"卡通人物形象(见图23-4)。"柚娃"举着大拇指,为"梁平柚"的出色品质和"百年名柚"的身份点赞,还与口号中"有名堂"和"柚出色"相呼应。同时,大拇指的设计巧妙地将柚瓣儿形状的形象融入其中,让整个人物更生动形象、富有趣味。

图 23-4 "梁平柚"品牌主形象

在色彩上,主形象整体以黄色为主基调,体现了产品的色彩特征;以绿色柚子叶做头饰,彰显绿色生态的生长环境;以淡黄色柚瓣儿做嘴巴,符合柚子内外颜色的差异性,增添真实感和可信度;以红色的腮红点缀其中,使"柚娃"的形象更灵动,跃然纸上;最后,以黑色为轮廓,凸显人物形象,寓意柚子是来自大地的恩赐,享受泥土的滋润,更接地气,更贴近生活。

在字体上,"梁平柚"三字以书法体书写,表现出梁平的历史悠久和文化底蕴;书法笔触圆润,与"柚娃"的形象相呼应,更添几分俏皮;"柚香柚甜柚出色"以黑体错落于手指上方,既是对产品特征的强化,又似"柚娃"对"梁平柚"品质的认可,犹如他品鉴后的感受,无形中更拉近了品牌与消费者的距离,增加了信任感。

拟人化的手法使整个品牌主形象拥有了"人格",更有可能融入当下的市场,尤其是年轻消费者的市场,有利于品牌传播和形象应用。同时,"柚娃"的形象可以有多种形式,在之后的传播中可应用于不同场景的宣传,增加品牌与消费者接触的机会。

(二)品牌辅助形象与文脉传承

在辅助图形的创意上,"梁平柚"以梁平国家级非物质文化遗产"梁平抬儿调"为创意原点,结合梁平癞子锣鼓、梁山灯戏、梁平木版年画等非遗文化元素,辅以活泼、鲜亮的色彩,构建了一幅"梁平柚"喜获丰收、梁平农人乐观豁达的幸福生活画面,预示着"梁平柚"是一颗让人快乐的果实。画面中大家欢快地抬着一个金黄的大柚子,唱着"抬儿调"凯旋归来,紧随其后的是梁平癞子锣鼓的"锣鼓喧天"、梁山灯戏的"嬉闹诙谐",路边是一棵百年柚子树,背景是若隐若现的历史人文景观"万石耕春"景象和双桂堂,整个画面和谐丰富,向人们展示了梁平的历史风貌和品牌文化。(见图 23-5)

图 23-5　"梁平柚"品牌辅助形象

(三)产品包装

"梁平柚"根据产品特点以及新的品牌主形象,设计了全新的产品包装(见图 23-6、图 23-7),让生产者可以以统一的形象进行销售,维护了地理标志农产品的价值收益,降低了冒牌品牌横行市场的概率。产品包装设计以"柚色"作为包装的主色调,既贴合消费者印象中对"梁平柚"及柚子的印象,又能够以鲜明活力的色彩抓住消费者眼球。包装的形式既有适应现代范、年轻化的纸箱、礼盒包装,也有适应以往消费习惯的网袋包装、单个包装,适合日常消费、节日送礼等多个场合。

四、落地营销:多管齐下,多样发展

2019 年 11 月 14 日,第二届长江三峡(梁平)国际柚博会暨中国三大名柚高峰论坛在梁平隆重举行,"梁平柚"区域公用品牌以全新的品牌形象正式发布,"梁平柚"品牌由此进入新时代。当前,"梁平柚"的品牌实力不断提升,品牌溢价也有所提高,价格从当初的 10 元 3 个变为现在的 15 元 1 个,部分子品牌产品的销售单价甚至可以达到 30 元/斤。在重新获得消费者认可的几年间,"梁平柚"多管齐下,采取了许多有效的措施。

图 23-6　不同样式的产品包装

图 23-7　节庆礼品包装

（一）丰富销路体系，实现立体营销

利用电商开拓网上销售通道。梁平当地积极引导各企业进行电商销售，通过"公司＋合作社＋农户"的方式，实现了传统农业向现代电商农业的转变。"农本味""刁老爷""渝味铺子""柚美滋"等电商经营主体，通过微信小程序（见图 23-8）、淘宝、邮乐购、梁平风物、梁平消费扶贫在线等电商平台销售"梁平柚"，获得了良好的效益，提升了品牌认知度与认可度。

图 23-8　微信小程序"舌尖上的梁平柚惑"

积极利用新媒体渠道。"梁平柚"积极组织本地网红、主播、电商从业人员深入种植基地,开展短视频引流和直播带货活动,如 2020 年第十九届中国西部(重庆)国际农产品交易会期间,当地"网红"胡涛通过直播带货,销售"梁平柚"等家乡产品,创下不俗的网络直播销售成绩(见图 23-9)。

图 23-9　当地"网红"胡涛直播带货

消费扶贫创佳绩。当地政府组织"梁平柚"上架中国西部消费扶贫中心和重庆市消费扶贫馆、梁平消费扶贫在线等电商平台,创下了不错的成绩。如第三届重庆电商扶贫爱心购活动上,800 多斤"梁平柚"不到 4 小时就全部售罄,销售额达到 4000 多元。近几年,"梁平柚"作为脱贫的好帮手,也成功带领了当地柚农脱贫奔小康。

利用物流降成本。经营者引导邮政、顺丰、中通等快递企业到"梁平柚"种植基地设置收发点,推出"梁平柚"快递优惠政策,提高"梁平柚"运输时效,降低了快递物流成本。

(二)利用节庆与农旅融合,带活柚子消费

如前所述,梁平区紧紧抓住"梁平柚"的特点,以"柚花"和"柚果"为对象分别举办节庆活动,积累了一定消费者资源。"梁平柚"还善于利用新技术开展农事活动,如 2020 年举办的以"全面小康·柚晒生活"为主题的第三届长江三峡(梁平)国际柚博会,这次柚博会与往年不同,增加了"云上柚惑"互动板块,运用 VR 实景采集、3D 建模等创新技术进行呈现,给前来参加的嘉宾与游客留下深刻印象。"梁平柚"不囿于已有的活动形式,而是跟随时代不断创新,用互联网和专业知识链接前端生产者与终端的专家、消费者、游客,组建良性的互动群体,为品牌传播创造良好的环境。

除此之外,梁平区还计划按照"一环、四区、三中心、多节点"布局,将中华·梁平柚海打造为农旅融合的特色旅游景区和国家级乡村振兴示范区。其中一环,即柚海观光慢道环线;四区,即贡柚古道区、柚香世界区、百年柚惑区、龙滩柚乡区;三中心,即公共服务中心、产业营销中心、科普研发中心;多节点,即瑞丰亭、刁家院子、滑草场、七彩柚屋、高架桥等景点。当地还推出以"浪漫柚乡,甜蜜之旅""梁平柚海"为主题的农旅融合发展项目,极大地提高了"梁平柚"的美誉度和知名度,这种融入当地的"柚香",吸引了众多的游客来梁平,也为当地带来了经济发展的机会。

(三)开发深加工,延长产业链

除了鲜吃,"梁平柚"还可以入菜。当地有许多农家乐专做柚子菜,是当地独有的一种特色菜品。梁平区还积极探索延伸"梁平柚"产业链的方法,研发生产柚子果糕、柚子果脯、柚子茶、柚子酥、柚子汁等 20 余种加工产品,有效提高产品附加值。作为"养生药柚","梁平柚"营养丰富,其精油和柚皮甙含量明显高于其他柚类品种,且含有多种纯天然的香味,一些企业抓住这一特点,生产出柚子精油、柚子香水等产品,进一步丰富产品线,为接下来开拓产业链提供了思路。

五、未来发展:持续保文脉,品牌重传播

2020 年,"梁平柚"的栽植面积达 15 万亩,年产果约 9 万吨,产值达到近

10亿元。"梁平柚"已经成为梁平县的主导产业和重庆农业的一张靓丽名片,一扫以往的低迷状态,重新走上了稳定的发展道路。未来,"梁平柚"要获得持续发展,还是需要练好内功,重点做好以下三方面的品牌建设工程。

(一)完善传播矩阵

品牌的传播通路非常重要,只有铺设尽可能多且有效的渠道,才能与消费者、媒体、合作商进行交流,对外传达一致且清晰的声音,提高品牌口碑。近几年,随着"梁平柚"品质上升、传播活动增加,品牌曝光和传播频率也随之增加,但是总体来看内部媒体矩阵建设还是存在不足,"梁平柚"品牌没有相应的自媒体平台,如微信公众号、品牌官网等。虽然有区政府授权的"梁平柚"品牌运营与管理公司——天农八部农业科技有限公司申请的微信公众号,但是最近一篇推文的发送时间还停留在2018年,没能形成持续性传播。作为品牌传播渠道之一,自媒体平台是一个品牌与外部进行交流、获取建议的重要"窗口",因此运营者需重视自媒体平台建设,完善品牌媒体矩阵。

(二)维持产品品质

近几年,"梁平柚"注重建设标准化种植体系,当地柚农还通过优选砧穗组合,克服了果树栽培常有的"大小年"现象,使结出的柚果年年丰产。产品品质关系品牌声誉,同时也是品牌溢价提升的基础,"梁平柚"在未来的品牌建设中,需要持续重视产品品质和生产技术的升级,技术人员需要不断更新产品种植技术,选育更多优良品种,以避免品种衰退可能带来的威胁,持续占据市场。另外,当地可以成立生产技术合作社,帮助缺乏技术和经验的柚农提升技能素质,以保证当地产品品质的一致性。

(三)维护品牌文脉

"梁平柚"是一个文脉品牌,是借助于一个品牌的文脉体系及其根脉渊源而形成的品牌。因其对历史文化等文化性元素的依赖性,文脉品牌所拥有的文化性、故事性、独特性、无形价值溢价功能,是单纯从物质性的角度强调产品物理功能的品牌所无法企及的。产品品质可能在市场角逐中出现同质竞争,但是"梁平柚"所有的"百年历史"和"有名堂"的人文历史背景是别的品牌所没有的,是"梁平柚"的法宝。未来,运营者可以通过申请相关认证、举办农事活动、与其他柚类品牌合作等方式,进一步塑造、加深文脉形象,成为这一文脉的"代言人"和传承者,让品牌文脉更好地延续。

2008年以来,"梁平柚"走过低谷,克服困难,崛起重生,以强劲的实力冲出自己的一片天地。希望在未来,这棵具有200多年历史的柚树也可以继续长出更多"金果子",将"百年名柚　大有名堂"的口号传递下去,将独属于它的文脉传承下去,成为一个更出色的柚类品牌。

参考文献

[1] 彭瑜,陶开星.梁平柚产业壮大的三大秘诀[N].重庆日报,2018.11. 9(11 版)

[2] 陈子璇.外婆味道的"梁平柚"回来了[N].梁平日报,2020.10.16(2 版)

第二十四章　威宁苹果:飘扬在乌蒙山顶的"贵州红"

地标概况

贵州省威宁彝族回族苗族自治县地处低纬度、高海拔地区,年均气温10~12℃,光照时数长,年平均日照时数1812小时,昼夜温差大,属于"西南冷凉高地苹果适宜区",也是贵州唯一的优质苹果生态适宜区。得天独厚的阳光、气候、水土等资源,成就了"威宁苹果"的好品质。"威宁苹果"以着色鲜艳、外形美观、肉质细脆、汁多、可溶性固形物含量高、口感好、风味浓等优点在国内享有盛誉。

2017年9月1日,"威宁苹果"登记为中华人民共和国农业部的农产品地理标志产品(AGI2017-03-2146)。"威宁苹果"农产品地理标志登记地域保护为威宁彝族回族苗族自治县所辖五里岗街道、六桥街道、海边街道、陕桥街道、草海镇、么站镇、金钟镇、炉山镇、龙场镇、黑石头镇、哲觉镇、观风海镇、牛棚镇、迤那镇、中水镇、龙街镇、雪山镇、羊街镇、小海镇、盐仓镇、东风镇、二塘镇、猴场镇、金斗乡、岔河乡、麻乍乡、海拉乡、哈剌河乡、秀水乡、斗古乡、玉龙乡、黑土河乡、石门乡、云贵乡、兔街乡、双龙乡、板底乡、大街乡、新发布依族乡共4个街道35个乡镇。地理坐标为东经103°36′07″~104°30′57″,北纬26°30′57″~27°25′56″。2020年,"威宁苹果"入选由中华人民共和国农业农村部推出的"农产品地理标志保护工程"。

截至2019年,"威宁苹果"种植面积稳定在50万亩,挂果面积20万亩,全县产量17.1万吨,年产值在10亿元以上。"威宁苹果"产业涉及农户约12.1万户,其中覆盖贫困户约2.4万户,贫困人口10.3万人,已经成为"生态美、百姓富"的优势产业,为威宁打赢脱贫攻坚战起到重要的产业支撑作用,为实现果农增收致富奠定了坚实基础。

在《2020中国果品区域公用品牌价值评估报告》中,"威宁苹果"品牌价值评估为4.11亿元,荣登2020中国果品区域公用品牌价值榜第116位,第3次跻身"中国果品区域公用品牌价值榜",成为贵州省唯一上榜的果品区域公用品牌。

一、静待发现的"红"

威宁县隶属贵州省毕节市,地处低纬度、高海拔的乌蒙山腹地。全县平均海拔 2200 米,为亚热带季风性气候,年均温 11.2℃,年降水量 739 毫米,平均日照数 1812 小时,被气象学界命名为"贵州阳光城"。县内聚集汉、彝、回、苗等 18 个民族,地域文化特色显著,以仅流传在板底乡的彝族戏剧"撮泰吉"为代表。

据《威宁县志》记载:"清朝年间,中河乡回族将苹果枝嫁接在林檎砧上,至今尚存。"威宁最早于 1904 年引入苹果种植,有国光、红玉、倭锦、磅苹、金冠五个品种,当时栽种在威宁石门坎,而后移栽威宁其他乡镇。

威宁种植的苹果品种呈现多样化,可以满足不同上市时间的需求。早、中熟品种有皇家嘎啦、太平洋嘎啦、华硕、黔选 2 号、金冠、富士 2001、红将军等;晚熟品种有黔选 3 号、长富 2 号、长富 8 号、烟富 3 号、烟富 6 号、烟富 8 号、天红 2 号等。

威宁所产的金冠苹果,曾在 1973 年的全国外销苹果基地现场会优良品种(系)鉴评中获黄色品种第 2 名。20 世纪 80 年代,威宁所产的红富士苹果以其极佳的品质获得"贵州省优质农产品"称号。然而 90 年代以后,由于当时产业结构的调整以及果园管理水平的落后,致使苹果效益下滑,产业逐渐衰落。近年来,在贵州省委省政府的支持下,威宁县重新调整产业结构,加速苹果产业的发展。品种"炭山红"和"黔山红"已在国家工商局注册商标,且"炭山红"苹果荣获贵州省著名商标称号。2016 年,威宁全县苹果种植面积约 13.3 万公顷,挂果面积约 5333.33 公顷,产量 8 万吨,产值达 2.4 亿元。

如今,农业品牌化逐渐成为现代农业发展的新方向,各地都在探索契合自身的行动路径。毕节市已于 2014 年启动农产品区域公用品牌战略,成功打造"毕节珍好"区域公用品牌,以此为背书带动全市的农业品牌化发展进入新阶段。

在这样的大背景下,"威宁苹果"的品牌打造现状却不尽人意。第一,品牌认知待加强。"威宁苹果"品牌发展起步较晚,品牌建设力度不足,与老牌苹果相比,其知名度存在较大的提升空间。第二,品牌建设体系待完善。"威宁苹果"亟需统一的品牌形象、产品形象,以树立起"威宁苹果"在消费者心智上的品牌形象,使其对"威宁苹果"的产区、地域、产品等各方面有更直观的了解,亟需提炼品牌的核心价值,以提升"威宁苹果"的溢价空间。

二、蓄势待发的"红"

（一）立足"红"之禀赋

1. 产区优势足

中国苹果的优势产区主要分布于以下四大区域:渤海湾产区,是我国苹果栽培最早、产量和面积最大的区域,产量占全国苹果产量的 40%;西北黄土高原产区,产量占 34%;黄河故道产区,产量占 23%;西南冷凉高地产区,也就是"威宁苹果"所在产区,产量仅占 2%。因此,其处于一个相对"特立独行"的产区。

同时,"威宁苹果"所在产区是中国南方最优质的苹果生产区,具有许多优势。第一,纬度低。"威宁苹果"种植带位于北纬 27°,纬度相对较低,年均温相较于北方产区较高;第二,海拔高,种植地带海拔位于 1900～2300 米之间,昼夜温差大,苹果糖分高,同时病虫害少;第三,温差大,"威宁苹果"整个产区表现出昼夜温差大、年温差小的特点;第四,日照多,威宁地区年日照时数为 1812 小时,被誉为"贵州阳光城"。

2. 地域文脉深

"威宁苹果"种植地所处的贵州省威宁县域内,拥有得天独厚的自然、人文特色景观。自然特色以被誉为"高原明珠"的百里草海和记录乌撒历史的百草坪为代表;人文特色则有:被称为"一个信仰与文化改变社会的标本"的石门坎;原始而粗犷的彝族戏剧撮泰吉;交相辉映的彝族、苗族、回族等少数民族特色节庆。

3. 产品特色显

（1）不套袋

目前国内苹果套袋种植流行,但全球苹果种植趋势之一便是去袋化。相比于中国其他产区,威宁县的高地势、较大的昼夜温差,使得病虫害难以生存,这样的地理条件给予"威宁苹果"种植无需套袋的天然优势,符合世界苹果种植的趋势,也走在了中国不套袋苹果潮流的前沿。

（2）外表红

红色是苹果的代表色,是消费者的主观认知,但由于"威宁苹果"产区的纬度低,光照时数长,且不套袋,使"威宁苹果"在视觉呈现上,比其他苹果更加红润。

（3）纯天然

纯天然是"威宁苹果"遵循自然农法的成果。因为 2200 米的平均种植海拔，加上昼夜温差大，病虫害难以生存。这样的地理条件为"威宁苹果"带来了病虫害极少的自然生长环境，同时也成就了人为因素较少干扰的自然生态营养系统，使得"威宁苹果"的种植无需打药和较少施肥，做到了真正意义上的纯天然。同时经测定，"威宁苹果"的固形物含量最高达到 19.7%，而一般的苹果在 15% 左右。

（4）较早熟

纬度相比北方产区较低，光照热量十分充足，为"威宁苹果"在苹果市场上带来了早熟 20 天左右的竞争优势。

（二）聚焦"红"之价值

国内众多苹果产区描绘其苹果区域品牌核心价值与品牌口号时，多集中于口感、外形等产品本身特点，以致产品诉求同质化，消费者缺乏差异感知。"威宁苹果"则针对区域环境对果品的自然影响特征，借助地缘特征，发现品牌价值，提取核心价值，利用符号生产与系统传播，创造、重塑品牌价值。

从产品的品种特色来看：不论粉红、条红还是片红，在大众认知中，苹果的代表颜色即是红色。而威宁的天然光照优势和水土自然条件，使得"威宁苹果"在品相上显得更为红润。不同于中国 85% 的苹果，不套袋特色为"威宁苹果"带来了在视觉上更为直观的红。因此，"威宁苹果"首先将品牌核心价值聚焦于"红"这一概念。

从产区的区域特征来看：区域性是农产品的代表特征，也是其区别于工业产品的鲜明差异。一方水土孕育的农产品往往成为该区域的最佳代言者，助力提升区域形象。然而，经过消费者调研发现，"威宁"作为一个区域名称，在消费者中的认知度并不高，因此需要借助大众更为熟知的地理标志，为消费者界定"威宁苹果"产地所在的地理区位，再以此为背书，推动"威宁苹果"品牌的传播，提升其品牌影响力。因此，"威宁苹果"选择贵州作为品牌定位的区域背书。

首先，贵州的地域概念有较强的消费者认知基础，可在消费者的认知中将威宁进行地理定位。其次，基于消费者调查，贵州在消费者心目中形成的"山区""原始""少数民族""热情""红色"等形象，与"威宁苹果"的"原生态""纯粹""自然农法种植""野性"等产品特色十分吻合。更重要的是，采用贵州的地理概念，可以凸显与其他知名苹果品牌的产区差异性，脱离刻板的苹果产区带印象，强调"威宁苹果"特色农产品的地理区域特征。

综上,"威宁苹果"将品牌的核心价值确定为:

贵州红

"贵州红"的概念,在承接消费者对于苹果品类认知的同时,凸显"威宁苹果"的独特产区与产品。另一方面,贵州省的旅游形象定位为"多彩贵州","红"即是"多彩"中最重要的一彩,因而"贵州红"还可以借力"多彩贵州"所建立的消费认知基础,提升"威宁苹果"品牌的传播影响力。

(三)凝练"红"之表达

"威宁苹果"在中国苹果市场中影响力较弱,在消费者群体中知名度较低。同时,从"威宁苹果"的生长环境来看,"威宁苹果"远离喧嚣城市,远离传统的苹果生长带,它深藏于乌蒙山脉间,纯粹而神秘,就如隐藏在大自然中的美好,等待世人用心发现。

"发现",词语释义为"对自我内在和大自然的整体认识、再创造"。因此,用"发现"来引导消费者对中国苹果的重新认识,引导消费者走出盲区,发现传统苹果生长带之外的苹果优质产区,更引导整个社会发现那深藏于乌蒙山间的美好。

因此,"威宁苹果"确定品牌口号为:

"威宁苹果",发现贵州红

创造"贵州红"独特概念,深化品牌内涵,凸显"威宁苹果"产品特色的同时,借力贵州区域背书,绑定"多彩贵州"认知基础,借力提升品牌影响,并希望"整个社会走出盲区,发现不一样的美好",引发消费者情感共鸣。

(四)深化"红"之内涵

"贵州红"作为全新创意的价值概念,需构建一系列价值支撑,丰满其在消费者认知中的形象。"贵州红"的价值支撑从"威宁苹果"生长的自然条件、种植优势、产区特色、文脉内涵等角度进行了挖掘:

不套袋,迎接最纯粹天然阳光;施肥少,不打药,不掺杂质;"威宁苹果"是一种纯粹的红;

生长在1900～2300米海拔的高原,处于北纬27°的低纬度,由1812小时的年光照时间成就,"威宁苹果"是一种热烈的红;

深藏于乌蒙山脉间、由彝族独特而神秘的种植方式育成,"威宁苹果"是一种神秘的红；

由自然农法养育，与山风、野花对话，"威宁苹果"是一种野性的红。

综上，"纯粹的红""热烈的红""神秘的红""野性的红"共同构成了"威宁苹果""贵州红"的价值支撑体系。在理性总结基础上，对其进行感性表达，进而形成价值体系的文字表述——

> 纯粹的红：畅享阳光，不施粉黛
>
> 热烈的红：扎根高原，自由奔放
>
> 神秘的红：彝族圣果，倾心孕育
>
> 野性的红：自然农法，天生天养

三、匠心独具的"红"

（一）品牌主形象

基于"威宁苹果"品牌价值体系，结合"威宁苹果"产品特质，充分发挥威宁地区特色，创意"威宁苹果"品牌主形象（见图 24-1）。

图 24-1　"威宁苹果"主形象

"威宁苹果"的品牌主形象以彝族神秘而独特的岩画为创意来源，与苹果的外形相结合，表达富有彝族神秘风情的"威宁苹果"品牌内涵。主体形象的主色为红色，表达纯粹、热烈、神秘、野性的贵州红核心价值。字体较为狂野奔放，表现出自然农法孕育的"威宁苹果"，绝不中规中矩，而是充满野性的。落款处的"贵州"印章，再次强调贵州红的地理区域。

（二）价值支撑图形

价值支撑图形将"威宁苹果"品牌价值支撑体系形象化，广泛应用于产品包装、品牌传播，增强品牌内涵，加深消费者心目中的品牌形象。（见图 24-2）

（三）传播辅助图形

充分挖掘威宁地区彝族特色文化，以彝族绚丽的红色、蓝、黄等色调描绘

图 24-2　"威宁苹果"品牌价值支撑图形

一幅载歌载舞、苹果丰收的景象，形象表达"贵州红"景象，期待着世人的发现。（见图 24-3）

图 24-3　"威宁苹果"传播辅助图形

（四）产品架构

为了进一步细分市场，满足不同消费群体的需求，"威宁苹果"产品在常规产品的基础上，立足"威宁苹果"产品特色，融合威宁苹果"贵州红"的核心价值，创意四大特色产品，面向不同消费人群，丰富产品系列，提升产品附加值，形成独特的产品力，继而增强品牌的销售力。

1. 成长装

目标群体：儿童群体

诉求："不再担忧，只爱童年的真纯粹"

图 24-4　"成长装"包装设计

产品特性:选择最优质"威宁苹果",并附有各类符合儿童饮食需求的苹果料理食谱

2．共飨装

目标群体:家庭、送礼者

诉求:"品质共享,尝尝心意的真热烈"

产品特性:由品质最高、品相最好的"贵州红"组成

图 24-5 "共飨装"包装设计

3．独享装

目标群体:单身贵族

诉求:"别提高冷,享受独身的真自由"

产品特性:7 个苹果一周装,内附有各类苹果料理食谱

图 24-6 "独享装"包装设计

4. 随行装

目标群体:登山客、旅行者

诉求:"拒绝压抑,释放内心的真狂野"

产品特性:每个小包装 3 只,挑选小个头苹果,包装易携带,内附有简易水果刀

图 24-7　"随行装"包装设计

四、崭露头角的"红"

近年来,威宁把发展苹果产业作为调结构、促转型、助增收的重中之重,根据苹果优势区域分布,按照连片规划,集中打造,形成连点成线、连线成带、连带成块的板块经济布局,大力发展以苹果为主的特色林果产业,并持之以恒地实施规模化栽植、标准化管理、系列化开发、品牌化经营。

(一)举办农事节庆活动,促进三产协调发展

威宁县内形成一批以牛棚苹果基地等为代表的农旅结合基地,充分发挥乡村旅游产业在扶贫中的突出作用。同时,结合农时节庆活动带动发展,让消费者亲身体验后进行口碑传播,有利于旅游品牌的打造,吸引更多消费者前来威宁。

2018 年 3 月,威宁县首届苹果花节在迤那镇海升苹果示范基地正式开幕。本次节庆活动有文艺节目表演、采风摄影大赛、游园观景活动等多项内容,充分展示了"威宁苹果"文化,进一步扩大了"威宁苹果"的知名度和影响力,促进了苹果产业与乡村旅游的协调发展。(见图 24-8)

图 24-8　苹果花节上拍照的游客

2018 年 9 月,威宁县首届中国农民丰收节暨苹果采摘节举办(见图 24-9),当地数百名农民共享丰收盛宴。此次活动以"威宁大地迎丰收·苹果产业展新颜"为主题,充分展示威宁在科技产业扶贫方面取得的巨大成就,营造出庆祝丰收、弘扬文化、振兴乡村的良好氛围和美好愿景,受到游客的普遍好评。

图 24-9　中国农民丰收节暨苹果采摘节开幕式

除了县级层面的活动,各村也都开始探索自己的销售途径,如开厂村采取"线下+线上+旅游观光采摘"的模式进行销售,吸引游客驾车采摘苹果。

(二)高度重视农交会、博览会等参展活动,提高品牌效应

威宁县农业农村局高度重视农交会、博览会等参展活动。2019 年 11 月,"威宁苹果"获得了第二十届中国绿色食品博览会"金奖"殊荣,得到了各级组委会及广大消费者、参展商的一致好评。参展此类活动,能够向全国推介威宁优质农特产品,发挥"威宁苹果"的经济效应和品牌效应,助力威宁打赢脱贫攻

坚战。

（三）打造现代化苹果产业园区，延长苹果产业链

威宁县内村、镇、企业竞相打造苹果示范产业园区，依托国内外技术专家团队和全球领先的技术服务供应商，通过建立高效的水果生产体系及先进的果园运营模式进一步扩大种植规模、增加种植品类，打造集园区种植、科技推广、生态观光、休闲娱乐、果汁深加工于一体的综合性示范园区，并秉持农民增收、振兴产业、环境保护的三赢理念。

图 24-10　现代化苹果产业园区

（四）抓住舆论正面报道机遇，乘势扩大品牌宣传

2019 年 10 月 6 日，中央电视台《新闻联播》播出"贵州：'一减一增'产业革命促农增收"，以威宁自治县苹果种植产业为例，展示了贵州开展产业革命、调减玉米等低效作物、拓展高效农业的发展成效，为威宁发展苹果产业再添动力。报道从正面肯定了"威宁苹果"产业转型升级的举措，对提升"威宁苹果"产业品牌、增强农民信心意义重大。（见图 24-11）

2020 年 8 月 23 日，中央广播电视总台等联合主办"火车火车哪里开"大型融媒体活动，通过"央视主持人＋国家艺术院团＋贫困县"网络直播的形式，对毕节三县的特色资源进行全国范围的推介，"威宁苹果"亮相其中。

（五）深化线下渠道，打造线上渠道

在线下渠道方面，"威宁苹果"维护好原有的云南、东南亚客商收购渠道，逐步向东部和南部地区拓展，旺季（8～10 月）一天可发货三五十吨，销往深圳、广州、合肥、嘉兴、南京、北京、上海、厦门、石家庄、重庆、成都、贵阳、昆明、西安等地，永辉超市、华润万家、盒马生鲜等大型超市均有销售。

在线上渠道方面，"威宁苹果"入驻淘宝"特色中国馆·贵州馆"；与京东合

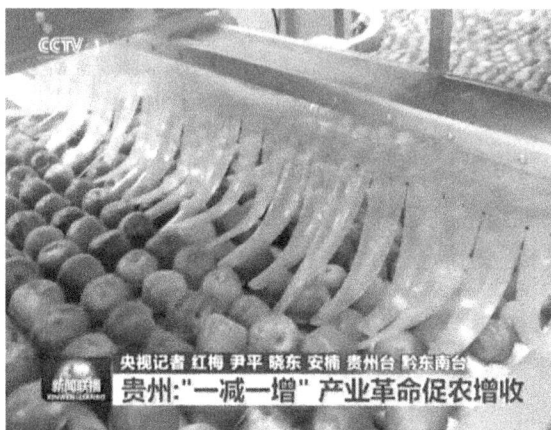

图 24-11 《新闻联播》画面中的"威宁苹果"

作打造了威宁电商体验馆;构建微商平台,进行微店营销;入驻"邮乐购"等渠道。威宁县还全力推进菜鸟、威盟、圆通等 16 家物流快递企业、120 个农村淘宝服务站、317 个农村淘宝淘帮手服务点和 421 个贵农网乡村电商服务站促销当地特色优势农产品。

(六)多元化销售渠道,助力农民增收

2020 年,为让"困在深山少人知"的精品黔货通过网络渠道快速抵达消费者手中,贵州省重点打造了消费扶贫平台——"一码贵州"(见图 24-12)。它以"消费扶贫窗口,智慧商务平台,黔货出山卖场,市场拓展先锋"为平台定位,积极对接产销两端,助力"威宁苹果"走出贵州,走向全国。

图 24-12 "一码贵州"LOGO

10 月下旬至 11 月初,在不到一个月的时间里,"威宁苹果"就通过"一码贵州"售出了 2.17 万件产品,产值 85 万余元,成为平台上首个热销过万件的单品,带动不少种植"威宁苹果"的贫困户增收。

五、为了更好的"红"

（一）推动品牌符号系统规范化使用

在淘宝、京东等线上销售渠道和线下销售渠道发现,目前"威宁苹果"的包装及传播活动,并没有贯彻执行品牌战略规划中设计的符号体系,企业依旧使用各自的包装,没有形成"威宁苹果"统一的品牌形象。这不利于品牌价值增长,无法使"威宁苹果"在消费者心智中占领一席之地。因此,应通过强有力的资源整合,特别是品牌运营商的管理,鼓励企业使用统一、有识别度和设计感的符号系统,在吸引消费者、带来视觉冲击力的同时,也传递"威宁苹果"的独特价值,获得消费者认同,使他们产生购买行为。

（二）引进果品加工企业,提高产品附加值

目前,"威宁苹果"产业中少有高附加值产品,销售形态主要以鲜果为主,但鲜果有着单价低、不宜长期储存、运输过程中造成损伤的情况,而高附加值产品具有较大的市场效益和社会效益。因此,应积极探索"威宁苹果"延长产业链的方式,引入果品加工企业,开发诸如果干、果酱、果醋等加工产品,在增加收入的同时,拉动当地就业。

（三）构建完善的传播体系,占领线上渠道传播阵地

目前,"威宁苹果"的传播活动尚未形成体系化,且多集中在线下的农事节庆活动,较为单一,曝光度不足。在线下曝光方面,可遴选高效传播媒介,投放广告,更为积极地在各大展会及交流会亮相;在线上渠道方面,抓牢微信、微博、抖音等传播阵地,对外输出"威宁苹果"的核心价值,持续开展营销传播活动。

后　记

　　关于地理标志农产品的研究,在 2004 年开始浙江省社科课题"现代农业与品牌化关系研究"时,便着手了。

　　2007 年出版的专著《中国农产品的品牌化——中国体征与中国方略》曾专章讨论了中国地理标志产品的品牌化问题,强调利用中国元素与中国文脉,创造更高的地理标志品牌价值。

　　在之后的许多年里,我们在相关理论探讨与课题探索两方面,不断地积累。数年间,更与各地区域政府、农产品地理标志的运营者一起,共同借助品牌化进程,创新了数十个农产品地理标志的品牌化新路。

　　2019 年,"中国农产品地理标志保护工程"开端。这一年,我们得到了中国农业农村部中国绿色食品发展中心的课题立项——中国农产品地理标志的品牌化研究。我们组建了共同的课题组,共同研究、共同探索。我们在《国际品牌观察》杂志公开发表了 6 篇论文,较为系统地研究了农产品地理标志的品牌化路径、策略及其方法论。与此同时,选择了 2008—2020 年间实践探索的24 个中国农产品地理标志的品牌化案例,进行解读与分析。期望通过对这 24个地标品牌的案例研究,为中国的农产品地理标志运营者提供以资借鉴的系列个案,掌握通过品牌建设,进行品牌价值升维的可能。

　　个案研究,首先是个案选择。中国农产品地理标志的有意识的、系统化的品牌建设,时间并不长。过去,大多的农产品地理标志的运营,均是由相关产业协会为主,政府支持,登记完成后,便依照有关规定,授权企业、合作社、农户等生产并销售。每年做一些节庆活动、传播活动,极少有系统的品牌发展规划、品牌战略规划等引导下的系统化品牌打造。更重要的是,如果不是自己亲身参与其间,只是道听途说地研究,并不能将个案发生的动机、过程、核心点、策略价值等解释清楚,更基于竞争的机密保护等问题,个案选择有一定的困难。因此,我们近水楼台先得月,从浙江大学 CARD 中国农业品牌研究中心、浙江永续农业品牌研究院、芒种品牌管理机构等在 2008—2020 年间与各地政府、协会等合作探索的农产品地理标志的系统品牌化案例中,选择了 24 个具有一定代表性的个案。在此,感谢有关单位的案例提供。

　　个案研究,是将品牌规划、品牌化进程进行阐释。要将 24 个农产品地理标志在品牌规划中的品牌定位、战略意图、竞争格局、核心差异、符号表达、传播策略、机制设计等进行阐释,但又要保护每一个个案的策略机密,因此,行文得避开品牌规划中有关未来五年的竞争内容,但又要阐释清楚每一个个案的基本品牌竞争逻辑,且只能选择已经发布的内容。工作量大。在此,十分感谢课题组成员夜以继日的努力。没有各位的努力,不可能有本书的出世。

　　最后,再次感谢中国农业农村部中国绿色食品中心及其各位领导的信任与支持,感谢浙江永续农业品牌研究院各位同道的努力,感谢浙江大学出版社的李海燕编辑,感谢参与个案探索的所有单位、所有人,感谢写作本书的各位。

　　作为一种知识产权,中国农产品地理标志保护的办法有许多种,价值升维的办法也有许多种,但在品牌消费、品牌经济、品牌竞争时代,借助品牌化,保护并实现价值升维,是以后需要我们长期共同探索的命题。

　　让我们继续携手,一起探索,一起精彩吧。

胡晓云

2021 年 3 月 1 日于丹桂花园

图书在版编目（CIP）数据

价值升维：中国农产品地理标志的品牌化个案研究 / 胡晓云主编；李闯，魏春丽副主编. —杭州：浙江大学出版社，2021.9（2023.9重印）
ISBN 978-7-308-21714-9

Ⅰ. ①价… Ⅱ. ①胡… ②李… ③魏… Ⅲ. ①农产品－地理－标志－品牌战略－研究－中国 Ⅳ. ①F762.05

中国版本图书馆 CIP 数据核字（2021）第 175891 号

价值升维——中国农产品地理标志的品牌化个案研究

主　　编　胡晓云

副主编　李　闯　魏春丽

责任编辑　李海燕

责任校对　董雯兰

封面设计　雷建军

出版发行　浙江大学出版社
　　　　　（杭州市天目山路 148 号　邮政编码 310007）
　　　　　（网址：http://www.zjupress.com）

排　　版　杭州好友排版工作室

印　　刷　广东虎彩云印刷有限公司绍兴分公司

开　　本　710mm×1000mm　1/16

印　　张　24.5

字　　数　439 千

版 印 次　2021 年 9 月第 1 版　2023 年 9 月第 3 次印刷

书　　号　ISBN 978-7-308-21714-9

定　　价　98.00 元

浙江大学出版社市场运营中心联系方式：(0571) 88925591；http://zjdxcbs.tmall.com